I0815203

MUSA *del* AMOR

MUSA del AMOR

La misión del corazón roto

KARINA VELASCO

Grijalbo

El papel utilizado para la impresión de este libro ha sido fabricado a partir de madera procedente de bosques y plantaciones gestionadas con los más altos estándares ambientales, garantizando una explotación de los recursos sostenible con el medio ambiente y beneficiosa para las personas.

Musa del amor
La misión del corazón roto

Primera edición: octubre, 2025

penguinlibros.com

ISBN: 978-607-386-559-3

Impreso en México – Printed in Mexico

ÍNDICE

INTRODUCCIÓN

Han pasado cinco años desde que no tomo mi computadora y escribo un libro. Las palabras se han quedado guardadas en el tejido de mi piel, en la gracia de mi corazón y en la imaginación de mi mente. *Musa del amor* ha sido un viaje largo que me ha llevado a estar sentada por horas, pasando por los procesos emocionales y mentales más profundos y retadores de mi vida. Este libro no es un recetario más de autoayuda u otra historia escrita por las narrativas de nuestra sociedad, sino una visión del futuro. Es la fuente del amor que se revela al enfrentar nuestra sombra; es una historia que al leerla sana tu corazón, te conecta con tu alma y despierta tu feminidad.

Al entrar a la segunda mitad de mi vida, la crisis de la mediana edad me llevó a un viaje profundo para revisar y evaluar mi historia. Todo lo que he explorado, estudiado y vivido me ha llevado a recordar todo lo que soy y mi misión en el planeta Tierra. A pesar de llevar más de treinta años explorando distintas tecnologías de energía y múltiples estudios sobre sanación alternativa, mi camino me ha llevado a entender que el sanar requiere de un proceso de autodescubrimiento que va más allá de lo que hacemos y tiene más que ver con quiénes somos. Mis experiencias de vida me han llevado a reconocer que el amor es la frecuencia más poderosa que hay en el universo y la que nos sana y transforma.

No podría decirte que soy una iluminada del amor, ya que como todo ser humano he enfrentado retos en mis relaciones y desafíos al sostener el amor en mi vida, sobre todo el de la pareja. Uno de los temas que han sido parte de mi aprendizaje en esta encarnación ha sido mi relación con los hombres. He tenido la fortuna de tener relaciones muy diversas con hombres de distintas culturas, programaciones ideológicas, intereses y profesiones; algunas han sido rápidas, otras potentes y profundas, y muchas de ellas muy caóticas. Tal vez haya sido mi insaciable curiosidad por entender el amor y las relaciones de pareja lo que me ha llevado a experimentar tanto. Ahora entiendo que todo ha sido parte de mi iniciación para cumplir mi misión planetaria. En los más de quince años de explorar la conexión humana he desarrollado la capacidad de ver las dinámicas de las relaciones de pareja con claridad, gracias a ello he podido aprender de mis propias experiencias.

Bien dicen que uno enseña lo que tiene que aprender, y este ha sido mi camino hasta ahora que culmino con *Musa del amor*, para más adelante expandir la frecuencia del amor e iniciar a las mujeres, hombres y adolescentes en una evolución a través del camino de la nueva feminidad, el amor y la conexión divina. El despertar no ha sido un camino fácil, ha sido un aprendizaje lleno de retos que me ha requerido de disciplina, compromiso, devoción y práctica. Parte importante de este despertar es revisar, valorar y ver los aprendizajes del pasado para poder construir un nuevo futuro. Esta es la intención de este libro que tienes en tus manos.

El amor ha sido por milenios el tema que más ha llamado nuestra atención, lo hemos querido entender y explorar; hemos querido tener éxito y felicidad en él. Las narrativas de los amores de novela, las almas gemelas y las distintas configuraciones que nos presentan nos hacen pensar que las relaciones de pareja son idílicas y fáciles. Tanto los significados como programaciones de lo que nos han dicho que es el amor son en su mayoría erróneas y presentan fantasías que distorsionan el potencial de las relaciones de pareja. Magnificamos o minimizamos la experiencia conectiva con dinámicas que nos llevan a la toxicidad, el drama y las luchas de poder, o las que nos alejan de la realidad tolerando comportamientos dañinos.

Nuestra sociedad vive en una distorsión del amor y la feminidad. Ambos se esconden bajo los filtros del patriarcado que no nos permite ver la realidad. Es muy triste ver que nuestra humanidad está en una batalla contra la oscuridad que ha opacado la luminosidad del amor. Es aún más triste cómo la experiencia de lo que es el amor se disuelve en juegos de poder, guerras de creencias y patrones que nos alejan de lo que es una verdadera conexión. Tanto las historias arcaicas como los futuros fantásticos nos mantienen en un estado de hipnosis al aceptar estas narrativas como verdades sin cuestionarlas. Estas creencias no nos permiten ver ni escuchar con claridad nuestra sabiduría interna o percibir la realidad de una forma genuina.

La curiosidad femenina nos lleva a querer saber más, vivir o explorar las historias de otras mujeres. Las solteras quieren estar casadas, las casadas quieren estar solteras, las mujeres muy sexuales quieren un descanso, las que viven reprimidas quieren liberarse. La mayoría de las mujeres hemos dado el sí a relaciones tóxicas, hemos aceptado el maltrato de hombres misóginos, toleramos la territorialidad de los machos o los abusos de poder de los crueles. Muchas nos escondemos detrás de las pantallas y vivimos romances virtuales o platónicos para protegernos de la crueldad o intercambiamos la posibilidad de tener conexiones genuinas por relaciones superficiales, por los miedos que tenemos a ser lastimadas o dañadas. Nuestro mundo no está completo sin la presencia del hombre. Es curioso cómo estamos tan alejadas de nuestra propia feminidad que algunas de las nuevas corrientes de empoderamiento femenino nos dicen que ser muy sexuales es sinónimo de estar en nuestro divino femenino. La realidad es que la liberación sexual que nos venden no es la que nos da la liberación y la plenitud que realmente deseamos. Este movimiento se ha convertido en un intercambio de cuerpos sin compás moral en donde nos utilizamos mutuamente para obtener satisfacción inmediata, fama, dinero o estatus social. El sexo ya no es un acto de procreación o recreación, ya es el medio para obtener lo que el ego quiere. El sexo se ha convertido en un escape de nosotras mismas y una aparente demostración de nuestra tan deseada libertad. A pesar de que es un tema que despierta el interés más genuino para entender las relaciones humanas y todo aquello que surge de la sexualidad, aún son temas de los cuales hablamos sin tener un conocimiento genuino sobre nuestra sabiduría amatoria, corporal, sexual y de nuestra naturalidad femenina.

Los miedos a la intimidad, a ser lastimadas o a la soledad son tan fuertes que no nos permiten discernir cuál es la relación correcta para nosotras. Las armaduras que hemos aprendido a colocarnos como sistemas de defensa nos ponen en estados de alerta para no ser lastimadas, abandonadas o controladas por el otro. La desconfianza, la falta de fe y de amor propio nos provocan una desconexión humana y social que nos afecta a nivel físico, emocional y mental. El aislamiento y la individualidad nos dan la comodidad de entablar relaciones virtuales alejándonos de la posibilidad de establecer aquellas que sean personales y con contacto humano. La tecnología nos ha llevado a minimizar el valor que les damos a las relaciones y a la pareja como los contenedores que sostienen el aspecto tribal y creador de la humanidad siendo tan importantes para nuestra existencia. Vivimos en nuestras cómodas burbujas, muchas veces solitarias o en la participación únicamente de nuestro núcleo familiar, que nos llevan a tener relaciones codependientes o a permanecer en estados egoístas, inhabilitando nuestra capacidad de interactuar en formas beneficiosas y cocreadoras. En este círculo exclusivo no podemos abrirnos al otro en la interacción que nos permite autoconocernos y desarrollar nuestro entendimiento hacia al otro. Las relaciones nos muestran el contenido interno, los programas de la psique y los trucos del cuerpo emocional. Nos ayudan a ver quiénes somos y a recordar que somos las que tejemos nuestra propia realidad.

Durante muchos años me he dedicado a escribir y enseñar las artes del amor, la conexión humana y la sexualidad sagrada. Por más de una década cientos de personas han llegado a mis cursos o a sesiones personales para descubrir su esencia, sanar, refinar su sexualidad y conectar con su feminidad y masculinidad. Las preguntas más comunes que tienen son: ¿por qué el amor y las relaciones son tan difíciles? ¿Cómo soluciono los conflictos con mi pareja? ¿Por qué es tan complicado encontrar a tu pareja? Estoy desconectada de mí misma, no encuentro mi feminidad, ¿qué hago? ¿Cómo encuentro más intimidad con mi pareja?

Todas estas preguntas tienen una misma respuesta: regresa a ti, a tu esencia, cuestionarte te lleva a racionalizar o identificarte con algo que no es verdadero y al hacerlo otorgamos poder a lo externo. Las preguntas que te hagas son las que te acercarán al camino del amor o te alejarán de él.

La esencia del amor es uno de los procesos más profundos por el que puede pasar un ser humano. El recordar quién eres y restablecer tu libertad es el regalo más preciado que tienes. La habilidad de conectar genuinamente con otros es el camino por el cual acompaño a la mayoría de mis clientes y alumnos. Las conexiones humanas son los espejos de la humanidad y están aquí para facilitar la experiencia del crecimiento personal y la comunión espiritual. Puedes decidir darle vida a la expansión del corazón y darles muerte a las historias de sufrimiento. Las relaciones amorosas son más poderosas que un simple acto de la interacción romántica, la compatibilidad genética o una aventura de descubrimiento; abarcan muchos matices en nuestra vida y nos llevan a explorar distintas dinámicas o juegos que nos invitan a aprender. Las relaciones se convierten en los maestros que nos ponen a prueba, las que nos revelan las capacidades e incapacidades que tenemos para estar en la frecuencia del amor y aquellas que nos muestran nuestra verdad o falsedad, lo mejor y peor de nosotras mismas para ayudarnos a navegar las pruebas y aprender de todos los botones que se aprietan. Si llevamos la relación a un nivel más profundo podemos incluso encontrar a nuestros grupos de almas con los cuales cumplimos o terminamos contratos de encarnaciones previas o karmas por saldar. Los encuentros con las personas cercanas a nosotras están aquí para recordarnos quiénes somos y los atributos de nuestra esencia divina. También existen esas personas que se aparecen para cambiar el rumbo de tu camino de luz y que te alejan de ti misma.

En este contexto la pregunta que nos da una guía es: ¿cuál es la relación correcta? En mi propia experiencia me di cuenta de que la relación correcta es la que me acerca más a quien soy, a mi mujer auténtica y la incorrecta es la que me aleja de mí misma. Para ti tal vez sea un poco distinto y solamente tú puedes descubrirlo, leer este libro es una forma de hacerlo. Al reconocer que las relaciones en consciencia nos permiten ver al otro más allá de su personalidad, de sus roles y sus ideologías, aceptamos que están en nuestra vida para cumplir su función, ya sea la de aprender, completar, saldar algún acuerdo o crear de una forma positiva. Restaurar la conexión humana es imprescindible si queremos mantener el pulso del corazón activo en nuestro planeta.

Escribir este libro no ha sido un proceso sencillo, ya que la sanación ocurre al momento de contar historias que nos pertenecen a todas. No es fácil ser la voz de temas que nos han sometido, humillado, cuestionado, minimizado por milenios. Enfrentar las heridas de la mujer a nivel colectivo y personal me llevó a un viaje introspectivo que fui navegando con diferentes lentes. Durante un año escribí, borré y conté una historia una y otra vez hasta llegar al punto de que pudiera leerse, entenderse y sobre todo tener un efecto transformador. Al final, encontré el balance entre la obscuridad y la luz, pero fue todo un arte, una gran enseñanza sobre el poder creador que tiene la mujer para tejer su mundo interno de una forma distinta.

En estos tiempos de decadencia conectiva, la evolución del planeta nos pide con urgencia que recordemos nuestra verdadera feminidad desde los ojos del divino femenino. Las mujeres necesitamos recordar nuestro linaje, la sabiduría femenina que por milenios ha facilitado el despertar de la consciencia. La fuerza del amor que tiene que ser restaurada en el pulso de nuestro planeta tierra. Las relaciones de pareja tienen que revaluarse desde una perspectiva evolucionaria que nos lleve a caminar juntos por el sendero de la consciencia y la luz. La feminidad desde su aspecto divino nos lleva a reconocer el potencial de la evolución en pareja y en las distintas relaciones personales que tenemos en nuestra vida, ya sea en familia, amigos o incluso en los negocios. Las enseñanzas de luz nos permiten pertenecer a nuestras comunidades y entender al otro. Al derrumbar las creencias patriarcales que siguen rigiendo nuestras vidas, ya sea de una forma consciente o inconsciente, empezamos a participar en el cambio que se requiere para que tanto las mujeres y los hombres comiencen a cumplir su función como agentes de cambio, como parejas de creación. Se requiere que seamos las activistas de la nueva consciencia, las responsables de tomar las decisiones que nos acerquen más a quienes somos y al amor.

Musa del amor nos muestra el viaje de autoconocimiento y despertar de Aurora en sus relaciones amorosas. En la búsqueda para sanar su corazón roto se enfrenta con ella misma y regresa al amor para encontrar su esencia divina y recordar su potencial femenino. Esta historia plasma en tinta la honestidad, sin filtros, de Aurora, que viaja en todas las dimensiones del tiempo, brincando del pasado al futuro entre las letras del presente encontrando su propósito. Quienes se acerquen a su historia podrán aprender y recibir las inspiraciones de la musa que la guían en el despertar de su consciencia.

Musa del amor no es únicamente un libro para la mujer, es un portal de cambio para los hombres que quieran entender a la mujer e incluso a su propia energía femenina. Un escrito que da esperanza y da una nueva idea para la educación de las nuevas generaciones desde un lente evolutivo en el amor y las relaciones. Esta podía ser una guía que apoye a los hombres y mujeres del futuro para que vivan en amor y honor del otro. Este libro es la culminación de una etapa en mi propia vida, que cierro con la revelación de grandes aprendizajes que quiero compartir con todos los lectores para apoyar su realización y sus relaciones personales. Con todo mi amor, este libro es para cada uno de ustedes, especialmente para las mujeres valientes, guerreras, poderosas, creadoras y amorosas.

1

EL MUNDO DE LOS SUEÑOS

"En esta noche otoñal el viento, acompañado del aroma a eucalipto, entró por mi ventana tocando mis hombros como un bálsamo tibio que apaciguó mi corazón triste y calmó la furia que por semanas no me había permitido dormir. El canto de los grillos se confundía con las voces de mi cabeza que me contaban la misma historia del pasado cientos de veces. En la pequeña habitación de la posada, rodeada por el bosque, me sentí protegida por los árboles que la circundaban y por la presencia de las mariposas que volaban a su alrededor". Estas son las palabras en la primera hoja de mi diario de cuero rojo, en ella escribí todo lo que sucedió durante una misión especial.

Mi libreta ha sido testigo de lo que he vivido para llegar a este lugar y en la que escribí las palabras más honestas usando mi pluma mágica. Al cubrir todas las hojas de bambú con la verdad y terminar el diario, escondí mi pasado. Guardé mi confesionario en una pequeña caja violeta dentro de un ropero antiguo que pertenecía a mi abuela Lupita; todos mis valiosos recuerdos procedentes del mundo de mis sueños, todas las revelaciones y la transformación que experimenté quedó bajo llave. Mientras escribía, pensaba en qué pasaría con mi libreta una vez terminada. ¿Sería solo para mí? ¿Se perdería y jamás sería vista?, o ¿alguien de mi familia, algún hombre, quizás, o un extraño la encontraría?

Una mañana, al despertar, una fuerza inexplicable me llevó directamente hacia el mueble de mi abuela que estaba en el ático. En él encontré la libreta y una pluma que me dejó al morir. Caminé hacia el escritorio de madera que estaba en la habitación y que llevaba ahí por años esperando a que escribiera este texto. Al abrirla, en la primera hoja leí la inscripción que me dejó ella:

> La tinta y las hojas de este libro son las acompañantes con las que le darás voz a tu vida. Con amor, tu abuela Lupita.

Pareciera que ella sabía lo que yo estaba destinada a cumplir. Mi misión inició después de varias noches de insomnio y días de ansiedad tras terminar mi última relación de pareja. Había sido distinto esta vez, ya que mi corazón se rompió y el vacío era tan grande que me perdí en él. La desesperanza tomó el mando de mi vida y estaba desconectada del amor y de mí misma.

El equinoccio de otoño se acercaba y una fuerza más allá de lo que me decían la mente y el corazón me llevó a Galicia a pasar unos días y a caminar; empaqué lo mínimo indispensable; llevé conmigo también la herencia de mi abuela.

Al llegar a la naturaleza y sumergirme en la energía de ese lugar, el tiempo y el espacio dejaron de existir como los conozco para dar paso al silencio de la mente, la ecuanimidad emocional y mi propia presencia. A cada paso recordaba que mi corazón no se podía romper, que no podía abandonarme a mí misma, a mis sueños e ilusiones solo porque un hombre me dejó. No podía seguir culpándome por haber elegido la misma historia.

En las pausas de mis caminatas me acompañaba el silencio del viento que me susurraba que era tiempo de limpiar mi mente. El aroma de las plantas y los árboles me decía que había llegado el momento de suavizar mi corazón, que las diminutas gotas de agua que caían de las nubes grises que pasaban con rapidez se llevaban con ellas el duelo y la desilusión. Las hojas secas que cubrían la tierra mojada crujían con cada pisada, liberando una parte de mí que había sido juzgada, avergonzada o sometida. La luz tocaba las copas de los árboles y creaba figuras místicas en la ligera niebla que tapizaba el sendero y, justo en el kilómetro setenta y siete, aparecieron a mi lado derecho dos rocas gigantescas. En este espacio que parecía ser un lugar ceremonial muy antiguo de las meigas, percibí que me estaba transformando en una mujer que volvía a sentir la paz y la conexión con ella misma. Estas piedras eran un portal que contenía una fuente de sabiduría, un acceso a una parte de mí desconocida y poderosa de la cual tuve un destello al tocar una de ellas con mi mano. Estar ahí me hizo sentir tan vibrante e inmersa en un despertar que iluminaba el encuentro conmigo.

Durante varios días anduve en silencio y soltando todos los contenidos de mi mente que me preparaban para mi siguiente descubrimiento. Al terminar mi camino llegué a una posada de más de doscientos años de antigüedad; un lugar con mucha historia y magia. Esa noche me metí a la cama entre múltiples mantas, era difícil moverme por el peso de ellas sobre mí. Las paredes de mi habitación eran de roca húmeda, atravesadas por la lluvia. Con una mezcla de miedo y curiosidad fui cayendo en la profundidad del sueño que sería mi nuevo despertar.

* * *

Vi el destello del lugar que he visitado en sueños múltiples veces a lo largo de mi vida. Una montaña muy verde con árboles de tejo que tienen miles de años y que forman lo que parece ser una pirámide. A sus lados hay dos montañas triangulares un poco más pequeñas, la del lado izquierdo deja entrever una cúpula de sauces; la de la derecha, un pequeño lago rodeado de árboles sacros. Entre ellas corren varios arroyos de aguas cristalinas que en su movimiento muestran destellos del arcoíris.

Caminé siguiendo una libélula azul que me llevó hacia un bosque en donde el musgo abundaba creando una atmósfera encantada parecida a los cuentos que leía de niña. Dos rocas estrechaban el camino que dirigía hacia un pequeño portón. Confundida, traté de tocar a la puerta. Mi vista se desvió hacia arriba y leí un letrero hecho de ramas de pino: BIENVENIDA AL MUNDO DE LOS SUEÑOS.

Di dos pasos atrás y giré para encontrarme con otra puerta, estaba atrapada. Los portales se constreñían impidiéndome moverme; entré en pánico, me faltó la respiración. ¡Estoy atrapada! Escuché un susurro: "Creo como hablo; hablo lo que creo". ¡La voz me estaba dando una pista! Reconocí el significado: ¡es abracadabra! Exclamé la frase con entusiasmo y los portales se alejaron de mi cuerpo. ¡Abracadabra! El portón detrás de mí se disolvió. ¡Abracadabra! El delantero se abrió y mi respiración liberó toda la tensión. Solté una carcajada, este fue el acertijo más obvio, pero por primera vez lo resolví; después de haberme encontrado tantas veces aquí, finalmente logré escapar y seguir adelante. *Creo como hablo* fue la clave para entrar a este nuevo mundo al que no había podido acceder antes.

Después de la victoria, apareció ante mis ojos un laberinto hecho de cipreses que lo único que me permitieron ver fue una ligera nube moviéndose encima de mí. Caminé dubitativa tratando de encontrar una salida, y al no poder hacerlo me invadió de nuevo el miedo. Escuché otra vez la misma voz: "Sigue tu intuición, permite que los sentidos sean tu guía".

Inhalé para disipar mi miedo y llegué a un sendero que se bifurcaba en dos caminos, decidí tomar el de la izquierda confiando que sería el correcto. Al entrar en un pasillo que parecía no tener final, el sonido del aleteo de un colibrí me guio hacia la derecha por un portal que no había visto. El diminuto pajarito, de alas azules y pecho dorado, soltó destellos de un polvo de rosas que entraban por mi nariz y activaban una luz rosada en el área de mi corazón. En ese estado, el espacio cambió y me encontré fuera del laberinto rodeada de millones de pequeñas flores silvestres que con sus tonos amarillos y rojos alegraban el sendero. A cada paso observaba las flores en sus transiciones: en su creación, en su florecimiento y en su muerte; su ciclo era tan rápido... en ese lugar el tiempo no transcurría como lo conozco. Mi atención se desvió hacia una flor campana azul; al acercarme a ella, mis ojos se agrandaron al ver dentro de su corola un bosque cubierto de tonos violeta. Me pareció estar en el paraíso; era lo más lindo que había visto. En el momento que mi mente entró en ese bosque, se disolvió y aparecí en una montaña. Al caminar sentí cómo el estrés y la ansiedad que habitaban mi cuerpo desaparecieron. En la cima, sin palabras la montaña me comunicó su fuerza; sentí su poder en los huesos.

Caminé unos metros hasta encontrarme con un templo antiguo, nunca lo había visto, pero de algún modo me resultó familiar. Estaba compuesto por varios edificios cuadrados y otros circulares, tenía algunos patios y lo rodeaban jardines llenos de olivos y flores amarillas. Mientras caminaba sentí que mi curiosidad se iba entrelazando con las preguntas de mi mente y las emociones de mi interior. Al llegar a un portón de granito rosado vi la inscripción de un búho y debajo dos manijas de oro. Tomé una de ellas y la abrí con cuidado tratando de que el chirrido de la puerta no me delatara por entrar a un lugar sin ser invitada. Me recibió un pasillo similar al de un museo con doce estatuas de mujeres. Las observé tratando de entender quiénes eran.

Algunas llevaban libros en la mano; otras, instrumentos musicales, máscaras, flores y, una de ellas, un telescopio. Sus rostros reflejaban amabilidad y belleza, y sus figuras eran muy femeninas.

La mirada de una de las estatuas llamó mi atención: sostenía un pequeño espejo al cual me acerqué con cautela. Mi rostro se veía un poco más rosado que de costumbre y mi cabello estaba recogido por un broche de oro con forma de libélula e incrustaciones de rubíes y turquesas. Noté que podía mover el espejo y recorrí con la vista mi cuerpo ataviado con un vestido hecho de seda color verde esmeralda y un cinturón azul rey. Las sandalias tenían listones que se entrelazaban en mis tobillos mostrando diminutos hilos de oro que formaban su tejido. Levanté la vista hacia la estatua y di un brinco hacia atrás asustada, la mujer me sonrió y dijo:

—El miedo no es bienvenido en este lugar en donde todo es posible. Tu destino era llegar aquí. Que encontraras este templo indica que estás lista para iniciar lo que viniste a hacer en el mundo.

—¡Hola, soy Aurora y esto es un sueño! —digo más para mí, para recordarme que lo que estaba viviendo pertenecía al mundo onírico.

—Nuestros ojos ven lo que nuestra consciencia nos permite —sonrió y de nuevo se convirtió en estatua.

Confundida y fascinada me alejé del pasillo rumbo a un espacio circular rodeado por veinte columnas dóricas que protegían un hermoso piso de mármol blanco, cuya fuerza magnética me condujo por entre los pilares que activaron destellos de luz nívea al pasar entre ellos. Al tratar de controlar mi paso, la fuerza me movió aún con más intensidad. Escuché una voz: “En este lugar no hay cabida para el control, déjate llevar”.

Caminé gentilmente hacia un vestíbulo con una cúpula abierta a través de la cual se podía ver un cielo azul rey tachonado de estrellas doradas y el inconfundible brillo intenso de Venus. Al verlas, maravillada reconocí a la propia Venus-Afrodita, y, al fijar mi mirada en ella, se abrió un hoyo en el piso que me succionó y caí en una silla de madera oscura que se encontraba en la mitad de un recinto que parecía ser una biblioteca. Al recobrar mis sentidos, me pareció que estaba en un lugar muy antiguo con cientos de estanterías llenas de todos los libros que siempre he anhelado leer; otros, sobre los que dudaba de su existencia y algunos desconocidos. Los tonos ocres y rojizos de sus lomos le daban un aspecto tenue y cálido al espacio, y el aroma del cuero me transportó a otros tiempos. El techo estaba decorado con el fresco de una mujer hermosa cubierta por una túnica blanca con encajes bordados con hilos de oro y plata. Su semblante era amable, su mirada tenía un brillo especial. Con una mano sostenía una docena de rosas cerca de su corazón y con la otra un libro de oro. Bajé la mirada y encontré un pequeño escritorio, sobre él estaba mi libreta roja y una pequeña cajita traslúcida que resguardaba una pluma transparente. Al abrir la caja, la pluma saltó hasta mi mano. Al sostenerla sentí su pulso; tenía vida propia y en su tinta morada había pequeñas estrellitas que se movían en el líquido. El libro se abrió y la tinta comenzó a formar palabras con sonido.

"Estás en el mundo de los sueños". Miré a mi alrededor para ver quién era la mujer que hablaba, pero no vi a nadie. Sin embargo, las palabras que escuché aparecieron en el cuaderno y después fueron desapareciendo.

"No me puedes ver, solo escucha". La tinta comenzó a escribir de nuevo.

"Estás en el mundo de los sueños para encontrar las revelaciones del subconsciente, las integraciones de los aprendizajes, las inspiraciones de grandes ideas y para sanar los traumas. Este mundo es para aquellos que quieren ver la verdad, ya que en los sueños se muestran los potenciales, pero también las pesadillas. Estos te ayudan a enfrentarte con tus limitaciones y te presentan los miedos, traumas y distorsiones. Las pesadillas muestran un aspecto a sanar del ser humano para que pueda vivir sin restricciones. Lo que experimentes aquí es tan real como tu vida al despertar. Desde pequeña nos has visitado y has disfrutado los sueños porque aquí puedes volar, cantar y bailar. Puedes viajar en el tiempo, a los distintos países del globo terráqueo, recorrer el universo y visitar nuevas dimensiones. En los sueños puedes hacer todo aquello que en tu mundo consciente no es posible y experimentar todo lo que te da miedo. Durante muchos años tu curiosidad por nuestra realidad te llevó a entrenarte a ti misma para recordar tus sueños y poder descifrar los mensajes ocultos en ellos. En las mañanas al escribirlos, sin esfuerzo, se revelaban las reflexiones e ideas que de ellos obtenías y observabas su impacto en tu despertar.

"Los sueños han sido tus aliados desde que eras niña. Tienen la misma importancia que la vida al despertar y te dan las señales y respuestas que has solicitado en tus peticiones y rezos. Tu devoción y confianza en ellos no han sido en vano y, aunque por muchos años olvidaste cómo hacerlo, hoy estás aquí para recordarlos. Los sueños te van a revelar todo lo que tienes que ser y hacer para cumplir una misión importante que será parte de la evolución en el planeta Tierra. A partir de hoy nosotras, las musas, te facilitaremos un despertar dentro del despertar, o un sueño dentro del sueño. La realidad multidimensional te dará las instrucciones precisas para cumplir tu propósito.

La luz líquida comenzó a escribir a toda velocidad una especie de lista de instrucciones en un lenguaje desconocido, una mezcla entre jeroglíficos egipcios y caracteres griegos, pero curiosamente lo comprendía como si ya supiera leerlo. El libro desprendió un polvo de oro que formó la figura de una mujer con rostro de porcelana y cabello dorado. Su vestido violeta de chiffon se movía con el viento que entraba por la pequeña ventilación de la cúpula. Su mirada clara me inspiró paz y sus manos tomaron las mías con determinación.

—Es más fácil entender cuando se puede ver —Meletea se acercó a mí—. Soy Mele y ahora estamos cara a cara y corazón a corazón. La inspiración es la fuente de la longevidad y no es algo consistente, llega cuando menos la esperas, aparece cuando no la buscas y al esperarla se disuelve con el viento. La inspiración es un destello que arriba a la experiencia del ser cuando estás conectada y las emociones se transforman en creatividad. La inspiración tiene la cualidad de ir a lo más profundo de tu ser y darle luz a la mujer sabia, receptiva y mágica que vive dentro de ti. La inspiración llega de la mente al cuerpo, de la idea al corazón, de la fantasía a la pasión. Es lo que mueve a los seres humanos por la gracia de las musas. Mi inspiración toca a los humanos a través del pensamiento, las ideas y la imaginación. Darle forma y concepto a la inspiración resulta en ideas creativas.

La libreta liberó un polvo plateado que formó la figura de una mujer con pómulos rosados y el cabello cobrizo recogido en una larga trenza, su vestido de lino turquesa acentuaba la profundidad de su mirada. Mena se acercó a mí con sutileza.

—Soy la musa de la memoria. La que recuerda el pasado y anticipa el futuro. La que forma de manera concreta las ideas e inspiraciones abstractas de mi hermana Mele.

El libro soltó un polvo dorado y se formó una mujer de largo cabello blanco con un vestido de seda color coral que se ajustaba a su hermosa figura.

—Soy Aedea, la que lee, recita, toca y canta. Las tres somos parte de un proceso artístico en el que la memoria, el pensamiento y la voz se unen para concebir algo nuevo. Zeus, nuestro padre, nos creó para ser las guardianas de toda la sabiduría del planeta. Nosotras tres somos las que iniciamos el linaje de las musas a través de la memoria, la voz y la práctica. Por milenios, las doce hermanas hemos movido a la humanidad —estudiantes, poetas, artistas y pensadores— a instaurar nuevas formas de ser, pensar e inventar. La inspiración ha causado revoluciones y evoluciones en el planeta. Las musas somos la inspiración femenina y las guías en los portales del mundo de los sueños.

—Ven, camina conmigo —Mele me tomó de la mano—. Este lugar guarda todas las memorias de los seres humanos en pequeños archivos que documentan sus pensamientos, emociones y situaciones. Estos escritos nos muestran sus vidas pasadas, presentes y futuras. Los seres humanos pueden acceder a su presente y a algunos recuerdos del pasado si están dispuestos a abrir los archivos. Tu misión es la de recordar tu pasado en una sola vida, tal vez por eso sientas que has vivido muchas más experiencias que un ser humano que no tiene este propósito. Tu deber es recordar quién eres, revisar tus historias y completar tus aprendizajes para que puedas cumplir tu destino. Tus archivos de vidas pasadas y la historia del presente nos muestran con claridad lo que estás destinada a ser. En la historia hay muchas mujeres que han pasado por este lugar para ser las generadoras del cambio y la evolución en el planeta. Cada una ha sido elegida para desarrollar distintos temas de acuerdo con los archivos de su destino.

Aedea tomó una escalera y subió hasta la decimotercera repisa buscando un libro.

—¿Dónde estás? ¿Dónde estás? —exclamó con poca paciencia—. Veo que te estabas escondiendo, libro travieso —lo colocó en una mesa de madera que apareció frente a mí. Era un libro rojo, pesado, de unas quinientas páginas y que ocupaba mucho espacio—. Aquí vas a encontrar tu historia con toda la información de las lecciones importantes a completar. Este es el mayor archivo de tu vida que contiene memorias del pasado, de otras vidas y encarnaciones. Tu misión es acceder a las más relevantes que nos indica este libro. Nosotras estamos aquí para guiarte en la biblioteca cósmica y que encuentres lo que se requiere para completar tu misión.

—¿Cómo concreto mi misión? —pregunté.

—Tu misión está escrita desde que naciste, pero olvidaste el camino de tu destino. En tu archivo principal podemos observar que el tuyo es sanar tu relación con el aspecto masculino y con los hombres de tu vida y encontrar la frecuencia del amor. El propósito es romper los hechizos para que puedas ver y convertirte en la mujer que estás destinada a ser.

¡Hechizos! Se me hizo un nudo en la garganta al escuchar esta palabra. Mele me tomó de la mano dándole a mi cuerpo tranquilidad.

—El lenguaje que utilizamos es distinto al de los seres humanos. El hechizo es la hipnosis de las programaciones y narrativas de los sistemas de opresión y las fuerzas oscuras. No son los que has visto en los cuentos de hadas.

El libro se cerró solo y salió volando a su lugar. Mele comenzó a leer las instrucciones de mi libreta.

—Al visitar estos archivos se van a abrir memorias que necesitan revisarse y que pueden darles vida a los pensamientos, las emociones y las acciones del pasado. Las memorias tienen el impacto de recrear los malestares emocionales que te han causado resistencias, te muestran los que has guardado y surgen aquellos que has reprimido. En este proceso emocional es necesario que seas paciente y amable contigo misma; tienes que entender que el cuerpo emocional interfiere con tu capacidad cognitiva y crea una carga que no es necesaria para tu ser. En este recorrido será necesario observar sin ser parte de la historia, ya que desde este lugar podrás revisar sin juicios. Nuestras hermanas te acompañarán en este proceso, recuerda que no estás sola.

"Al completar la revisión es necesario que escribas los aprendizajes después de cada etapa. Lo deberás hacer con consciencia para romper estos hechizos y finalmente liberarte de ellos. La liberación está en la verdad. Las palabras, al ser escritas sin pensar en ellas, te muestran tanto tus creencias como los componentes emocionales; aquellas honestas son el portal del descubrimiento de quién eres y de las creencias y asociaciones que salen a la superficie de la profundidad de tu consciente e inconsciente. Al escribir sin juicios tus pensamientos, podrás detallar las memorias sin el filtro moral o represivo que te han impuesto y observarás los programas mentales; al hacerlo con las emociones, contemplarás los filtros que no te han permitido ver la realidad y al detallar las sensaciones notarás de qué estás hecha. Tu honestidad y transparencia son claves para cumplir tu misión. Es una confesión que no debe ser pensada. Recuerda que las letras no son un tormento, son una liberación. El camino de la liberación está en tus manos.

—¿Y cuál es mi camino? —pregunté con curiosidad.

—El camino es aquel que es correcto para ti. Tú eres la responsable de cambiar tu historia. En la vida los seres humanos pueden tomar muchas decisiones que los acercan más a quienes son o los alejan de su esencia. Al recordar tu ser y aprender de tus experiencias de vida comenzarás a sanar las heridas y a liberar las historias en las que participaste, pero que no eran parte de tu destino. El camino es la decisión que tomas para regresar a ti y poder amar todas las partes que te gustan de ti y aquellas que no aceptas. Este proceso se irá revelando de acuerdo con tu capacidad de ser honesta contigo misma, ya que tu propósito es regresar a la pureza del amor hablando tu verdad.

—¿Cuál es la verdad?

—La verdad no se encuentra en las voces externas que te alejan de tu propia sabiduría interna. Esta contiene la magia más poderosa del mundo, tú eres la única que la puede descifrar. La verdad no se regala, no es algo que se te da, es un camino que se tiene que recorrer. Cada paso que das hacia delante te acerca a quien realmente eres y te aleja de quien crees que has tenido que ser. La verdad se revela de las formas más inesperadas en los pequeños momentos de tu vida diaria y en los sueños que te revelarán los secretos que han sido ocultos dentro de los programas de tu mente. En el proceso del despertar, el velo de la distorsión se caerá poco a poco liberando tu visión para observar la verdad y conocer la esencia del amor y la luz.

Asombrada vi los destellos de luz que salían de cada palabra del libro. Mena se acercó a mí y me tomó de la mano.

—Las memorias pueden escuchar tus pensamientos y le dan poder a tu mente de crear una realidad que no te pertenece. El miedo es el que te distrae de la claridad.

—¿Cómo puedo llegar a la verdad?

—El miedo es parte del proceso. Los sueños bellos y las pesadillas son necesarios para que se revele todo aquello que eres y lo que no eres. Sin las pesadillas no podemos ver la belleza de nuestra luz. En el proceso podrás entender que la realidad no es lo que aparenta y que los sueños tampoco lo son. Ambos contienen portales de sabiduría, en los cuales recordarás quién eres. Tu misión requiere que estés atenta durante tu vida diaria y también durante las noches del mundo de los sueños.

Mena me colocó un brazalete de turquesas en forma de serpiente que se enroscó en mi muñeca.

—Este brazalete te va a dar la valentía para que escribas con la honestidad emocional y transparencia de tu corazón. La turquesa te protegerá y te permitirá ver con claridad sin juzgarte a ti misma. Cuando sientas que no puedes, toca el brazalete y este activará la valentía.

Enseguida, Aedea me puso en el cuello una cadena hecha de círculos plateados de la que colgaba un silbato de plata con una boquilla roja en forma de corazón que me llegaba al pecho.

—Este silbato será tu apoyo en tu misión. Coloca la boquilla en tu boca, inhala profundo y sopla —un sonido hermoso me abrió el corazón—. Al recibir tu exhalación, el silbato te proporcionará la frecuencia que necesitas —me indicó.

"Algunas de las frecuencias primordiales del corazón son la compasión y la empatía. Cuando revises memorias con mucho contenido emocional o con sentimientos de culpa, vergüenza o miedo, esta frecuencia te puede ayudar a sobrellevarlos y a regresar a la esencia del amor.

"Otra de las frecuencias que surge del silbato es la de la tierra. Esta te ayuda a regresar al cuerpo y a la conexión con la naturaleza, a ahuyentar aquellas voces que quieren interferir en el amor, como son las del miedo, la duda y la falta de valoración. Estas voces pueden ser traviesas, ya que lo que buscan es alimentar el caos y desorientar tu camino. Usa este silbato para soltar la carga emocional, las creencias y las asociaciones de baja frecuencia; el sonido te regresará la armonía y el equilibrio.

"La tercera frecuencia te lleva a otro estado del ser alejándote de las voces que causan tormento, miedos y furia. Las voces de víctima, la negatividad y la oscuridad se disuelven cuando eres consciente de que pueden ser un engaño que te hace sentir cómoda y familiar. El silbido te dará un momento para observarlas y cuestionarlas. Utiliza el silbato cuando necesites ayuda, no es una herramienta para evadir o escapar de lo que sientes o escuchas.

Mele colocó un anillo en mi dedo índice con una pequeña llave redonda hecha de esmeraldas y luminosos bordes en hoja de oro.

—Al tocarlo te induce a estados meditativos para abrir los portales del sueño. Ahora es tiempo de que conozcas al resto de las nueve hermanas que son la fuente de la inspiración.

Las musas me ubicaron a su lado y una espiral en forma de torbellino me succionó hasta llegar al pasillo de mármol en donde se encontraban las estatuas.

La primera figura comenzó a cobrar vida transformándose en una distinguida mujer, su semblante de porcelana se acentuó por el vestido de seda morado que llevaba puesto. Su cabello cobrizo dorado cayó sutilmente sobre sus definidos hombros y brazos que sostenían un libro abierto. Me recordó a la Venus de Botticelli.

—Soy Clío, la musa de la historia, la que ofrece la gloria. Tengo el don de recorrer las memorias del pasado, presente y futuro. Puedo recordar los linajes de los antepasados. Estoy aquí para que evoques tus historias y las memorias ancestrales —colocó su dedo índice en mi entrecejo—. Cierra los ojos y respira profundo, percibe que activo tu centro de energía de la memoria. Estás lista para recibir la información. Continúa tu camino.

Di unos pasos y otra estatua fue tomando forma como si pequeñas piezas de un rompecabezas la fueran construyendo. A medida que se completaba la figura, escuchaba la voz de la inspiración de la creación misma. Una mujer con un vestido azul cielo y una coronilla de guirnaldas que portaba sobre su cabello cenizo se acercó a mi garganta y le dio un toque con su dedo. Percibí un ligero cosquilleo que me hizo reír y soltar el nerviosismo por estar en este lugar.

—Mi don es inspirar la elocuencia y la conexión con la sabiduría en los humanos. Me conocen como Calíope, la musa que inspira los mitos, la poesía y las historias épicas. Soy la que te va a acompañar a revisar y cuestionar los mitos que han construido tu realidad. Con mi don te inspiraré para que puedas compartir tus historias con elocuencia.

La tercera estatua comenzó a desintegrarse como si fuera una vasija de cerámica que se pulverizaba, dando forma a una mujer con una larga cabellera negra adornada con una corona de mirto y un vestido anaranjado que lucía con aires de seducción y sensualidad. En sus manos sostenía una cítara que tocaba con gran delicadeza; de sus dedos salieron rayos de luz coral como llamas y viajó hasta mi corazón. Su contacto aceleró mi pulso, sentí una oleada de sangre que llegó con fuerza hasta mi pelvis.

—Soy Erato. Por milenios he inspirado a los humanos a través de la atracción. Tengo el don de desatar las pasiones, los deseos y los amores. Inspiro el arte del erotismo y la poesía romántica; en tiempos modernos activo las fantasías sexuales. Estoy aquí para que descubras tu ser erótico y la conexión con tu cuerpo, para que conozcas el poder de la transformación de los deseos incontrolados y las atracciones sexuales en el amor profundo y eterno.

Una melodía me llevó a la cuarta estatua de una mujer que portaba un vestido amarillo y entre sus piernas había una bella y gran arpa dorada cuyas notas le daban vida. Su cabello rosa pastel caía sobre sus hombros. Al percibir su mirada noté que estaba viendo imágenes de mi vida. Sentí un nudo en el estómago al verme en sus ojos. Al tocar la siguiente nota, me retraje a mi interior para encontrarme con múltiples emociones que me llevaron a soltar un par de lágrimas.

—La música es el portal que nos inspira a visitar lugares nuevos, a recordar las memorias asociativas y a adentrarnos en las emociones y frecuencias multidimensionales. Mi don es hacer que la música sea un acompañante de tu vida que te abra el camino a explorar. Acepta la música como una guía de inspiración para tu misión. Estoy aquí para abrir memorias y llevarte a viajar en el tiempo.

"Me llamo Euterpe, la musa que ha inspirado a músicos, compositores y cantantes a capturar el amor y el desamor a través de melodías y frecuencias.

Su canción me llevó hacia la siguiente estatua. El mármol comenzó a resquebrajarse hasta romperse en pedacitos; se removió la dureza y reveló una piel blanca; ella estaba cubierta con un vestido negro con destellos de brillos azules, como uno de esos disfraces del festival de máscaras de Venecia. Portaba la máscara que representaba el teatro y un encaje negro y plata cubría su cabello negro. A pesar de su elegancia, me dio una sensación de aversión.

—Somos seres duales, tenemos luz y sombra. La vida está compuesta por momentos de celebración y tragedia. La tragedia nos invita a adentrarnos en nuestra sombra, oscuridad, trauma, y al estar en ella podemos sanar. Sin ella no podemos saborear la dulzura de la vida. Soy Melpómene, la musa del teatro, mis hermanas me llaman Po, Mel, Pome o Mene; me nombran acorde con la máscara que me ponga todos los días.

"Estoy aquí para guiarte a que observes todas tus máscaras, aspectos y roles que utilizas en tu propia obra de teatro. Cada una de ellas te revela una parte de ti que tienes que conocer y te da un aprendizaje —se acercó a mí y me tomó la cabeza con las dos manos, un ligero shock eléctrico recorrió mis neuronas y mis piernas temblaron ligeramente.

Una mujer me tomó de la cintura; me sorprendió su tacto amable.

—Hola, soy Talía, tenía que alejarte de mi hermana Po, que se toma la vida demasiado en serio. La seriedad es relevante para tomar decisiones importantes, pero la alegría es lo que nos agranda el corazón —la mujer se colocó frente a mí y su belleza me asombró. Su semblante tenía una mezcla de niña dulce y de mujer provocativa, su vestido rojo con tiras de distintos colores la hacían ver como un arcoíris.

—Tanta seriedad no es buena, incluso lo más oscuro puede ser transformado en una comedia —su sonrisa amable iluminó su rostro rosado y les dio brillo a sus largos cabellos castaños—. Por milenios he inspirado a los artistas para que puedan retratar las experiencias de vida en obras amables, divertidas y sin sentido lógico. Estas historias ayudan a crear consciencia de las distorsiones, dramas y verdades desde un aspecto más amable. La risa es una de las medicinas más potentes que tenemos para transformar energías oscuras en energías positivas. Estoy aquí para que recuerdes la dulzura, alegría y gozo en el amor. Al reírte de ti misma podrás observar con más facilidad tu historia y todo lo absurdo que tu mente te hace pensar y hacer. Respira profundo —me indicó la musa, mientras tomaba mi mano derecha y colocaba la palma de su mano en la mía—. Siente la luz de la conexión —un rayo de luz rosa entró por mi mano hacia mi corazón y me comencé a reír con un gozo absoluto—. Camina hacia delante, que mi hermana Polimnia te espera.

Un polvo rojizo envolvió a la estatua y desvaneció el mármol; se reveló una mujer voluptuosa con un vestido blanco con dibujos de espirales bordados con distintas piedras preciosas que le daban un brillo tornasol.

—La inspiración artística es una extensión de la sabiduría que adquieres de tus memorias. Las grandes obras que he inspirado nos llevan a un viaje a las vidas, historias y visiones de todos aquellos que las han escrito. Las obras son portales a otros mundos a los que solo tenemos acceso a través de ellas. La palabra escrita ha sido parte de la evolución planetaria. Llámame Poli, soy la fuente de inspiración de todas aquellas grandes obras que han dado forma a nuestra existencia. Estoy aquí para guiarte en tu transformación y en los procesos de purificación que son necesarios para poder ver tu verdad. Mi don es activar al ser creativo que eres y que recuerdes el poder de ser la fuente creadora de tu propia realidad —tocó mi coronilla colocando una flor de loto que se abrió lentamente. Sentí un rayo de luz que llegó desde las estrellas y entró a mí por la parte superior de mi cabeza—. Recibe la luz inspiradora de la verdad.

Al caminar vi únicamente dos estatuas más, que comenzaron a danzar. Con cada movimiento cobraban vida. Una de ellas tenía una presencia celestial, la otra parecía una bailarina de otros tiempos. Primero se acercó aquella que recordaba al cielo.

Su mirada celeste me recorrió de los pies a la cabeza; ella llevaba una larga túnica azul verdoso que tenía bordadas miles de estrellas y constelaciones en hilo de oro y plata. Su cabello blanco la hacía ver como un ángel.

—La fuente de la inspiración surge del universo. Los seres humanos contienen polvo de estrellas. Los planetas, los asteroides y la física del propio Universo influyen en la Tierra. La sabiduría que el humano posee está relacionada con la comprensión que tenga del Universo y de la Tierra. Las fuerzas cósmicas son el misterio del amor. Me puedes llamar Urania, la que inspira el estudio de la astronomía y de la inteligencia cósmica. Estoy aquí para activar tu inteligencia, comprensión y entendimiento, para recordarte que el misterio es más poderoso que el conocimiento que ya tienes. Esto te va a dar una visión más amplia de tu misión. Cierra los ojos —su dedo índice me tocó arriba del ombligo y percibí que algo se abría en mi interior como si fuera una flor. Desapareció en el momento en que abrí los ojos y me quedé sorprendida.

—A mi hermana Urania le gusta brincar en el tiempo —mientras escuchaba esta voz, se acercaba la segunda estatua, la vi dando giros con un kimono en tonos rosas y con dibujos de árboles de cerezos que cambiaban sus tonos de acuerdo con sus movimientos. Su cabello dorado era muy juguetón y su sonrisa de placer me incitó a moverme.

—Soy Terpsícore, la musa de la danza. Por milenios he inspirado a los seres humanos para que puedan expresar la profundidad de los mundos internos a través de su cuerpo. La danza no solo es un arte, ha formado parte de los rituales sagrados del planeta facilitando transformaciones evolutivas. Estoy aquí para guiarte en el movimiento que es una expresión de tu alma. La danza te muestra el punto de conexión con tu propio cuerpo para que actives su capacidad de escucha y el reconocimiento de la sabiduría. La danza además es necesaria en las relaciones personales porque bailamos entre nuestras emociones, pensamientos y deseos. Es la herramienta que nos lleva a reconocernos a nosotras mismas y a las parejas —Clío interrumpió a su hermana y se acercó a nosotras.

—Es tiempo de ir al centro del Universo.

Las musas hicieron una fila y me pidieron que caminara detrás de ellas por el pasillo. Llegamos a una puerta transparente que se abrió en el momento en que Clío hizo figuras con sus manos que no pude descifrar. Entramos a un magistral salón circular, el techo era una bóveda hecha de madera, cubierta con frescos que tenían escenas de algún libro que tampoco pude interpretar y que iban cambiando de acuerdo con los rayos del sol que entraban por los cuatro ventanales que había a nuestro alrededor. En el centro se encontraba una mesa ovalada con trece sillas que desaparecieron en el momento que Cali tronó los dedos.

—Aurora, párate en el centro de ese símbolo —me ordenó Cali.

Caminé hacia el espacio tratando de reconocer el símbolo, era hermoso, estaba hecho de piedras preciosas y rodeado por una fina línea dorada que resaltaba el piso de mármol de la sala.

Las nueve hermanas se colocaron a mi alrededor formando un círculo y se tomaron de la mano. Juntas comenzaron a entonar un sonido que jamás había escuchado, parecido a la brisa del mar. Las tonalidades de las voces armonizaban con el espacio y las estrellas que estaban sobre nosotras en la bóveda comenzaron a desprender polvos dorados, blancos y plateados que lentamente cayeron sobre nosotras provocando un estado de gozo que nos hizo soltar risas. Percibí que en la profundidad de mi corazón sentía el vacío que me ha acompañado durante mi vida, pero no me dolía. Era como si simplemente estuviera ahí esperando a ser llenado. Mi mente estaba más tranquila y clara. De mi cuerpo emanaron pequeñas ondulaciones que hicieron vibrar a mis células. Mi energía estaba limpia y nítida. Las hermanas me miraron y al hacerlo entendí lo que era la inspiración. Mele apareció en el círculo y se colocó entre dos de sus hermanas.

—Aurora, la inspiración es la fuente de la longevidad, la fuerza de todo aquello que hace sentirte viva. Es un pulso de vitalidad que, como la energía de vida, es cíclico. Aparece y desaparece, va y viene en los momentos necesarios —Mena llegó al círculo y tomó la mano de Po y Erato—. La ligereza que te brinda la inspiración hay que saborearla con tu cuerpo, recibirla con humildad en la expansión de tu mente y darle solidez con la sabiduría de tu esencia. Este destello llega a ti de las formas más inesperadas para ser la chispa que abra las puertas del misterio, de la exploración de quien eres y la capacidad de entender tu propia existencia.

Aedea se incorporó al círculo tomando la mano de Mel y Talía.

—La inspiración es la energía creativa que te puede llevar a la verdad, que te permite atravesar las murallas, defensas y caparazones que cubren tu verdadero potencial y todo lo que se tiene que revelar. Al abrir tu percepción al mundo de la energía y la inspiración descubrirás a la mujer de tu destino. Tu misión es sanar tus historias de amor y tu relación con el aspecto masculino y con la forma en la que te relacionas con los hombres.

Las hermanas cerraron los ojos y las luces comenzaron a crear un lazo que iluminó sus manos y empezó a girar hacia la derecha a una gran velocidad.

—A partir de este momento las bendiciones de las diosas y los dioses te acompañan en tu misión —me dijo Clío—. Cierra los ojos, Aurora, y siente.

El lazo comenzó a hacerse más pequeño hasta llegar al interior de mi cuerpo en donde se colocó en forma de estrella de cinco puntos a la altura de mi esternón. Mi cuerpo levitó. Cerré los ojos para sentir que otra vez podía volar.

* * *

El sonido de una campana disolvió mis sensaciones. Al abrir los ojos descubrí el techo blanco de mi habitación que me recordó que había regresado de mi mundo de los sueños. Me fue difícil aceptar que podía recordar mis sueños de una manera tan nítida que parecía que fuera una experiencia del mundo real. Me sacudí la duda de la pijama que aún llevaba puesta y escribí mi primera confesión y aprendizaje, después de recrear el contexto desde el que comencé.

21 de septiembre

Equinoccio de otoño

Para cumplir mi misión, debo escribir todo aquello que pienso de mí misma, mis aprendizajes de la vida y confesar mis más grandes secretos sobre el amor, el sexo y los hombres. Mi misión es sanar mi corazón, cicatrizar las heridas, percibir, vivir y sentir el amor, para lograr impulsar una evolución más en el planeta. En estas líneas expreso la quietud de mi alma y la catarsis de mi personalidad, las palabras honestas e impecables que muestran la vulnerabilidad de mi corazón y la perversión de mi mente. Las obsesiones, mentiras, fantasías, ideas y verdades. Los escondites, mis malentendidos, pretensiones y superpoderes. Los deseos de mi corazón, las ideas de mi mente y la pasión de mi sexo. No hay pecados ni juicios, solo los aprendizajes de la aceptación de la verdad.

Escribiré con delicadeza y compasión, ya que es la extensión de la voz y la expresión más pura y auténtica de mi corazón. Es la historia de mi vida en su honestidad y verdad.

Es intimidante descubrirme y explorar mi verdad en memorias que he ocultado hace muchos años; revisar historias de las que no me enorgullezco me pone nerviosa, pero la honestidad es lo más preciado que tengo; por eso hay que tratar a la verdad con delicadeza al ser una extensión del corazón y del alma, de la vulnerabilidad y el contenido de la mente.

Escribir es distinto a ver, sentir, soñar o procesar; plasmar las historias en papel las vuelve reales. Las palabras dan luz al ser, a los procesos sentimentales y mentales más profundos, absurdos e íntimos.

Para amar y ser amada debo sanar mi relación con el hombre, los patrones disfuncionales y llenar ese maldito vacío en el corazón. Espero que este proceso me sane y me dé luz en mi camino.

Entre este texto y yo no hay testigos ni intermediarios. Solo estamos mis historias y yo. Al hacer este ejercicio de escritura automática del que emerge la verdad, tengo que ser cuidadosa en no juzgarme. Solo así fluirán los secretos de la quietud del alma y todos los que llegan de la catarsis de la personalidad, las obsesiones, mentiras, fantasías e ideas.

Poder vaciar en estas páginas la verdad sin filtros o adornos, sin ocultar lo que no quiero ver, es un ejercicio muy cabrón, pero llega un momento en que tengo que dejar de huir de quien soy para descubrirme.

2

MIS VOTOS

Al día siguiente de comenzar mi misión, todavía me sentía un poco confundida, sobre todo, cansada y motivada por seguir. Después de escribir sobre el primer sueño, opté por tener una mañana tranquila: un desayuno ligero, una práctica de yoga, tiempo de lectura bajo la luz blanca de Galicia. Mi libro cayó de mis manos conforme me fui quedando dormida y, en unos segundos, me encontré en mi sueño, nuevamente en la biblioteca.

* * *

Descubrí un reducido espacio entre los libreros que atrajo mi atención. Era un pequeño cuarto, como una caja sin luces ni ventanas. Experimenté un poco de claustrofobia. Una voz indicó que me guiaría; la seguí. Caminé en la oscuridad muy lentamente y con miedo.

—Confía en tu visión nocturna y camina con confianza, que estoy aquí para guiarte.

Llegué hasta lo que parecía ser una silla. Al tocarla sentí la rusticidad de su madera; seguro tenía cientos de años.

—Ahora, toma asiento y percibe las plantas de tus pies bien conectadas a la tierra. Estira los brazos frente a ti.

Acaricié más madera. ¡Un escritorio!

—No podemos descifrar la verdad en la oscuridad, pero debemos permanecer en ella para descubrirla conscientemente. El contacto con la luz inicia en aquello que escapa a nuestra vista, no podemos huir de este momento o alcanzar la luz sin recorrer el camino. Hay que confiar en la guía divina que se te presenta a pesar de que no puedas ver.

En ese momento, vi un rayo de luz entrar por un pequeño agujero negro.

—Esta luz es la fuente de vida que está llegando a ti ahora que decidiste confiar. Observa a tu alrededor.

No había libros en esa sala, solo cajas de distintos tamaños.

—Quiero que veas cuál de ellas llama tu atención, abre tus sentidos y permite que tu sabiduría interior te guíe.

Las cajas eran bellísimas: cada una de distinto color, de diferentes materiales y, al parecer, provenían de culturas ancestrales de todo el mundo. Conforme mi mirada se posaba en cada una de ellas, se iluminaban una a una, dejando el resto en la oscuridad. Cerré los ojos y escuché el sonido de una víbora de cascabel que me hizo concentrarme en una caja mediana de laca blanca con detalles en negro; en la parte superior tenía un cuarzo blanco y otro negro.

—¿La puedo abrir?

—Antes de decidir si la quieres abrir o no, quiero contarte su historia.

Se reveló Clío frente a mí y colocó un juego de té de porcelana blanca con dibujos de flores silvestres. Las tazas eran pequeñas, como las de algún salón de té en Inglaterra.

—Toma un poco de Earl Gray, te dará energía. Ahora la historia: nuestra familia tiene relatos que se entrelazan. Nuestro padre Zeus es un dios muy estricto, orgulloso e incluso tiránico si hay deslealtad en la familia. Prometeo era su mejor amigo y hermano; lo desafió al tomar el fuego que les pertenecía a los dioses y entregarlo a la humanidad, que lo utilizó irresponsablemente, lo que encendió la furia de Zeus. Entonces creó a la primera mujer, llamada Pandora, con la belleza de Afrodita y la curiosidad de Hera.

"Pandora contrajo nupcias con Epimeteo, el hermano de Prometeo. Los dioses les dieron un gran regalo: una hermosa caja que contenía una instrucción muy precisa: "No abrirla bajo ninguna circunstancia". Así hacen regalos ellos; se divierten al poner a prueba a sus fieles. Podían ver que Pandora era demasiado curiosa y que le sería difícil abstenerse de hacer algo prohibido y, tal como anticiparon, Pandora escuchó la voz de la caja que la atraía cada noche. Finalmente, no pudo resistirse y durante una luna llena la abrió. Aterrada, trató de cerrarla mientras salían de ella todos los males del mundo: la avaricia, la envidia, la enfermedad, la pobreza, la guerra, la hambruna, la sed, el dolor, la tristeza, la desesperación, la codicia, la lujuria, la ira y la venganza.

"Finalmente, logró cerrarla, pero dentro solo quedó Elpis, el espíritu de la esperanza. Porque, verás, la esperanza es lo último que muere. ¿Cómo interpretas la historia, Aurora?

—Nos muestra que, aunque las mujeres somos autónomas y libres de decidir, podemos ser manipuladas y engañadas. Las tentaciones nos pueden llevar a descubrir los males de los cuales también aprendemos.

—Muy bien, Aurora. El poder femenino puede abrir cajas llenas de sombras para transformarlas. Las mujeres necesitan liberar sus males para identificarlos y transformarlos. Esta historia nos revela lo arraigados que están los valores patriarcales que aún promueven castigar la desobediencia y la curiosidad de la mujer. Tu misión comienza en este momento, aún puedes rehusarte. ¿Quieres abrir la caja de Pandora o seguir tu vida como está?

—No hay ninguna duda; quiero abrir la caja.

—Ábrela, Aurora.

Me acerqué a la caja, una fuerza me impidió dar marcha atrás. Al llegar a ella, me absorbió un torbellino de lo que parecían ser pequeñas memorias con contratos y votos que había hecho a lo largo de mi vida. A mi lado, pasó volando un libro de mi tamaño, lo sujeté y me subí a él. Nos elevamos desafiando la fuerza del torbellino que nos jalaba hacia el suelo.

Aterrizamos en un pequeño jardín en el cual me esperaban mi diario y mi pluma sobre una cobija azul que cubría el pasto más verde que he visto. Escuché a lo lejos una voz:

—Es tiempo de abrir tu primer archivo de la verdad. En esta misión tendrás que revisar algunas de tus interacciones que te mostrarán las creencias y programaciones implantadas en tu mente y cuerpo acerca del hombre y el amor. Toma tu libreta y escribe tus reflexiones y aprendizajes.

Me relajé al escuchar la voz de Clío. Me acosté sobre la cobija y empecé a ver proyectadas algunas de mis memorias.

* * *

Me vi sentada en mi pupitre muy aburrida mientras mi maestro hablaba de problemas y ecuaciones. No prestaba mucha atención, ya que las matemáticas no me interesaban; en sexto de primaria identifiqué la naturaleza de mis dones y este no se me daba. El maestro se paró frente a mí y me regañó:

—Aurora, has reprobado. No es posible llegar al resultado de la ecuación con este proceso, aunque sea correcto. Tienes que seguir exactamente lo que enseño. O eres una copiona o quieres hacer las cosas a tu manera.

—¡No soy copiona!

—Entonces más te vale que hagas las cosas como digo o te saco de la clase.

Escondí mis lágrimas entre las hojas del fallido examen. Los gritos del maestro y los abucheos de mis compañeros de clase hicieron que tratara de ocultarme, haciéndome un ovillo. Por primera vez experimenté la humillación. Pensé: *No está bien hacer las cosas de una manera distinta. Algo está mal conmigo.* Llegué a casa sosteniendo un puñado de pañuelos desechables empapados y sintiéndome humillada. Esta nueva sensación ya era parte de mí.

Mi padre se enojó:

—Hijita, ¿qué pasó en la escuela? Recibí una llamada de la directora que me comentó que continúas con tu actitud rebelde y que copiaste en el examen de matemáticas. Tu maestro no entiende cómo llegas al resultado sin hacer la ecuación correctamente.

Enojada por la injusticia contesté:

—No soy una copiona.

—Te creo, pero tienes que entender que eres diferente. Para poder vivir necesitas adaptarte al sistema y hacer lo que tus profesores te piden para pasar el año y continuar en la escuela. No es prudente que seas altanera con tu maestro. Debes respetarlo como tu superior y como hombre; una mujer nunca debe mostrarse más inteligente que un hombre.

Hice una pausa en mis recuerdos. Me pareció relevante tomar notas de las cláusulas de conducta que fui adquiriendo y que debía cuestionar.

Cláusula uno: la rebelde

- La rebeldía es castigada.
- Ser diferente causa problemas.
- Si quieres ser validada, debes cumplir con lo establecido.
- Es importante que hagas lo que se espera de ti.
- No muestres tu verdadera inteligencia a quien no la entiende.

- Si haces las cosas a tu manera, el hombre puede humillarte.
- Hacerte chiquita y poco inteligente ayuda a que el hombre te acepte.
- La humillación es parte de ti.

Cláusula dos: la víctima

- Si no cumples con las reglas o con los sistemas, pueden acusarte injustamente.
- Estás indefensa: acepta las injusticias.
- Quedarte callada evita problemas.
- Acepta lo que digan las autoridades y los hombres sin cuestionarlo.
- El hombre injusto te pone en tu lugar.

* * *

Cali se acercó y soltó un poco de polen sobre mi cabeza, estornudé y, al mirar las nubes, me vi en mi adolescencia.

* * *

Estaba sentada en el patio del colegio, confundida y tratando de entender qué había hecho mal. Mi primer novio estaba terminando conmigo.

—Aurora, ya no quiero ser tu novio.

Se dio la media vuelta y caminó hacia sus amigos a quienes escuché carcajearse. Sus miradas burlonas me hicieron sentir vergüenza y confusión; experimenté la desilusión por primera vez.

Uno de sus amigos se acercó a mí:

—Lo siento. Fue muy mala onda lo que te hizo.

Mi cara de sorpresa fue interrumpida por los constantes estornudos que se instalaron en mi cuerpo en aquel momento.

—¿A qué te refieres?

—¿No sabías que solo fue tu novio por una apuesta que hizo con nosotros? Nos apostó comidas de la cafetería por un mes si aceptabas ser su novia por una semana.

No sé si me lo dijo porque sentía compasión por mí o solo para lastimar mi corazón un poco más. El llanto se detuvo frente a otro estornudo, el polen de los árboles ya no me permitió resistir la tristeza. Corrí a la enfermería de la escuela para que llamaran a casa. Lloré en los brazos de mi madre. Sentí cómo la ya conocida humillación se convertía en una punzada aún más profunda llamada desilusión.

—Hijita, tienes catorce años, los chicos de tu edad son muy inmaduros y hacen tonterías cuando les gusta una chica. No le des tanta importancia. ¿Le diste un beso?

—No, mamá, solo me compraba mi lunch y platicábamos.

—No te preocupes, eso no cuenta.

* * *

Un estornudo me regresó al presente y entonces me quedó claro cuándo comenzó mi alergia al polen.

* * *

Cláusula tres: la desilusionada

- La desilusión es parte de la vida y algo natural.
- La tristeza es un sentimiento que es parte de la ilusión. Tratar de entenderla te hace cuestionar quién eres y tu valor como persona.

- Es muy fácil experimentar ilusión y desilusión en poco tiempo.
- No te ilusiones porque te rompen el corazón.
- Ni comprendida ni ilusionada ni desilusionada. No es para tanto.

Cláusula cuatro: la utilizada

- El hombre está contigo porque tiene una agenda o quiere algo de ti.
- El hombre te miente.
- No vales lo suficiente para que un hombre quiera estar contigo.
- Es natural que el hombre te utilice para sus fines.
- No es para tanto que un hombre quiera algo de ti sin que tú lo sepas.

* * *

Clío regresó, se sentó a mi lado y me entregó una pequeña pintura de París que de inmediato proyectó recuerdos de aquel lugar.

* * *

He vivido múltiples momentos en esa ciudad, donde la ilusión vino acompañada de los primeros síntomas de miedo al haber experimentado grandes romances y, por tanto, desamores. Recordé algunos pasajes.

Mientras caminaba por el Puente de los Enamorados vi con envidia a todas aquellas parejas que vivían la ilusión y el romance de ese lugar. Yo me acababa de pelear con mi esposo e iba de regreso al hotel para llorar sola.

En otro recuerdo de París, una mariposa se posó en mi mano y su color azul me recordó sus ojos, que me hacían desmayarme de amor por él. Era un hombre gentil hasta que le decía un ¡no! y se prendía en él un *switch* de enojo. Habíamos discutido porque no estaba de acuerdo con lo que me pedía; sus palabras eran ofensas que me devaluaban y minimizaban:

—No sé cómo eres mi novia si no estás dispuesta a hacer el amor conmigo. Llevamos un mes juntos y no quieres hacer nada de lo que yo quiero. Eres una santa. Si yo te gustara tanto como lo dices, confiarías en mí y me dejarías hacer lo que quiero contigo.

El miedo a perderlo me llevó a permitir que tocara el rincón que jamás había sido profanado por otra mano y, al día siguiente, terminó conmigo en plena fiesta de nuestros amigos.

Con un hacha que salía de su lengua me asestaba palabras hirientes.

—Seguramente no eras virgen, me has estado mintiendo. Que te hayas dejado no me habla bien de ti, creo que eres medio puta.

Se dio la media vuelta y caminó hacia mi amiga para tomarla de la mano y presentarla frente a todos como su novia. Fingí estar bien y bailé con otro chico dejándole saber que no me importaba. Al llegar al hotel donde me esperaban mis padres, les conté que él había terminado conmigo. Su respuesta fue: "No llores, hijita, los chicos hacen tonterías a esta edad, no es para tanto. No vale la pena llorar".

Cláusula cinco: la escapista

- La doble vida —la aspiracionista y la real— te ayuda a sobrellevar las desilusiones de la realidad.
- Cuando algo duele o no es como quieres, se vale escapar.

Cláusula seis: la abandonada

- Ningún hombre estará contigo a largo plazo, a la larga te dejará o te darás cuenta de que no es tuyo.
- Algo debe estar mal contigo para que un hombre no se comprometa.
- Para protegerte de que te lastimen, los abandonas con facilidad.

Cláusula siete: la santa

- Puedes excusar al hombre porque hace tonterías y es inconsciente.
- Si eres una santa con el hombre, te va a querer y respetar hasta que él quiera otra cosa.
- El hombre que quiere algo de ti y que tú no estás dispuesta a dar, te deja o te ofende.
- Si le das al hombre lo que quiere te tacha de "puta" o no valora lo que le das.

Cláusula ocho: la reprimida

- Aparenta no sentir para protegerte de la humillación, la vergüenza o el juicio de los demás.
- Esconde tus emociones. Sirve para que no vean tu vulnerabilidad y te lastimen. Mostrarlas revela tu debilidad.
- Nada justifica las ganas de llorar o de sentir. No llores y manifiesta tu fortaleza.

* * *

Otra vez sentí a Clío cerca. Me ofreció unas nueces.

—Veo que tantos recuerdos te están despertando el hambre, es natural cuando estás haciendo una limpieza de tu corazón.

Masticar las nueces me llevó al patio de mi escuela.

* * *

Estaba terminando de comer mis cacahuates japoneses procurando evitar llorar hasta que no pude más. Me cubrí la cara con ambas manos tratando de esconder mis mejillas rojas por la humillación. Unos minutos antes él se había acercado a mí.

—Aurora, no voy a ir contigo al baile de fin de año.

—Pero si es mañana, ¿por qué me quieres cancelar? Ya tengo todo listo.

—Es que me siento mal.

—Ah, lo siento, espero que te mejores.

Al llegar al baile lo encontré afuera acompañado por la chica más guapa del colegio.

La desilusión y los celos me llenaron la lengua de veneno y, sin poder controlarme, solté palabras que lo manipularon hasta forzarlo a cumplir su palabra y llevarme al baile.

Entramos juntos y dejamos a la otra chica llorando afuera del gimnasio.

Mientras bailábamos, él no me veía a los ojos, estaba muy enojado. Y yo me sentí muy mal por haber utilizado un secreto familiar que me había confiado para obligarlo a cumplir su palabra. El poder que obtuve de manipularlo creó un lazo adictivo en mí, por eso lo dejé a media pista para bailar con otro. Quedó humillado y herido.

Cláusula nueve: la manipuladora

- Utiliza el drama emocional y los secretos para que cumplan sus promesas, solo así se hacen responsables.
- Usa la manipulación, aunque sea destructiva y traiga consecuencias que lastiman a los demás.
- Es mejor lastimar que salir lastimada.

Cláusula diez: la rechazada

- Prevenir el rechazo es impedir que te lastimen.
- La mejor manera de evitar el rechazo es escapar de la situación o rechazar primero al otro.
- Finge que las personas o situaciones no te afectan.
- Si te rechazan, es porque tú has hecho algo negativo.

* * *

La pluma se cayó de mi mano, me invadió el cansancio por un momento y me dejé llevar hacia otro recuerdo.

* * *

Caminaba por un muelle hacia el altar; miraba al suelo viendo mis zapatos blancos cubiertos por un borde de encaje con pequeñas perlas. Lo observé de pie en el altar: se veía guapo con su traje en tonos claros. Sus dedos de la mano derecha se movían ansiosos esperando mi llegada. Vivaldi me acompañó en el trayecto hacia él. Me parecía la entrada triunfal de la princesa que ese día tendría su final feliz. Los violines calmaron mis nervios y el chelo apagó la incertidumbre que sentía. Una pequeña voz me recordó que hacer lo correcto no necesariamente era lo que quería. Sentí un pulso en lo más profundo de mi corazón que me dijo que mi destino no era ser su esposa, que lo nuestro no era para siempre. Decidí no escuchar esa voz, ya que mi personalidad y mi mente ya habían orquestado ese momento idílico que yo misma había construido. La aparente felicidad de mi sonrisa al decirle que sí fue solo una muestra pretenciosa de hacer lo correcto sin hacer caso a mi intuición. Fue una felicidad momentánea que se opacó al sentir que algo se alejaba de mí y a lo que ya no podría acceder. No sé bien lo que era, si una parte de mi alma, de mi esencia o de mí misma se alejó al no ser honesta conmigo misma. Estaba viviendo el momento en el que debería ser la mujer más feliz, y no lo era. Me daba vergüenza verlo a los ojos sabiendo que escondía lo que realmente sentía; cambié de opinión, pero era demasiado tarde para decir que no y dar un paso hacia atrás. Le di el "sí" por quedar bien, por cumplir con lo que se debe hacer, por honrar una promesa. Me di el "no" al no escucharme, al hacer algo que honestamente no quería. Este no fue el final feliz ni el cuento que me había contado.

Cláusula once: la obediente

- El deber ser es más importante que cualquier intuición o sabiduría sobre lo que consideras verdadero.
- La obediencia es premiada, y las promesas son más importantes que los deseos de tu corazón.
- Obedecer a tus padres, a tu futuro esposo, a las películas que construiste en tu cabeza es tener "palabra de honor".
- Ser obediente se celebra en la sociedad; debes ser y hacer lo que se espera de ti.
- Lo que de verdad quieres y necesitas no importa, ya que si te comprometes tienes que pensar en lo que él quiere.
- Obedece a tu mente y no escuches tu corazón.

Cláusula doce: la culpable

- Te sientes culpable por no sentir lo mismo que él.
- Te sientes en desventaja al no ser honesta contigo misma, pero es muy tarde para cambiar de parecer.
- Con tal de ser amada y validada por las personas y los hombres, decides comprometerte con situaciones de las cuales no estás segura.
- Te da vergüenza ser la que da un "sí" cuando es un "no" o un "no" cuando es un "sí".

* * *

Al regresar al jardín, vi a Clío beber el agua más pura que he visto y que obtuvo del lago que estaba frente a nosotras.

—Si quieres agua, solo pide.

—Quiero agua, Clío, ya estoy muy cansada.

—Tan cansada que te quedas dormida dentro del sueño, Aurora. Eso es normal al presenciar lo que no nos gusta, pero es un nivel muy peligroso de inconsciencia. ¿Te das cuenta de que ni dormida puedes evadir lo que necesitas ver? Toma un poco de energía y continuemos, que aún te falta bastante.

El sabor del agua pura me dio ligereza y caí en mi sillón. Los recuerdos volvieron.

* * *

En esos días vivíamos vidas separadas, pues el aburrimiento se coló por la ventana de nuestro hogar. Su fascinación por la música y las copas lo llevaban a salir con sus amigos durante varias horas los viernes por la noche. Me era indiferente ese plan y prefería quedarme en casa a leer. Una parte de mí lo esperaba ansiosa para ver si con su escape nocturno llegaba con ganas de hacer el amor. En una ocasión, su arribo tardío me puso furiosa; lo culpé porque nuestra relación era aburrida, pues prefería estar con sus amigos; lo acusé de tener una amante por no querer hacer el amor conmigo. Furioso, se defendió de las acusaciones y se fue a dormir al cuarto de visitas.

* * *

Este recuerdo se repitió múltiples veces hasta que logré salir de él pidiendo ayuda con mi silbato.

* * *

Cláusula trece: la desconfiada

- No confías en que cumplan su palabra. No escuchas las otras verdades porque crees que inventan historias para salirse con la suya, o te responden lo que te complace para evitar problemas.
- Ver a tu pareja hacer una vida paralela a la tuya te genera inseguridad y resentimiento, en especial cuando te das cuenta de que disfruta más con otros que contigo.
- Desconfías del hombre que tiene una vida que va más allá de ti. Asumes que una relación "sana" es aquella en la que un hombre está contigo todo el tiempo, y tú eres su prioridad y punto.
- Proyectas en él tu deseo de no experimentar nada negativo.

Cláusula catorce: la acusadora

- Por su culpa van mal; él es quien decide irse y hacer su vida.
- Te deja sola esperándolo.

- No sabe escucharte. Solo se defiende con excusas sin decir la verdad.
- Él busca placeres más allá de su vida contigo; prefiere la fiesta.
- Él es el culpable de que te sientas así, que tengas esas actitudes y comportamientos.
- Él te provoca.

* * *

Una catarina llegó a mi dedo y me acordé de que simbolizan la buena suerte, su andar me transportó a otro recuerdo.

* * *

Estaba en una mesa con mis amigos, quienes nos presentaron cuando él llegó. Su boca me distrajo cuando lo vi devorar el rib eye, la especialidad de mi amigo.

Era un chico guapo, inteligente y al parecer le iba muy bien económicamente. Me defendí de la atracción que sentí hacia él con una actitud de indiferencia y fríamente definí como tonta una pregunta que me hizo. Lastimé su orgullo y me ignoró el resto de la noche. Al final de la cena me pidió mi teléfono, indicación de que mi indiferencia había sido la estrategia correcta para conquistarlo. Por semanas jugamos al gato y al ratón; un cúmulo de sensaciones me provocaron una obsesión por él. En ese momento entendí que es posible obsesionarte y ser adicta a la sensación de querer y no tener a alguien.

La memoria activó una sensación muy incómoda en mi cuerpo: la ansiedad.

Cláusula quince: la indiferente

- La indiferencia te protege de la humillación y el rechazo. Con ella puedes hacer que alguien te desee o tú desear a alguien.
- La indiferencia te aleja de tus emociones; al no sentir puedes pensar más claramente qué estás haciendo.
- Al ser insensible puedes estar en control de la situación... Vale la pena sentir ansiedad.
- La negación muchas veces trae recompensas.

Cláusula dieciséis: la adictiva

- Las emociones y sensaciones fuertes te provocan excitación, ansiedad e incertidumbre.
- La negación o la indiferencia de un hombre te hace ser una mujer más determinada para obtener lo que quieres.
- Los juegos provocan que quieras más caos, por eso los procuras y te identificas con las emociones confusas.

* * *

La catarina regresó a mi mano, sentí un ligero cosquilleo mientras sus diminutas patitas recorrían mi piel. Me transportó a un clóset.

* * *

Estaba enojada revisando su ropa y sus cajones con la sospecha de que veía a otra mujer. Necesitaba evidencia para que dejara de negar lo que mi corazonada me decía. Mi deseo de venganza se magnificó al encontrar dentro del bolsillo derecho de su chaqueta un pendiente con un corazón e inscrita la letra B. La sangre me hirvió y explotó como una olla exprés cuando escuché su saludo. Sin control, le grité que se largara de la casa. Embebida en mi locura aventé toda su ropa, mi entera fortaleza se avocó a lanzarle palabras hirientes, vomité emocionalmente amenazas de quitarle todo en el divorcio; sin pensar lo que hacía, pedí terminar así. En mi furia, las siguientes semanas les envié mensajes a sus amigos informándoles sobre nuestra separación y ventilando que me había sido infiel con una perra llamada Brenda. Traté de destruir su reputación sin un gramo de compasión y en la separación lo demandé para quitarle todo lo que amaba. Busqué que le doliera.

Cláusula diecisiete: la perra

- Para obtener justicia, tienes que defenderte con agresiones y venganza de las injusticias, de la mentira y de los ataques.
- Se vale expresar tu enojo sin control cuando el hombre se lo merece.
- El hombre es un mentiroso, eso provoca que tu perra salga a ladrar.
- Aplicar el ojo por ojo y diente por diente es necesario para poner a la gente en su lugar.

Cláusula dieciocho: la invasiva

- Ser invasiva es solo una consecuencia de las acciones negativas del hombre.
- Buscar en sus lugares privados, espiar su celular y computadora se vale cuando el hombre miente.
- Eres invasiva cuando te sientes insegura de algo.

* * *

Le di un sorbo al té negro que aún tenía a mi lado y me supo un poco más amargo que de costumbre; solo en otra ocasión me había sabido así. Yo estaba al teléfono tratando de resolver un problema con mi seguro de vida, y él se encontraba en la sala con sus amigos viendo el futbol y bebiendo cerveza. Le pedí que me ayudara a buscar un dato y me dijo que estaba ocupado. A gritos corrí a sus amigos de la casa y le exigí que buscara lo que le había pedido. Mi impulso me llevó a comportarme así, ya que no era la primera vez que me negaba la ayuda que le pedía. Parecía ser la única trabajando en nuestra relación. Al terminar con él, sus ojos me lanzaron una mirada de fuego y solo me dijo: "Eres una cabrona, ¿cómo terminas conmigo cuando te trato como reina?".

"¡Cabrona!". No me dejó de otra. Estaba harta de ser la responsable de la casa, de resolverlo todo mientras él estaba tirado todo el día viendo la televisión o tomando cerveza con sus amigos.

"Eres una controladora que no sabe divertirse, te vas a quedar sola por el resto de tu vida", me dijo.

Salió de la casa y azotó la puerta por la indignación que le provocó que lo hubiera dejado.

Cláusula diecinueve: la controladora

- Tienes que controlar la situación; si no tomas el mando de las cosas no funciona nada o el hombre no hace lo que le corresponde. Esto te da paz, al menos las cosas marchan bien y la vida transcurre como quieres.
- Es más fácil controlar y arreglar los problemas que esperar a que alguien más se responsabilice.

Cláusula veinte: la tirana

- Tienes que imponer el orden y ser dura para que él haga su parte.
- Ser demandante no es algo negativo, de alguna manera debes obligarlo a que cumpla su parte y sea responsable de lo que prometió.
- Las cosas suceden cuando las haces a tu manera, porque a su modo no funcionan.

* * *

Saboreé una lágrima, no podía parar de llorar. Estaba agotada de viajar por tantas memorias y escribir mis creencias. Solté la pluma y el cuaderno. Me acosté de lado con la esperanza de poder descansar.

—Descansa unos momentos antes de terminar tu misión en los sueños de hoy. Estas cláusulas están construyendo dureza dentro de ti, por eso te sientes tan agotada.

—¿Por qué tengo que ver todo lo que me avergüenza de mí misma? No quiero que esta misión me haga sentir tan mal.

Con mucha paciencia, Clío me envolvió con la manta sobre la que estaba acostada.

—La misión requiere del conocimiento de todos los aspectos y los comportamientos que aceptas y te dan vergüenza, o que no aceptas y evades. Todas estas memorias te dieron las pistas y las creencias que te hacen ser como eres con los hombres y con el amor. Así puedes darte cuenta de todos los miedos, heridas y algunos votos ancestrales que hay en ellas. Estas cláusulas son los pactos o contratos que has hecho contigo misma y que tienes que romper, pues no es benéfico para ti ni para los demás.

”Las mujeres son complejas, están compuestas por distintos aspectos del ser, por luz y sombra. Los aspectos de luz son aquellos con los que nacemos, son parte de nuestra naturaleza, el aspecto más puro de quienes somos. Lo sombrío es aquello que desconoces de ti misma, que puede ser positivo o negativo. Lo positivo son aquellos dones que tienes. Lo negativo son los comportamientos tóxicos que se han desarrollado como resultado del miedo, la inseguridad o la negatividad. Las órdenes de nuestros antepasados no son solo adversas, también pueden ser favorables.

”Las programaciones construyen la realidad y muchas se quedan escondidas en tu mundo interno esperando a ser reveladas. Lo que tenemos a la vista es muy poco, lo que hacemos consciente es solo un pequeño porcentaje de todo lo que alberga tu ser. Hay mucho por descubrir, pero no es fácil desmantelar lo que te aleja de ti misma, aunque es necesario para regresar a ti.

”Entiende que este proceso toma su tiempo. No podemos acelerar el ritmo natural de tu evolución. Sin embargo, te tomaremos de la mano y llenaremos de amor para que te veas con compasión y aprendas de tus experiencias.

”Hay que tener la claridad que surge de la simplicidad de las palabras; en ellas puedes observar cuáles promesas aprendidas has llevado a cabo en tu vida y cuáles se instalaron por experiencia propia. Hay que observar qué votos son limitantes y si están en la consciencia o en la inconsciencia. Deberás identificar qué comportamientos te acercan más a la naturaleza de tu esencia de luz y cuáles te alejan de ella. Hay que comenzar a llevar la contabilidad de tus deudas kármicas que deben de ser pagadas en esta vida de alguna manera. Evidenciar las cláusulas para responder a ellas. La consecuencia de tus acciones te ha llevado a tener la experiencia necesaria para que puedas ser consciente del karma no solo de tus acciones sino de aquellas que se han hecho por la colectividad.

"Todo lo que haces, piensas y dices tiene una consecuencia que si no reparas se va acumulando en densidades limitantes que provocan experiencias de sufrimiento y dolor. Al poder escribir acerca de tu responsabilidad en estas historias puedes ir restableciendo el equilibrio y la armonía en tu vida y en el planeta. Así podrás comprometerte con nuevos votos que surjan de tu libertad y te permitan sanar tu relación con los hombres y tu corazón roto.

"Hoy durante tu día recuerda crear tu propio voto para darle una formalidad universal a tu compromiso con tu misión. Procura ser lo más honesta que puedas contigo misma. Reconoce que eres capaz de accionar. No podemos crear ninguna deuda en tu trabajo de luz. Los momentos hermosos están intactos en tu corazón, lo que hay que sanar es lo que no te gusta o no puedes ver. Toma un poco de esta agua sagrada que te llevará al ritual de purificación.

Clío me entregó un listón de seda morado que desencadenó otro recuerdo.

* * *

Aparecí en Saint Nectan's Glen, una de mis cascadas favoritas de Cornwall. El camino era una belleza, con rocas cubiertas de musgo verde, un arroyo con un movimiento calmado que acompañaba el andar, rodeado de libélulas juguetonas. Por unas escaleras se podía acceder a la cueva de las intenciones o bajar y sumergirse en la cascada. Primero fui a la cueva, ahí escuché la voz de una guía que me pidió silencio absoluto. Al entrar, vi cientos de listones, cartas y fotos con peticiones; esto me hizo constatar la devoción propia de un lugar en el que realmente se puede sanar. Mi intención de purificarme se activó cuando dejé un listón sobre la figura de una mujer colocada en el altar de una de las rocas. Después, bajé los cientos de escalones para llegar a la cascada; no había ni un alma. Al sentir el aire en la piel, escuché la voz del bosque, una *deva* guiándome desde la invisibilidad.

—Soy la voz de lo que no puedes ver, pero sí puedes escuchar. Estaba a la espera de tu llegada, estoy aquí para proteger y cuidar el espacio mientras realizas tu ritual. Recuerda que ya has estado aquí y que sabes qué hacer.

Me puso nerviosa en el momento que entró en mi mente, pues no recordé nada de lo que se suponía que debía de hacer. Me quité los zapatos y la ropa deportiva. Al estar frente a la cascada seguí mi intuición y refresqué la memoria: pedí permiso a los ancestros y los guardianes del lugar. Lo repetí con el agua misma cuando me sumergí en su luz y me purifiqué. Al entablar la conexión, me tomé unos segundos para adaptar mi cuerpo a su helada temperatura. Respiré profundo y me coloqué bajo la cascada. Su fuerza me hizo sostenerme de la roca con precisión para no perder el equilibrio.

—Permite que tu cuerpo se purifique y restablezca su energía primordial —la voz dulce me susurró al oído.

Cerré los ojos y me transporté a un lugar lleno de silencio, no podía escuchar el agua a pesar de que la sentía caer sobre mi piel. La tensión se liberó y las emociones se armonizaron. Mis miedos e historias salieron de mi cuerpo hacia la tierra que me sostenía. El frío provocó ardor en mi piel y un cosquilleo me recorrió como una luz líquida que se llevó todo aquello que no pertenecía a mi destino. Al pasar unos minutos, la temperatura de mi cuerpo descendió y tuve que salir. Me senté en una pequeña roca para que los pocos rayos del sol que entraban por la cañada y el viento fresco me secaran el agua sanadora; las gotas desaparecieron en un arcoíris que se formó ante mí calmando la temblorosa sensación de mi cuerpo. Me vestí aprisa y me senté en una pequeña banca.

—Es tiempo, Aurora, de que hagas tu propio voto.

Llevé las manos a mi corazón y recité en voz alta.

> En este espacio sagrado, honrada por la sabiduría del mundo natural, la tierra y las aguas purificadoras, hago este voto en el cual prometo dedicar tiempo diario a la reflexión y a escribir con honestidad mi verdad, mi historia de amor. Prometo practicar el amor incondicional hacia mí misma y hacia los demás, reconocer la divinidad en cada ser y actuar desde un lugar de compasión y bondad. Que este compromiso me lleve a expresar mi voz desde el corazón compartiendo mis grandes aprendizajes sin juzgarme. Prometo estar presente en mis sueños, en mis contactos con la naturaleza y en mi vida diaria para utilizar las guías que se me presenten y cumplir mi misión con honor.

Al abrir los ojos vi el cielo gallego y acaricié el césped. He estado en tantos lugares en mis sueños que aún no he logrado distinguir qué es real. Sentí gratitud y dejé lo que no podía explicar.

3

AYUNO DE HOMBRES

Tomé un avión de regreso a casa. Era momento de continuar desde lo conocido. Durante el vuelo, vi la película de Sergio Arau *Un día sin mexicanos* que trata sobre lo que pasaría en California sin la presencia de los mexicanos durante veinticuatro horas. Me puse a pensar entonces en qué pasaría si tuviéramos un día sin hombres en el planeta. ¿Cómo sería? ¿Qué haríamos? ¿Podríamos existir sin ellos? Aunque sé que es poco probable que incluso en un pequeño poblado desaparezcan los hombres por un día, mi inquietud por explorar esto en mi vida se hizo latente después de tantos años de hablar, investigar, escribir, sanar, llorar y reír acerca de los hombres.

Llegué agotada, dejé las maletas en la entrada, tomé un vaso de agua, mi libreta y pluma y salí al jardín. Al meditar bajo un árbol, me quedó claro que la mejor manera de realizar mi misión era haciendo un ayuno de hombres. La distancia impediría que interfirieran en mi verdad y me concentrara en mis historias. El ayuno incluía cero contacto físico, textual, romance, ligue o conexión con hombres nuevos. Muchas veces cuando estoy en una relación me cuesta verme con mis propios ojos y estoy más condicionada por la mirada masculina.

No sé si tenga sentido esto, digamos que me pierdo un poco en los hombres y, para que esta misión fuera un éxito, necesitaba encontrarme en mi totalidad. Para que esta decisión funcionara, opté por escribir en mi libreta los motivos y el objetivo de hacerlo:

> Por muchos años escuché acerca del celibato como una manera de purificar nuestra energía. La verdad, siempre pensé que la castidad era una mentira para someter y reprimir el placer. Con el tiempo me pareció lógico que, para llegar a los estados más puros del ser, como hacen los yoguis y los monjes, era importante preservar la energía sexual. Juzgar el celibato fue parte de mi gran deseo de liberarme sexualmente. Pero la vida cambió y el lenguaje del cuerpo me pidió solitud, que no compartiera mi sexualidad con nadie en este momento, incluso que aprendiera a sublimar esa energía y transmutarla en creatividad. Hasta este momento no había estado lista para explorar lo que es vivir en el mundo sin un hombre, sin las fantasías del romance y las delicias del sexo.

Al terminar de escribir mi intención, me dormí llamando a las musas.

* * *

Poli me recibió en la entrada del pasillo en el que las conocí.

—No esperaba verte tan pronto, Aurora. Parece que eres una mujer valiente que decidió comenzar su misión con la purificación. Vamos al salón adecuado.

Caminamos en medio de las estatuas; las miré fascinada ya que aparentemente eran de mármol, pero yo conocía la vitalidad y realidad de ellas.

—Muchas veces las cosas no son como aparentan. La duda y la confusión te hacen cuestionar tu realidad. No dudas de mí porque me ves. Tampoco dudas de mis hermanas, aunque en este momento no estén vitales, pues reposan.

"A la mujer que cree que la realidad es solo lo que puede ver y vivir se le imposibilita escuchar a la guía. La mujer que cree que la realidad va más allá de lo que vemos y sentimos se deja conducir hacia la verdad.

Llegamos a una pequeña puerta blanca.

—Quítate tus sandalias.

Entramos a una sala que era totalmente blanca. No había nada en ella, solo nosotras.

—Se siente muy bien estar en el espacio vacío, ¿cierto? Es curioso cómo los humanos huyen de los vacíos —rio con una sonrisa traviesa—. Ahora, Aurora, quiero que pienses en todo lo que crees acerca de los hombres y que por el momento es necesario purificar. Eso significa soltar, dejar ir, disolver y transformar.

La sala se llenó de frases, imágenes y lugares de una manera tan rápida que me sorprendió que pudiera pensar tantas cosas en tan poco tiempo. Me concentré en el sillón de cuero café en el cual me dieron mi primer beso y nos sentamos en él.

—Veo que no tienes espacio. Observa la cantidad de memorias que son parte de ti. No podemos guardar en nuestra mente todo aquello que hemos vivido. Hay recuerdos que son necesarios y otros que se tienen que limpiar para que esta habitación quede en el balance correcto entre el espacio y lo que lo ocupa.

"Quiero que ahora que puedes ver todo en esta pantalla elijas un pensamiento que creas que está cargado y que te lleva a más historias.

Llevé mi atención a mi adolescencia, antes de mi primer noviazgo. En esos tiempos me daba a desear siendo indiferente. Me sentía segura con los hombres si eran mis amigos. En mis veinte mi defensa era ser cabrona y mi inseguridad me hacía posesiva y celosa. En los treinta era una perra con las mujeres para mostrarme como un alfa territorial a fin de proteger mi relación y a mi hombre. En mis cuarenta fui inaccesible, ya que solo quería divertirme. En las relaciones me desconecté emocionalmente.

—Veo que pudiste seguir el hilo de la creencia. Viste todo el espacio que ocupa una sola imagen. ¿Crees que es importante guardar esto?

—No, es irrelevante. Es el pasado y no tiene nada que ver con quien soy ahora.

Vi cómo las imágenes desaparecieron de la habitación y me sentí más ligera.

—Te acabo de dar una de las lecciones que te ayudarán a explorar todas tus historias.

Me acercó una tetera muy moderna hecha de una cerámica color azul y una taza de tamaño mediano.

—Prueba. Es té de manzana con canela. Necesitas un poco del elemento del fuego para transformar y purificar.

"El celibato ha sido utilizado como una práctica de purificación. Filósofos como Platón y Aristóteles valoraban la vida célibe para enfocar su dedicación en la búsqueda de la sabiduría y no distraerse por el sexo.

"En India, el hinduismo y el budismo celebran el celibato como una tradición que enfoca su energía en su autorrealización espiritual.

"El celibato para las diosas era de suma importancia. Por ejemplo, las vestales, las sacerdotisas de la diosa Vesta, permanecían vírgenes durante treinta años; si se descubría que una de ellas rompía su voto, la castigaban severamente.

"Artemisa era otra de las diosas vírgenes. Un día, mientras se bañaba en el río, un cazador la vio desnuda; como castigo fue transformado en un ciervo y fue perseguido por perros de caza.

"Atenea, la diosa que nos sostiene en este templo, es virgen. Recuerda que en la batalla de Troya, frente a los seductores soldados, se mantuvo intocada para permanecer virtuosa y concentrada. Ella, frente a Ares que es demasiado carnal, opta por batallas honorables.

"Es curioso que, en la antigüedad, los hombres eran los que vivían el celibato, no las mujeres. Fue hasta la instauración de la Iglesia católica que la castidad se hizo presente en las monjas. Puedo entender que ahora lo practiques, ya que el celibato reduce las distracciones, aumenta la energía y la concentración, desarrolla la autodisciplina y la voluntad, profundiza la conexión con lo divino y, específicamente en la mujer, ayuda a recalibrar y armonizar las energías compartidas que aún se guardan en el útero y la vulva.

"Se cree que la virginidad o el celibato hacen a una mujer dócil y reservada. Como has visto en las historias de nuestras diosas, la virginidad es un atributo que no te quita o te da poder; sin embargo, optar libremente por el sexo o el celibato sí te enviste de potencia. Si decides explorar el ayuno tienes que entender que esto podrá revelar la información de una manera más rápida y te permitirá ver con más claridad, lo que resulta en mayor intolerancia frente a las injusticias.

"Se requiere valentía, ya que tienes que aceptar tu responsabilidad y las consecuencias de tus acciones. Recibirás dos poderes: la humildad, que te da el poder de aceptar tus virtudes y tus dones; y la verdad, que te da el poder de ser tú misma. Toma un poco de té. Te dejo sola en esta habitación y vas a escribir en tu diario una carta al hombre.

Toqué mi brazalete de turquesas y asentí con la cabeza. Poli tronó los dedos una vez y desapareció todo en el cuarto menos el sofá. Chasqueó los dedos una segunda vez, y apareció una mesita con mi diario y la pluma mágica.

—¡Hasta pronto!

Se desvaneció de la habitación y me quedé sola sintiendo un vacío en mi corazón.

Querido Hombre:

Has sido parte importante de mi vida, tal vez te he dado mucha más importancia de la que mereces. Es probable que haya enfocado demasiada energía en ser querida, amada, validada y aceptada por ti. Me resulta curioso que pensarte ahora fuera de mi vida me sea tan fácil, como si el deseo y la necesidad de ti se hubieran difuminado.

En esta etapa de mi vida ya no tienes la prioridad que alguna vez tuviste; ahora tu presencia es para que te pueda ver y me pueda ver contigo. Puedo finalmente entender y descubrir los roles que jugaste en mi obra de teatro. Asumir todos los momentos en los que te he deseado, necesitado y amado, aquellos en los que te he odiado o sentido aversión hacia ti. Observar cómo es que has llegado a mi vida y cómo te has ido de ella. Lo más importante es tener la habilidad de ver mis aprendizajes contigo.

Mi misión es sanar mi relación contigo y comienza por escribir todo aquello que ha permanecido en las murallas de mi mente, en las arterias de mi corazón y en los tejidos de mi cuerpo. Todas mis emociones, pensamientos e ideas que durante mi vida no he tenido la valentía de decirte.

Llevo muchos años tratando de entenderte. En mi adolescencia eras muy burlón y un poco el bravucón del patio de recreo, ya que no sabías manejar tu atracción o qué hacer con tu sexualidad. En tus veinte disfrutabas de minimizarme frente a tus amigos para sentirte seguro de ti mismo. En los treinta eras un poco controlador para sentirte al mando; muchas veces fuiste indiferente para no mostrar tu vulnerabilidad. En tus cuarenta cargabas tanto equipaje emocional y miedos de otras relaciones que escapabas de la intimidad y aparentabas que todo estaba bien para sentirte seguro. En tus cincuenta tenías demasiadas ideas preconcebidas y eras inflexible, lo que muchas veces te llevó a ser terco y no escucharme. En tus sesenta estás tan necesitado de una mujer que quieres complacerme en todo, esto me hace sentir que no tienes límites ni honor.

Me cautivas, me has lanzado un anzuelo para crear un vínculo que ha sido difícil de romper. Me traes nuevos retos y me apoyas para superar mis obstáculos. Muchas veces has sido mi espejo, otras solo un reflejo de ti mismo. Eres codependiente o demasiado independiente, con miedo al compromiso, lleno de incesantes dudas, emocionalmente no disponible, desconectado de tu cuerpo o con duda y confusión de lo que quieres. Me amas con locura, me usas a tu conveniencia, actúas como si no rompieras un plato y me rompes a mí. Te amo veinte años mayor que yo y veinte años menor. Te has presentado en tu diversidad laboral: líder de opinión, financiero, músico, *rock star*, creativo, *entrepreneur*, chamán y hasta líder de culto. Has sido hippie, hípster, fresa, millonario y pobre también. Has sido mi amigo y mi enemigo, te he amado y aborrecido.

Has sido un hombre generoso, protector, proveedor, amable, romántico, rebelde, educado, galante, encantador, amoroso y cuidadoso. Hombre guerrero, mago, sabio, caballero, aventurero, padre, hermano y héroe. Hombre masoquista, mitómano, déspota, egoísta, celoso, obsesivo, desvalido, indiferente, pasivo, abusivo, narcisista, mandilón, tirano, mártir, macho, patán, cabrón, general y psicópata.

Acepto que a ti te he conocido más en tu sombra que en tu luz. Que nuestras historias han sido simples o complejas; que en momentos te he podido entender y en otros te he juzgado. Ahora quiero decirte todo aquello que has despertado en mí y todo lo que se adormeció con tu presencia. Lo que provocaste para que sea mi mejor versión y aquello que hizo que me convirtiera en mi peor versión.

Me has despertado euforia, conexión, pasión, gozo, paz, devoción, felicidad incontenible, aceptación, entendimiento, plenitud, alegría, rubor, pasión, éxtasis, amor, unión, vacío, pérdida, tristeza profunda, llanto inconsolable, fatiga emocional, rechazo, abandono, desesperanza, desolación, angustia, miedo y temor. Me provocas mariposas en el estómago, cosquilleos, electricidad, dolor en el pecho, falta de apetito e insomnio. Se me eriza la piel al tocarte, se me acelera el ritmo cardiaco al verte, el calor invade mi cuerpo al abrazarte, siento hormigueo en los labios al besarte, sensación de electricidad al tener contacto físico, seguridad y protección en tus brazos, mareo o vértigo cuando te miro intensamente, impulso irresistible de querer estar siempre contigo.

Contigo he sido virgen, monógama, poliamorosa; hemos tenido relaciones abiertas, amor libre y amor con condiciones. Exploramos juntos el sexo vainilla, el mal sexo, el kink, el bondage, los tríos y los cuartetos, el celibato, el sexo tántrico y el sexo cósmico. Contigo he sido *cougar*, dominadora, sumisa, niña buena y niña mala, fresa, hippie, pendeja, madura, berrinchuda, santa, *femme fatale* y rebelde. He sido tu amiga, esposa, confidente, amante, madre, educadora, encantadora, seductora, jueza, mendiga, esclava, princesa, sacerdotisa, sanadora, maestra y reina. He aparentado ser de todo para que me ames y ahora decido no ser nadie, aunque no me ames.

Quiero aceptar que en este momento tengo mucha ira reprimida hacia ti, sentimientos de desilusión y un vacío en el corazón que me ha hecho desconfiar de mí misma, del amor y de ti, hombre.

En mis relaciones siempre terminaba preguntándome: ¿qué estoy haciendo aquí? Mi intuición sabía que había algo que aprender, pero a la vez mi mente me hacía dudar de si era tiempo de salir de ellas y me quedaba más tiempo del realmente necesario.

Mi enojo estaba atorado en mi cuerpo con tantas palabras que no podía decirte por temerte. El miedo me llevó a someterme, adiestrarme, acomodarme a ti sin honrarme a mí misma. Quiero llegar al punto en donde ya no seas el detonador de mi enojo ni del amor. Quiero que te conviertas en mi compañero y testigo de vida, en un alma que entabla una relación conmigo. A pesar de todo lo que he vivido contigo, me doy cuenta de que sin ti no hubiera podido sentir tantas emociones y sensaciones, tantas experiencias en mundos distintos al mío. Mi vida emocional ha sido muy dependiente de ti, un sabor de la existencia que solo tú me has podido dar. También has sido aquel que llega a mi vida para completar las deudas kármicas. Me es más fácil discernir de qué manera puedo relacionarme con el hombre, si es algo casual o formal, si es a corto plazo o si es un compromiso serio. Acepto que me di cuenta de que relacionarme desde mi integridad, en la cual comparto mis valores y principios con un hombre, se ha convertido en algo más importante que tener intereses en común o las mismas creencias. Acepto que me interesa estar en compañía de un hombre que quiera ir más allá de la superficialidad y profundizar.

Tú, hombre, eres mi medicina y mi bendición, mi tormento y mi maldición. En este proceso sé que tendré que recordarte y eso me llevará a los espacios de intensidad, caos y trauma que viví contigo. En esta misión me estoy haciendo responsable de mi parte de la relación. Cómo me gustaría que tú hicieras lo mismo. Ya no sé qué más puedo escribir en este momento, me encuentro cansada y tengo mucha sed.

* * *

Se apareció un vaso de agua, le di un sorbo y me transporté a un arroyo en las montañas del Valle Sagrado en Perú. Esta vez no iba sola. Iba acompañada de un grupo de mujeres que parecían ser de otros tiempos.

* * *

Sus praderas estaban llenas de dientes de león que se movían de un lado a otro dejando un destello de luz blanca en movimiento. Al caminar, el aire llevaba densidad a mis pulmones, la pesadez del enojo colectivo hacia el hombre, el patriarcado. Seguíamos a nuestro guardián, un joven de la tribu shipibo llamado Juan, quien me condujo al Templo de la Luna, un lugar poderoso para la diosa del satélite natural. Antes de entrar en él, nos sentamos un momento en la roca del umbral para sentir su energía y pedir permiso para estar ahí. El lugar es un templo de rituales de la feminidad. Dentro, una mujer me entregó un poco de manteca de cacao para que, conforme avanzáramos, la fuéramos aplicando en las paredes del estrecho pasillo, honrando el canal vaginal de la mujer. Nos tomamos el tiempo para introducirnos a un espacio que parecía ser un útero. Al contacto con los muros, comencé a sentir dolor. Un hombre estaba sentado del lado derecho y nos observaba con respeto, cerró sus ojos y comenzó a rezar en voz baja. La mujer que nos acompañaba nos miró y esa fue la señal que nos invitó a entonar una dulce melodía que despertó los millones de vulvas de las mujeres de todo el planeta. De la colectividad de todas las que han sufrido de abuso colectivo, psicológico, verbal, sexual, de poder, acoso sexual, violaciones, violencia intrafamiliar y sistemática, sometimiento e intimidaciones. Empecé a escuchar las voces de todas las mujeres que abusan y compiten con otras mujeres, las comparaciones, los chismes, las mentiras, las agresiones y las perradas. El dolor y todo el enojo de las mujeres se dio cita en ese lugar.

Continué tocando las paredes del útero femenino con delicadeza y amor; transmitía luz, esperanza y poder. El canto me provocó soltar lágrimas que purificaban el dolor y que inundaban mi corazón de compasión por todas ellas y por mí. Nos condujeron a una cámara en forma de corazón que estaba a un costado de la cueva y nuestras voces se calmaron al entrar en meditación. Me senté y cerré los ojos y llevé las manos a mi vientre. Me desdoblé al sentir en mi útero el dolor del pasado. Lloré como una adolescente, como aquella que sufrió aquel abuso, aquel intento de quitarle su inocencia. Una memoria turbia que aún cierra mi corazón y me endurece a tal punto que me cuesta soltarme, sentir y abrirme al amor para liberarlo.

Lloré tanto por el abuso y la manipulación que me hizo perder la cordura y la razón. Mi cuerpo inhabilitado y a disposición del hombre para hacer lo que quisiera con él. El cuerpo que mecánicamente podía superar el dolor de no ser tratado con amor. El dolor en el coxis, el vientre, las caderas y el piso pélvico se revelaron y llamé a la divinidad para que pudiera calmar lo que sentía: el juicio de todo lo que he hecho con lujuria, miedo, adicción y forzada; por "consentir" cuando me congelo y no puedo hablar. Lloré por mi sufrimiento, por haber sido sometida, dominada, controlada. Lloré por no encontrarme, por perderme, por no amarme. Sentí en mi corporalidad la furia de de todas las mujeres, el colectivo femenino y sus historias de sufrimiento; lloré por no pensar en lo que nos sucede. Lloré habitando estas historias brutales, horrorosas, sutiles, internas, disfrazadas de placer. Lloré por los hombres, los penes, los corazones disfrazados de caballero que lastiman nuestro ser y tratan de destruirnos. Lloré por el abuso del mal colectivo, por el abuso de mí misma, por no querer a mi cuerpo, por hablarme mal, por sabotearme, regañarme, juzgarme, reprimirme sexualmente y psicológicamente fingir que no soy inteligente. Lloré por reprimir mis emociones y optar por vivir más en la imaginación, y cedí al miedo que me impidió amar y ser amada. Lloré por la conexión del placer con el dolor. Es necesario ver el trauma para que la transformación suceda.

Escuché una voz femenina: "Es tiempo de moverse de lugar". Me puse de pie y me irritó la presencia del hombre que seguía en el espacio en donde estábamos sanando. Respiré y escuché: "El hombre estará en tu vida, te acompañará a sanar y en otras ocasiones te apoyará. Permite su presencia, no es el enemigo, es tu aliado".

Me tomó un momento lograr la paz ya que todo mi ser tembló del dolor al recordar todo el abuso hacia la mujer. Escuché otra voz ancestral:

"Todo lo que están recordando son las historias de las ancestras y antepasadas. Incluso las mujeres que no hayan vivido historias trágicas como las que se les han revelado en este lugar, por genética experimentan el dolor y el sufrimiento que se han guardado en su zona femenina.

"El sistema reproductivo no solo es el creador. El espacio del canal vaginal es el camino por donde permitimos que las energías entren a nuestro mundo interno y desde ahí externalizamos nuestra fluidez esencial. Estamos creadas biológicamente como un sistema de apoyo que nos ayuda a purificar las impurezas y la toxicidad fuera de nosotras. Nuestra luna-menstruación nos recuerda esta conexión de los órganos genitales con la respiración, inhalando vida y exhalando los excesos. Esto teje la fuerza de la vida en un ciclo de dar y recibir. Cuando este ciclo no es armónico, el exceso de energía puede bloquear nuestro sistema y surge la inflamación que conlleva enfermedades por la falta de armonía. Si olvidamos nuestra vulva, olvidamos que tenemos un espacio esencial, no estamos en sincronía con nuestro ritmo de vida.

"El ritmo femenino trae consigo el tiempo de la luna y el sol, la creación y la dirección. Nos transforma el poder de los momentos en los cuales brillamos, ofrecemos calidez, fuerza y apoyo a otros. El tiempo de la luna nos refleja quiénes somos en el silencio. No estamos hechas solo para procrear o disfrutar. Es un sistema de nuestra vitalidad, de nuestra salud. Todos los sistemas del cuerpo trabajan en conjunto. La vagina se conecta con el sistema cardiovascular y el clítoris con el sistema nervioso. Hay un vínculo entre los ovarios y nuestras glándulas adrenales, entre el cérvix y la garganta, entre el útero y el corazón, y entre el espíritu y nuestro sexo. Al estar en ritmo, sanamos. Somos nuestra propia medicina. Estamos en armonía.

"El placer se transforma en alegría, la alegría en gozo y el gozo en éxtasis. El éxtasis es unidad, la unidad es el ambiente expandido del amor y el amor es lo que nos lleva a estar en la consciencia divina de la energía sexual. Al refinar la energía, la respiración durante el sexo es divina, como también el movimiento de la consciencia. La creación es el patrón de la repetición del pensamiento o del exceso que está en la mujer. Al dejar ir ese exceso surge una nueva consciencia. El divino femenino quiere que nos conectemos con nuestro sexo, con una perspectiva multidimensional de nuestro cuerpo físico y de nuestra genitalidad como un sistema de consciencia que permite que el cuerpo se relaje en el ser. A este último lo exploramos cuando practicamos el sexo con consciencia divina y, en el caso de las mujeres, reconociendo el poder del útero y la sabiduría de la vulva.

"Perdonen, entiendan y practiquen la consciencia del divino femenino. Sean sexualmente conscientes y vivan en paz. Gracias a esta reconciliación podrán vivir en comunión con el hombre.

Salimos de la cueva en silencio. Nuestro guardián notó que mi cara estaba roja de tanto llorar y tocó mi mano con compasión.

—¡Hermana, estoy contigo! Gracias por tu trabajo.

Caminamos por una hora por los alrededores del templo, mis pies descalzos absorbían la sabiduría de la tierra y en cada paso el dolor se disolvía a través de ella. El pasto estaba ligeramente húmedo, lo que refrescaba mi cuerpo. Al llegar a la Posada del Valle Sagrado, donde comenzó nuestra caminata, caí rendida y soplé mi silbato.

* * *

Poli me sacó del recuerdo con una taza grande de té de manzanilla con hojas de rosa; ella bebió de una taza muy pequeña. La manzanilla relajó mis nervios.

—Las memorias te llevan a explorar dimensiones a las cuales no tienes acceso en tu vida consciente o en la tercera dimensión. Quisimos que recordaras la verdadera naturaleza de la feminidad y el poder que la mujer tiene para sanar. La feminidad puede ver con claridad las disfunciones del hombre y también sus regalos. Vamos a visitar una última dimensión. Te pido que tengas paciencia y que recuerdes que no es tu presente.

—Entonces, ¿por qué tengo que ir? ¡Ya estoy cansada!

—El cansancio no es parte de la voluntad, es un síntoma de que no estás alineada con tu alma. Es lo que en este momento estás revisando: el trauma y el enojo colectivo y ancestral.

Toqué mi brazalete para darme fortaleza y aparecí en un desierto rojo.

* * *

Caminé descalza sintiendo el calor del cuerpo. Una ráfaga de viento me cubrió de arena y frente a mis pies se dibujó la frase:

La muerte es solo una transición, no es el final.

Palpé mi cuerpo para ver si seguía viva y suspiré con alivio.

Rodeada de dunas, continué caminando sin rumbo. Me tensé por un momento al pensar que era imposible sobrevivir en el desierto sin agua. Sentí mi boca y moví la lengua tratando de encontrar saliva; pero nada, estaba seca, aunque no sentía sed. Los pasos me perdieron en el tiempo, en el resplandor del sol que iluminaba la inmensidad del espacio. La monotonía empezó a agitar mi mente pensando repetidamente en caminar; me estaba volviendo loca. Caí de rodillas rendida ante el desierto y me cubrí los ojos, llorando. Una luz blanca no me permitía ver, me enojó sentirme deslumbrada. Finalmente, pude distinguir a tres mujeres que se acercaban a mí.

—¿Quiénes son?

—Somos las Furias. Somos las hijas del dios Ares. Estamos aquí porque tu ira nos ha llamado. Castigamos a los que han sido condenados por algún delito o a aquellos que han cometido injusticias.

Pude ver su aspecto feroz y su fuerza.

—Muchos humanos buscan la justicia y no pueden obtenerla cuando es solo un concepto y una ilusión, pero el destino divino se encarga de poner todo en su lugar y en equilibrio. Nosotras podemos traerles sufrimiento y tormento a los culpables. Estamos aquí para dialogar con tu furia y recordarle que no traerá justicia para la mujer. Tu misión es simplemente sanar desde el amor. No eres apta para recibir el enojo, la ira, la venganza y el sufrimiento que solo traen tormento.

Mis lágrimas de gratitud se mezclaron con un pequeño pozo del que tomé agua sintiendo un gran alivio al hidratar mi ser con vitalidad y fuerza.

* * *

Regresé a la habitación blanca, estaba vacía.

—Es tiempo de retornar al pasillo principal. Sígueme.

"El camino de la feminidad se recupera en momentos retadores en los cuales tenemos que sublimar nuestras necesidades básicas que nos llevan a pensar de maneras instintivas.

Al salir de la sala blanca, Poli me llevó a una banca en uno de los jardines.

—El cuerpo tiene distintos puntos de acceso; los voy a tocar con este rayo azul que emana de mi índice. Con esta activación podrás escuchar la voz de la mujer sabia que, con su experiencia de vida, te dará las respuestas que necesitas. La mujer inocente es la que desea, crea e inspira; la mujer nutritiva es quien cuida y acepta y la mujer mágica es quien materializa, sana y goza. A partir de este momento, eres una mujer que siente la pasión en su carne, el deseo del corazón y la magia del ser. Espera a que el sueño te lleve de regreso a casa y hoy escribe al despertar lo primero que llegue a ti. Recibirás una clave para tu misión.

6 de octubre

La manera de modificar lo que ya no funciona es participar en el cambio. La misión es derrumbar el patriarcado y todos aquellos sistemas que nos han callado por días, décadas, lustros, siglos y vidas. Explorar las narrativas que no nos han permitido amar, ser y disfrutar.

Este cambio va a tomar su tiempo, aún estamos aprendiendo a relacionarnos desde la verdadera libertad de expresión. Digo lo que siento y pienso sin miedo. A pesar de que no soy tradicional o convencional, el silencio de la mujer ha sido parte de mi vida. Como muchas mujeres, yo también me he callado la mayoría de mis pensamientos y sentimientos por miedo a no ser entendida, a ser abandonada o ser juzgada por los hombres. Tantas veces he querido expresarme, pero siempre hay una fuerza que me detiene, como si el miedo ancestral se apoderara de mí y me pusiera un bozal.

Esa fuerza milenaria ha sido la que me ha sometido a no ser escuchada, a experimentar vergüenza por tener deseos y sentimientos; a sentirme culpable por ser una persona sexual y tener necesidades emocionales. Las mujeres han vivido su rol en silencio, así lo hizo mi abuela, bisabuela y muchas generaciones anteriores. El patriarcado impuso ese silencio; me calló y nos calló.

Ese silencio ha sido en mi vida mi dolor más grande y limitante, el impedimento para ser amada. Las historias sucedieron porque no tuve la guía correcta para sanar mi trauma. Todo aquello que reprime: el enojo, la amargura y el terror tuvo un impacto en mí y en la manera en que me relaciono.

Mis barreras me ayudan a no ser abusada o dañada y la mente práctica a no ser manipulada. Me he encontrado con muchos hombres en la oscuridad, eso lo tengo que sanar, pero también hay muchos hombres de luz que quieren mi apoyo. El trauma fue el orquestador de la mayoría de mis historias. En la liberación será la mujer creadora quien decida cómo quiere vivir, con quién quiere vivir y qué estará dispuesta a ser, tomar, dar y recibir. Si quiero someter, dominar, controlar, fluir, fingir o simplemente ser auténtica será por decisión propia y no por imposición.

Ya no hay límites de lo que soy, ya que soy todo. Acepto las partes más dañadas, vulnerables, susceptibles, oscuras e incómodas. Al aceptarme, mi luz gana, el amor es más poderoso, la compasión más genuina y mi entendimiento más sabio. Al soltar esa culpa y vergüenza decido qué es lo mejor para mí y para mi niña asustada, la adolescente perdida, la joven rebelde y la mujer madura. Asumo que soy la doncella, la madre, la sacerdotisa, la encantadora y la mujer sabia.

Al escribir estas palabras puedo notar que aún escucho la voz patriarcal que sigue en los rincones más lejanos de mi mente diciéndome: "Calla". Que me cuestiona sobre si es posible transformar tanto enojo y resentimiento que tengo hacia al hombre. No sé si el amor de pareja es parte de mi destino, es algo que tengo que descubrir. Tengo muchas preguntas y ninguna respuesta. Confío en la guía de las musas, en la liberación, en el amor, pero sobre todo en mí misma.

4

MUY OPCIONAL

Como todas las mañanas, salí de casa con un libro en la bolsa, recorrí mi tradicional paseo por el parque para llegar a mi cafetería de siempre. En el camino, crucé miradas con algunos extraños, interactué brevemente con mi barista, intercambié un "con permiso" con otros comensales y terminé agotada y con algo de ansiedad después de socializar. Me senté en una mesa alejada del resto, lista para leer cuando un pensamiento recurrente me invadió: *¿Realmente es mejor estar sola que mal acompañada?*

Cerré el libro, bebí un sorbo de mi taza en silencio y sentí crecer dentro de mí un profundo miedo a la soledad. Ya lo había experimentado antes y, con tal de librarme de él, por necesidad y egoísmo, había permanecido en diversas relaciones y me conformaba con ser miserable. La soledad es muy cabrona, no hay páginas suficientes para confesar todo lo que hago para evadir estar y sentirme sola. Me había preguntado por qué le tenía miedo a la soledad y no es una respuesta superficial: temía que nadie atestiguara mi existencia, temía no tener a alguien a mi lado para compartir mis alegrías y tristezas. Creo que en el mundo tecnologizado muchos experimentamos esta sensación.

Me distrajo de mi reflexión el ruido, no el de las conversaciones, pues estaba rodeada de personas en silencio, sino el de los videos de YouTube a todo volumen que veían a mi lado unos adolescentes pegados a sus pantallas; estaban completamente enajenados, no se hacían caso entre sí, y por supuesto quienes estábamos a su alrededor no existíamos. Reaccioné como una Grinch. Siempre me pasa eso entre los zombis que no levantan la mirada del celular al caminar y ni siquiera notan cuando se estrellan contigo; con su escándalo interrumpen la paz en aviones, trenes o hasta en la naturaleza y son inconscientes. La maldita hipnosis virtual nos ha llevado a olvidar la conexión física y humana, a desestimar el silencio y a sustituir los diálogos por el sonido de los *ringtones*.

Entablar conexiones de forma orgánica o espontánea para iniciar una conversación con un extraño, sin duda, ya es cosa rara. Recuerdo que en los años ochenta no era así, incluso a principios del milenio había más interacción. No sé en qué momento exacto se instaló un nuevo programa en nuestra mente que nos dijo: "No conectes, no es real". Experimentamos miedo pues desconfiamos de todos, suponemos que si nos hablan querrán algo de nosotros, nos dañarán o que se trata de algún loco. La ironía es que el mundo virtual está lleno de riesgos y de lunáticos.

Como en mis sueños, la reflexión me transportó a mis memorias.

Cuando era adolescente aún se usaba esperar en casa a que sonara el teléfono después del colegio para recibir una invitación al baile del sábado en la tarde, o solo una llamada con el pretexto de necesitar ayuda con algún trabajo de la escuela. En mis veinte, esperaba todo el día para poder hablar por teléfono por horas con mi novio antes de dormir; juntos planeábamos el escape del fin de semana. ¡Qué adrenalina salir y que nadie en casa se enterara!

Frente a mí, se sentó una pareja y me dio una profunda nostalgia verlos tan cerca y al mismo tiempo tan separados porque cada uno estaba inmerso en su aparato.

Aunque lo entiendo, el *rat race* del amor ha sido mi carrera más retadora y pareciera falsamente que las redes sociales la simplifican. Yo misma he tecnologizado mi vida amorosa. Desde la adolescencia he buscado a un compañero de vida y después de mucho buscar, me cansé; supuse entonces que la vida digital lo haría más fácil. Es agotador por todo lo que he pasado para conocer hombres. La transición empezó en el momento en que abrí mi email y, aunque era un proceso muy lento, ya podía escribirle a mi novio que estaba en otro continente. En una forma más inmediata, continué la tradición de las cartas de amor mediante largos correos electrónicos en los que compartía con detalle mis experiencias del viaje. Unos años más tarde abrí mi Facebook y empecé a hacer amigos virtuales, a buscar a novios del pasado para chismear qué hacían y qué pasó en sus vidas. Me sorprendió cómo pasamos de esos momentos en los que sacábamos los pesados álbumes de fotos para compartir con personas cercanas a subir imágenes de cada instante en las redes. Más tarde me compré mi primer Blackberry y empecé el romance con el mundo virtual. Había algo en mí que valoraba la disponibilidad y el acceso inmediato a los hombres; sin embargo, prolongué el suplicio de esperar una respuesta: pasé de las largas horas en casa, esperando a que sonara el teléfono, a la tensión constante de estar todo el día pendiente del *ping* de una notificación, ese instante en que las hormonas se alborotan con emoción. Confieso que mi primer romance textual fue fascinante, ya que era erótico, poético y muy detallado. Todo cambió al comprar mi iPhone y volverme disponible en tantos medios; hemos dispersado y confundido la comunicación; esperamos respuestas inmediatas y, si no llegan, nos invade la ansiedad.

Me negué a ser un producto virtual del capitalismo humano. Yo no quería estar desconectada de mí misma, ponerme una máscara para mostrar al mundo lo que quería que vieran de mí. Comprendí que somos un producto más en venta y hacemos todo lo necesario para ser deseados y validados. El engaño es profundo, porque todo se basa en apariencias. Ese grupo de personas que dicen ser tus amigos probablemente no te tomarán la mano cuando tengas un problema. Me negué a ser el escape de la realidad o la distracción de la soledad de alguien. Decidí que, como una especie de Grinch de la virtualidad, viviría en un aislamiento digital constante. Sin embargo, a veces no puedo evitar mirar lo que pasa dentro de la pantalla; es imposible escapar por completo. Me siento atrapada en una experiencia virtual llena de engaños. Tomé un momento, respiré, terminé mi café y volví a casa: necesitaba a las musas después de esta reflexión.

* * *

Abrí los ojos para encontrarme con un gran fresco que tenía la imagen de un hombre y una mujer en el jardín del Edén: la primera pareja. En sus rostros había sonrisas amables que irradiaban paz entre árboles, plantas y muchos manzanos, era como si la pintura tuviera vida. Frente a ella, había una banca de mármol blanco, y a mi costado, dos cuadros más mostraban al primer hombre y la primera mujer abrazados, comiendo manzanas. Me senté en la banca para admirar el arte, pero el vestido rojo de Talía, que pasó a mi lado, desvió mi atención.

—El amor no se encuentra en la distracción. Los seres humanos necesitan entender que una relación no puede ser sana si ambos no actúan correctamente en la forma en la que se comunican. Las conversaciones iniciales sientan las bases de los valores y principios, de las intenciones y los límites para empezar a construir una relación. Las personas somos más que un cuerpo físico, hay un campo electromagnético llamado aura que nos rodea; ese campo es la energía del ser humano. Y esa energía tiene una influencia en el campo energético de otros en los momentos en que entablamos una conexión. Dada la genética tribal que contiene los atributos de comunidad, de nutrición y relación, muchos humanos necesitan precisamente de estas cualidades. La genética individual tiene que ver más con el cultivo de la conexión mental, mientras que la genética colectiva nos da la sensación de formar parte de algo. Los seres humanos nacen con roles establecidos por la sociedad y la cultura a la que pertenecen; cuando crean un vínculo con otra persona de manera natural es porque se da un intercambio energético. Es por ello que las relaciones no se pueden forzar u obligar a que se den, necesitan de esa alquimia auténtica e innata.

Talía guardó silencio, me miró y me dio un espejo redondo de mano.

—¿Te has dado cuenta de quién eres en este mundo virtual?

Me miré en el espejo. Mi reflejo lucía distinto y, en cuestión de segundos, mi imagen se alineó. Llevaba un traje plateado muy entallado, dos pulseras en las muñecas que emitían una leve fuerza magnética y una diadema con un pequeño micrófono que parpadeaba cerca de mi boca. Me sentí como si estuviera en el futuro.

—Toca tu muñeca derecha —al hacerlo pude ver lo que parecía ser un holograma de mí misma. Me sentí intranquila al verlo—. Toca tu muñeca izquierda para apagarlo.

"Aunque lo tecnológico no es natural, los humanos no pueden resistir los cambios que suceden en el mundo de la ilusión; pueden entrenarse para conectarse o desconectarse, encender y apagar. Incluso estar en línea es una decisión. Llegará el momento en que decidas si quieres ser parte de ese mundo o salir del todo.

"Si entendemos que toda conexión proviene del elemento aire, es decir, del movimiento, entonces la comunicación virtual con los seres queridos se convierte en un baile: una forma de estar en contacto con el amor que sientes por ellos. Es una invocación consciente que haces para traerlos a tu realidad, a tu presencia. El mundo virtual con consciencia y buena comunicación puede ser una fuerza conectiva, siempre que se practique con reciprocidad.

"Tu vida se construye a partir de tus decisiones. Tú puedes elegir hasta qué punto participar en la ilusión o en la realidad, cuánto de tu atención otorgar a las visiones que son creadas para ti, o bien construir tu propia tu realidad a partir de tus propias visiones. Prueba un poco de este líquido rojizo.

Me dio una pequeña taza de cristal azul de Murano. La bebida fue refrescante; saboreé el hibisco, con un toque de rosa y albahaca. Talía tronó los dedos y desaparecieron las pinturas para dar paso a un cuadro de Madrid que me transportó al café de la calle Barquillo.

* * *

Estaba sumida en mis pensamientos matutinos: había despertado con una repentina aversión por las comedias románticas. Estas películas deberían venir con una advertencia en mayúsculas: ATENCIÓN, EL ROMANCE ESPONTÁNEO Y EL IDEALISMO SON NOCIVOS PARA LA SALUD MENTAL Y EMOCIONAL. LO QUE USTED VERÁ EN ESTA PANTALLA ES FICCIÓN. NO SE LO CREA. Mi sarcasmo me llevó a esconder esa parte de mí que es cursi y que todavía cree en el amor romántico. Mis reflexiones me hicieron sentir amargada hasta que el toque de cacao en el café me levantó un poco el ánimo. Entre la oxitocina y la cafeína, obtuve mi dosis perfecta de dopamina. Aún saboreaba la fantasía de estar con el mismo hombre, aunque la película había terminado hacía más de veinticuatro horas.

Me distrajo un hombre que se sentó frente a mí, al otro lado de la mesa comunal. Lo miré de reojo con mi vista de detective: era atractivo. No era exactamente mi tipo, pero el cosquilleo en mi vulva reconoció que era hormonal y genéticamente compatible.

Cuando llegó su café, lo bebió tan enajenado que parecía ajeno a todo. No percibía los secretos escondidos en la bebida. Lo observé ensimismado en su pantalla, sus sentidos encerrados en ese pequeño mundo que reducía su percepción. Estaba tan atrapado en su visión de túnel que no alcanzaba a ver los colores del lugar, ni a disfrutar los aromas del café. Solo tenía ojos para las decepciones que desfilaban en sus redes sociales, ignorando por completo a quienes lo rodeábamos. No se percató de mi existencia, a pesar de que estábamos a solo unos centímetros de distancia. La realidad era apenas una escenografía que acompañaba su mundo virtual. Una mezcla de tristeza y enojo me invadió. Intenté ignorarlo, sorbí otro poco de mi café, y en ese gesto descubrí los secretos que también él me revelaba: la tristeza y la amargura que emergen cuando me siento invisible ante los hombres jóvenes y atractivos. Podría decir que la invisibilidad es mi superpoder, mi forma de escapar del dolor y de la inseguridad. En ese instante comprendí que era mi soledad la que hablaba.

Volví a mirarlo y, sin pronunciar palabra, con un simple gesto de manos le pregunté: "¿Por qué me ignoras?". Pero él no quería salir de su mundo. No estaba dispuesto a recibir lo que el destino le ponía enfrente. *¿Has valorado tus prioridades?*, pensé por él. *¿Qué domina en tu vida: lo virtual o lo humano?* Comprendí su ensimismamiento, porque yo también muchas veces ignoré las señales del destino, hice oídos sordos a mi intuición cuando me pedía que alzara la mirada, que me encontrara con otro ser que quizás venía a acompañarme en mi camino… o incluso a desviarme de él.

Salir de nuestro propio mundo no es fácil; vivimos demasiado inmersos en nuestras historias y pensamientos. Noté que su mirada quería apartarse de la pantalla y encontrarse con la mía. Sentí que percibía mi curiosidad, pero su actitud decidida impidió que siquiera intentáramos descubrir si había posibilidad de un intercambio. Yo también, como él, muchas veces me aislé para proteger mi propio mundo. Pero con el tiempo comprendí que necesito conectar para prosperar, vivir con salud emocional y sentirme nutrida. Necesito del intercambio humano para funcionar bien. Sé que los encuentros cotidianos ya no tienen el mismo valor que antes, cuando nos permitíamos vernos sin máscaras, con naturalidad. ¿Será que seguimos un poco traumatizados por las distancias que nos impuso la pandemia de covid? ¿Nos sentimos cómodos en un mundo sin contacto humano? ¿De verdad podemos prosperar así? ¿O simplemente nos acostumbramos a una virtualidad impuesta y programada?

El pedazo de tarta de manzana que acompañaba mi café durante esta disertación silenciosa era lo único capaz de ofrecerme un toque de dulzura y recordarme que la humanidad importa más que la virtualidad. Intenté una vez más llamar su atención, lanzándole un rayo láser imaginario con la mirada. Estoy segura de que lo sintió, porque respondió apoyando el codo en la mesa para cubrirse el rostro, como si quisiera ocultar sus secretos. Con ese gesto, dejó al descubierto un tatuaje en su brazo: la palabra *neutro.* ¡Neutro! No es común que alguien elija marcarse esa palabra de por vida. ¿Qué significará para él? ¿Su centro o su punto muerto? Tal vez es su refugio tibio, ese lugar sin caos ni sorpresas, donde nadie puede acercarse lo suficiente como para alterarlo.

Entonces lo entendí: neutro es su postura ante la vida. Lo mantiene alejado del cielo y del infierno, en un punto medio que lo protege… pero ¿qué es la vida sin visitar ambos extremos para recordar de qué estamos hechos? Neutro. Imaginé su historia en silencio, esa que me provocaba curiosidad y que, probablemente, nunca llegaría a conocer. Me quedé sola, aunque por unos minutos logré escapar de mi soledad al tener esta conversación imaginaria con él. Finalmente, probé la tarta y el sabor a manzana me transportó a otro lugar.

* * *

Era viernes por la noche, estaba en casa, con la bolsa de palomitas casi vacía y las lágrimas de felicidad aún corrían por mis mejillas después de ver mi sexta *chick flick* de la semana.

Mis viernes ya se habían vuelto aburridos. Lo reconocí: me había convertido en una ermitaña virtual, socialmente incapacitada. Y, aunque me gustaba estar sola, también sabía que no era saludable pasar tanto tiempo así. Reflexioné un momento: quizá no era tan malo probar con una app de citas. Así que entré, y la primera pregunta que surgió fue: *¿Cómo me presento en el mundo virtual? ¿Auténtica? ¿Le pongo más crema a mis tacos? ¿Minimizo quién soy?* Aún no empezaba la búsqueda y ya estaba pensando en términos de marketing: cómo filtrar mi personalidad y qué fotos me hacían ver más deseable. Parte de mí se resistía a convertirme en una impostora digital... pero la competencia intimidaba.

Al comenzar a jugar la ruleta del *swipe*, me sentí abrumada por la cantidad de opciones. Cuando hice mi primer *match*, crucé los dedos para que fuera el mejor postor... y no el impostor. El *match* te hace sentir ganadora; no tener uno te convierte, automáticamente, en una perdedora. Pasar la etapa de los chats fue un martirio. Para empezar, la mujer debía dar el primer paso. Después venían las preguntas básicas, sin ingenio y repetitivas, como si fueran parte de una entrevista de trabajo: ¿dónde vives? ¿A qué te dedicas?

Las conversaciones tontas, con hombres que no despertaban mi interés, me hicieron pensar que todo era una pérdida de tiempo. La app solo me provocó ansiedad, aburrimiento y tocó mi vieja herida del rechazo. Me frustraba que los hombres solo mostraran interés sexual o que, simplemente, no me atrajera nadie. La cantidad de perfiles falsos terminó por amargarme: perdí la confianza. Varias amigas mías habían salido con hombres que intentaban forzarlas, que tenían una agenda clara: querían meterse entre sus piernas sin pasar por ningún tipo de conexión emocional o intelectual. Muchas habían sido engañadas por tipos que fingían ser ricos, exitosos, profesionales… Solo unas pocas han tenido la suerte de conocer a hombres realmente valiosos.

¿A cuántos sapos virtuales tengo que darles *swipe* para encontrar a alguien afín? Mi tiempo es valioso y el *dating online* me lo estaba robando. Al final, quedé convencida de que sinceramente es un volado que no me interesa.

* * *

Regresé del recuerdo, me sentía un poco enojada por haber perdido mi tiempo en una historia insignificante. Me acomodé otra vez en la banca. Talía llegó a mi lado.

—Ninguna memoria de esta misión es una pérdida de tiempo. La comunicación escrita a menudo se vuelve un caos. Cada persona interpreta los mensajes según sus propias experiencias, emociones e incluso imaginaciones. Eso la aleja del verdadero sentido de lo que se quiere comunicar. Los mensajes de texto pueden ser solo una forma superficial de interacción, muchas veces usada para mantener las apariencias. La comunicación virtual se ha vuelto una vía de escape donde la gente puede decir, compartir o incluso agredir sin enfrentar consecuencias. Es una batalla de palabras que, en el fondo, es una pérdida de tiempo.

”Hay demasiada información y comunicación sin un propósito claro. Por otro lado, la falta de respuesta deja los ciclos de comunicación incompletos. Las preguntas sin contestar o las respuestas ignoradas desgastan la energía y desconectan a las personas. La comunicación es vital para que los seres humanos vivan en armonía, equilibrio y entendimiento. Al conversar, se intercambia energía; si solo fluye en una dirección y no hay un receptor, la energía simplemente se agota. Esto también aplica a otras cosas que ya descubrirás más adelante —Talía le dio un sorbo grande al agua de hibisco.

"El lenguaje corporal, el tacto y las miradas expresan mucho más que las palabras. La verdadera evolución ocurre cuando la conexión se da a un nivel más profundo, al compartir información que ayuda a entender, sanar o aprender del otro. Las conexiones significativas, tanto energéticas, a través del toque áurico, como físicas son clave para experimentar un vínculo real y evolutivo. La virtualidad solo ofrece la ilusión de conexión; activa sensaciones químicas como la dopamina y las endorfinas, que pueden confundirse con una experiencia de lazo genuino. El amor no tiene límites de tiempo ni espacio, pero la conexión profunda sí necesita de lo físico para poder desplegar todo su potencial. Nada reemplaza una mirada, un toque, la cercanía, la intimidad o el sexo. El mundo ha cambiado la forma en que los humanos se relacionan y han olvidado lo que sus almas realmente necesitan. Las conexiones auténticas abren a nuevas experiencias. Todas las historias te dejan una enseñanza, Aurora. En este recuerdo te diste cuenta de un problema colectivo que está alejando a la humanidad de la conexión humana. Tu decisión de no ser parte de ese problema ya es un paso más en la evolución. ¡Brindemos por tomar esta decisión!

—¡Brindemos!

Mientras sentía el sorbo del líquido bajar por mi garganta, Talía tronó los dedos y me transportó otra vez.

* * *

Estaba en la azotea de un edificio alto. Desde allí veía a cientos de personas cruzando las calles, ignorando las señales del alma para conectar. Quería ser parte de la sociedad, pero estaba ahí, en ese edificio, sin poder participar. ¡Estaba en Nueva York! Cuando lo entendí, se abrió la memoria.

A los pocos meses de divorciarme, viajé por primera vez con mis amigas como mujer libre. Éramos cinco: tres disfrutábamos nuestra nueva independencia, y dos vivían sus propias historias románticas, eligiendo citas para nosotras, para que hiciéramos lo que ellas no podían. Cinco mujeres libres en una de las ciudades con la mejor oferta de hombres del mundo: un cuadro hedonista.

"Vestir para matar" era nuestro lema. Desde mis veinte años, no me tomaba tanto tiempo para arreglarme ni me ponía mi disfraz de sexy cazadora. Era emocionante estar en un lugar y notar la cantidad de hombres frente a mis ojos. No quiero entrar en detalle acerca de las fantasías que tuvimos sobre los penes que podríamos conocer, pero las hubo. Al casarte, uno de los grandes sacrificios es limitarte al placer de un solo pene por el resto de tu vida, aunque el dildo da un poco de variedad. Pero eso no quita que puedas imaginar, sentir y devorar con la mente otro pene. Pasé de tener esa fantasía a vivirla en parte. Aunque no estaba preparada para tener el famoso encuentro de una noche, me emocionaba la idea de explorar el sexo con un desconocido a quien no me importara volver a ver. Durante años anhelé tener sexo con alguien que no fuera mi esposo, pero cuando se presentó la oportunidad no estaba segura de poder hacerlo. No soy una santa, pero mi rol de esposa aún estaba muy arraigado; era la elegida, no la opcional.

Llegamos a un bar divertido y ecléctico del West Village con sillones vintage de los setenta. La decoración me recordó a las películas de Mauricio Garcés, donde él paseaba feliz con sus múltiples novias en Acapulco. Me mordí las uñas sintiéndome enajenada por los gritos de la gente y las risas falsas de mis amigas celebrando que la mayoría éramos solteras. Las flautas de prosecco y los cacahuates rancios me recordaron que esa celebración era engañosa, porque lo que yo realmente anhelaba era a mi alma gemela, aunque no podía admitirlo. En ese momento el hombre era mi enemigo o solo una diversión. Aparentábamos que podíamos vivir sin ellos, pero no era así.

Mi mirada recorrió la barra en búsqueda de una buena botella de mezcal, y entonces lo encontré acomodándose el cabello con la mano, con una sonrisa juguetona que revelaba su carisma. Al clavarle los ojos, él lo notó y miró hacia nuestra mesa, buscando la mirada que lo había elegido. Me detectó y compartimos una sonrisa de amabilidad que le comunicó la nobleza de mi corazón a pesar del enojo que sentía hacia el género masculino. Mi voz interna de discordia apareció para recordarme que yo tenía el control. Entonces analicé si él poseía el potencial para ser el hombre que quería. Muchas veces confundo el potencial real de los hombres que encuentro con las proyecciones dictadas por mi personalidad, llena de filtros basados en relaciones previas. ¿Podría apreciarlo más allá de mi lista de expectativas? ¿Sería posible verlo más allá de mis miedos?

Caminó hacia nosotras; me sorprendió su valentía al acercarse a una mesa de mujeres liberadas que reían como hienas. En el eco de mi propia carcajada falsa esperé ansiosa a que me alejara de mis amigas.

—¡Hola! ¿Te puedo invitar una copa?

Mis amigas rieron con un sarcasmo humillante y me sonrojé al decirle que era mi noche de amigas. Se encogió de hombros, dio media vuelta y regresó a la barra.

—Está guapo, pero se ve que es un chico bueno. Si esta noche te vas con alguien recuerda que los chicos malos son mejores para el sexo —dijo mi amiga casada con total seguridad.

—¿Por qué lo bateas? Eso da igual. ¡Vete con él! —me animó otra.

—Es que no es mi tipo.

—¿Pues cuántos tipos tienes? No es como que tengas mucha experiencia. ¿Cómo vas a ampliar tu gama de tipos si no te das chance de salir con diversos hombres? Se ve muy interesante y con mucha personalidad.

—Ya sé, pero no me gusta; no está guapo.

Los consejos de mis amigas dejaron de servirme y solo me confundieron, porque ellas no conocían mis secretos y pensaban que yo no tenía experiencia. Ya no me interesaban los chicos malos que me harían daño ni tampoco los chicos buenos, porque yo misma los había tratado mal. Sentí la voz de mi "santa" interior queriendo sabotear mi nueva libertad. Me tomé un *shot* de valentía y decidí acercarme a él. Ambos caminamos al encuentro del otro.

—Tienes dos opciones: la rosa roja del amor o la rosa de color rosa del olvido, ¿cuál quieres?

Me reí nerviosa y tomé la rosa roja.

—¡El amor siempre gana!

Me tomó de la mano sin permitir que le contestara y me llevó hacia la barra.

—¿Quieres algo de tomar?

—No, gracias. Bueno, tal vez un agua mineral.

—Si no puedo emborracharte, ¿qué puedo hacer para llevarte esta noche a mi casa?

—Puedes dejar de pensar que me vas a llevar a tu casa y esperar a que suceda.

—Me parece bien —el ruido nos impedía conversar—. ¿Prefieres ir a dar un paseo conmigo?

Caminamos tomados de la mano con mucha familiaridad como si nos conociéramos desde hacía décadas. Me sentí cómoda y segura, pero en mi mente percibí mi coraza.

Hablamos de comida; resultó ser un conocedor de la gastronomía local. Su manera de hablar de los alimentos despertó una atracción que no había sentido en un principio. Me pareció que en verdad estábamos conociéndonos y disfrutando del momento, y entonces percibí su prisa por saber si me iría a su casa o no, como si todo lo que había hecho fuera solo para seducirme y, si no se llevaba el premio, era una pérdida de tiempo. Me susurró al oído:

—Vamos a mi casa.

—Pero si no te conozco.

—Entonces nos conoceremos aquí.

Me llevó a un callejón detrás del bar. Me sentí como en una película de Batman: ahí, o me iban a matar o me iban a salvar. Sentí desconfianza y él lo notó.

—Tranquila, yo te protejo. Mira, aquí tengo un condón.

Me tomó por atrás y apretó mi cuerpo contra la pared con ambas manos sin dejarme escapar. Me susurró al oído:

—No te vas a ningún lado hasta que seas mía.

Me derretí de placer ante sus órdenes sexuales. Me giró hacia él y bajó descubriendo mi vulva que lo esperaba con felicidad absoluta. La dopamina que lanzaba su lengua en mi sexo me excitó aún más. Luego subió presionando su cuerpo contra el mío, ronroneando de deseo y haciéndome sentir su erección. Y su boca tocó la mía. Me cargó con sus fuertes brazos y al rodear su cintura con mis piernas me dio el placer que había soñado. Los movimientos nos llevaron a olvidar el tiempo; no supimos cuántos segundos se convirtieron en minutos o si los minutos fueron horas. El agotamiento nos invitó a estallar extasiados y nos quedamos recargados en la pared para recuperar el aliento. Dejé de sentirme sola al tener un encuentro pasional como el que había visto en películas; no sabía que podría ser real. Me besó con ardor y remató:

—Fue un verdadero placer, espero sigas disfrutando de tu soltería con tus amigas.

Me dio un beso en la mano y me entregó la rosa del olvido maltratada por haberla mantenido en el saco todo ese tiempo.

* * *

Toqué el silbato y regresé a la banca. Frente a mí, una pintura mostraba a un hombre mirando con deseo a una mujer. Me hubiera gustado que el hombre de mi memoria me mirara así.

Estaba sentada en una banca de parque con él a mi lado. Conversábamos y yo intentaba explicarle lo que sabía sobre el amor y las relaciones. Pero estaba claro que no compartíamos la misma idea del amor. A lo largo de mi vida también he deseado ese amor espontáneo, romántico, incierto, sin garantías. Ese que es difícil de sostener porque construir una relación requiere energía, y no estaba dispuesta a invertirla si era algo casual. No necesariamente buscaba una relación con futuro, pero sí una que avanzara hacia algo más profundo o íntimo. Si lo que deseaba era explorar la posibilidad de una pareja y él no quería lo mismo, me interesaba saber qué estaba ofreciendo para decidir cuánta energía dedicar o si, de plano, había que cerrar el ciclo. Si ambos estábamos alineados, podríamos divertirnos o construir algo juntos, pero desde la claridad. Las dinámicas tóxicas por falta de comunicación, los juegos de "estira y afloja" no hacían bien a la salud emocional. El sexo de "pisa y corre" o las llamadas amistades donde compartir información eran solo una transacción no me llenaban. Para eso, mejor me masturbaba o bailaba.

Talía, como siempre, pudo leer mi mente.

—Toma un poco de agua. ¿No te parece curioso que en la mayoría de las culturas románticas el hombre es el que busca a la mujer y no al revés? ¿Recuerdas quién te aconsejó ofrecer esto al hombre?

—Sí, fue mi hermano.

Se rio con un toque de sarcasmo.

—La única guía real es tu intuición y tu ser superior. Los consejos externos están llenos de creencias. El consejo de un hombre proviene del programa patriarcal. Tu hermano te dijo que hicieras lo que a él le gustaría escuchar o recibir. Fue un consejo basado en su sistema de creencias. Es muy difícil que un hombre pueda darte una guía real sobre cómo comportarte o qué hacer en una relación de pareja, porque no conoce la esencia femenina.

"La feminidad es la receptora de la oferta. Las mujeres damos desde el ser encarnado, no desde la estrategia. Hoy, bajo la idea de igualdad, los roles se han invertido. Muchas mujeres actúan con demasiada asertividad, usan el control y la manipulación en sus relaciones y repiten estrategias patriarcales. La noción de "tener opciones" es una idea patriarcal que pone en desventaja a la mujer, porque no es natural para ella tomar la iniciativa de forma directa. Su lenguaje es más sutil.

"¿Ahora entiendes por qué muchos hombres huyen de las mujeres? Hay que saber distinguir entre ejercer el control y la manipulación para obtener una respuesta y hablar desde la vulnerabilidad del deseo genuino. No podemos pedir el amor, nosotras *somos* amor. Y cuando el amor se manifiesta, no hace falta etiquetarlo ni suplicarlo.

"Es tiempo de cerrar los archivos de hoy. Mira bien el fresco frente a ti: esa imagen será clave en el futuro.

* * *

Desperté con el cuadro en mi mente. Tomé mi libreta y lo dibujé. Lo acompañé de las reflexiones sobre la conexión humana que se derivaron de mi experiencia con Talía.

27 de octubre

La maldita hipnosis virtual nos ha llevado a olvidar la conexión física y humana, a desestimar al silencio y sustituir los diálogos por el sonido de los *ringtones*.

Entablar conexiones y conversaciones de una forma orgánica o espontánea para iniciar una conversación con un extraño es algo sin duda raro; más que nunca, hoy en día existe una mediación digital en la que toda nuestra información está disponible en línea.

Las redes sociales lo cambiaron todo y se han vuelto nocivas; Instagram, Snapchat, TikTok, X, Facebook, todo nuestro mundo virtual que nos consume. Las *dating apps* son un espacio teatral en el cual fingimos ser, pensar e incluso sentir de ciertas formas para tener la ilusión de ser querido y validado por los seguidores. Vivimos la ilusión de la compañía al tener múltiples intercambios por chat sin un interés genuino.

Estamos horas en la pantalla obteniendo excesiva estimulación e información que nos satura la mente con sus algoritmos y pixeles que activan los químicos que producen una adición y no nos tomamos el tiempo de comunicarnos apropiadamente. Usamos medias palabras, abreviaciones, emojis e incluso aceleramos la velocidad de las *voice notes* porque no nos damos tiempo para escuchar o hablar. Nos hemos vuelto Dori de *Buscando a Nemo* con la capacidad de tener solo veinte segundos de atención en los que debes seducir, fascinar, atraer, o dar la peor pereza del mundo. Esta adaptación crea relaciones superficiales en las cuales ya no hay cabida para profundizar, lo que hace que las relaciones sean más difíciles. Me queda claro que debemos comprender que la tecnología es una herramienta para hacernos la vida más fácil, no un sustituto de la vida romántica o social.

La libertad y opción que tenemos están en vivir más allá de la virtualidad. Sin embargo, la tecnología nos da la idea de contar con miles de opciones para hacer amigos, tener oportunidades laborales, conocer al amor de nuestra vida, al mismo tiempo que se vuelve imposible comprometerse cuando siempre está la publicidad de que hay alguien mejor allá afuera. Tener tanto para escoger ha reducido nuestra capacidad de resiliencia, ya que en el primer problema que tenemos en una relación salimos corriendo a buscar a alguien más y seguir "divirtiéndonos". El mundo virtual es, al mismo tiempo, una bendición y el antídoto para evitar la soledad o su detonador.

Cuando te sumerges en el mundo virtual se te va la oportunidad de descubrir, aprender o simplemente de recibir la mirada amigable de un extraño. Te pierdes de un instante en el cual puedes conectar con otro ser humano. Al terminar de socializar en línea, es pertinente preguntarnos: ¿cuáles son nuestras prioridades? ¿Cuál domina: nuestra vida virtual o la humana?

5

EL CUENTO

Me levanté con un ligero malestar al pensar en que apenas era el inicio de la revisión de mis memorias y ya había visto demasiados momentos de los que no me sentía precisamente orgullosa. Percibí la pesadez del edredón sobre mí y la luz filtrándose por la ventana, obligándome a levantarme. Era como si algunas piezas dentro de mí no terminaran de encajar. Comenzar a ver todas las experiencias que me han construido, o destruido, me removió algo que no puedo definir. De lo que estaba segura era que no podía juzgar mi propia historia, solo observarla y entender que, en retrospectiva, todo se ve con más claridad que en el momento en que sucede.

Me dio curiosidad identificar cuáles eran los cuentos detrás de mis historias de amor. El primero fue el del matrimonio y ya sabemos cómo acabó. Las instrucciones de mi mente me pedían hacer todo cuanto estuviera en mi poder para alcanzar ese sueño que tenía desde niña. Creía que lo natural era pasar de ser una señorita respetable a una señora feliz; aspiraba a la plenitud de ser madre y esposa. Ser la mujer socialmente aceptada y celebrada era el propósito que tenía que cumplir, sin importar si lo hacía por imposición, presión, miedo o ilusión. Esa presión social me llevó a tomar la decisión de casarme de forma premeditada. A mis casi treinta años no quería convertirme en "la quedada". Además, el reloj biológico se acercaba a la medianoche y no deseaba terminar sola y sin hijos. Según la sociedad, es lo peor que le puede pasar a una mujer.

En realidad, a los veinte no sabemos nada sobre el matrimonio ni sobre el destino. Algo en el fondo de mi corazón me decía que no era eso lo que realmente deseaba, tampoco con ese hombre, pero era buena persona y ya "tocaba". Así terminé escribiendo en mi cabeza y ante el mundo un cuento, con el toque de una película romántica de Hollywood, para convencerme de que vivía el sueño.

Ahora era el momento de volver a hablar de mi esposo. Un hombre de buen corazón, sencillo y pasivo, que me aceptaba con todas mis facetas. Asumió el papel del compañero apoyado por la mujer, casi como un hijo o un hermano. Me pregunto cómo me enamoré. En realidad, no fue amor, sino un impulso biológico disfrazado de enamoramiento: mis hormonas alborotadas por el deseo de ser madre. Era apenas la segunda vez que sentía algo así y me aterraba repetir la historia del abandono. Aunque compartíamos ciertos intereses, no existía entre nosotros esa conexión profunda que ahora reconozco como amor. Yo misma escribí el guion: idealicé la historia, proyecté el amor romántico y me convertí en la protagonista perfecta. Fui una actriz premiada en el papel de esposa ejemplar, al grado de dejar de lado mis propios sueños para convertirlo a él en el ideal del hombre perfecto. Nuestra vida era cómoda, pero cada vez más insatisfactoria. Descubrí que él no era lo que imaginaba, y que en el proceso de sostener la ilusión me había abandonado a mí misma. Tardé meses en aceptar que ya no quería estar ahí. Ambos fingimos felicidad, atrapados en nuestras proyecciones, y para cuando lo entendimos ya era tarde. A veces me pregunto: *¿Qué me hizo casarme sabiendo que no era mi destino? ¿Fue más fuerte el sueño que la verdad?*

El matrimonio no fue, como creí, la consecuencia natural del amor. Podía ser un acuerdo cómodo, un impulso, una fantasía o una historia que una intenta hacer realidad. El matrimonio verdadero requiere de un acuerdo consciente, basado en una relación que comparte visión y valores. Pero ¿alguien me educó al respecto?

Todos han celebrado el compromiso, pero ojalá un grupo de mujeres me hubiera dicho la verdad: lo que realmente implica ser esposa. Nadie te prepara. La historia femenina ha girado en torno a conseguir marido, pero una vez que lo tienes, nadie te dice qué hacer. En el matrimonio, una está sola. Punto.

Ninguna mujer cercana, mi madre, amigas, tías o hermanas, me habló de la carga emocional, los conflictos, las promesas rotas, la falta o el exceso de sexo. Nos vendieron una imagen idílica que no se sostiene ni con la experiencia ni con el corazón.

Mis padres y abuelos tuvieron matrimonios largos, donde lo importante era la duración, no la calidad. ¿Ese es el propósito? ¿Seguir sosteniendo la fe en una estructura que no garantiza amor ni plenitud?

"Siempre hay un roto para un descosido o la pareja dispareja". Pensé en todos los cuentos que justifican el programa: cásate y ten hijos; si no funciona, inténtalo de nuevo; si vuelve a fallar, el error debe ser tuyo.

Admitir que tuve que sostener la historia que me inventé para no quedar como la pendeja que destruye el idealismo no fue fácil. Lo más cómico es que lo repetí de otra manera.

Le pedí a las musas que me ayudaran a entender qué pasó con mi cuento. Lo tenía disperso en la mente, y en el corazón ya no sentía nada. Me recosté y cerré los ojos.

* * *

Llegué a un palacio de cristal. El cielo era tan azul que me sentí parte de él mientras giraba en el salón de baile con mi vestido azul. Mis zapatillas de cristal marcaban el ritmo de un vals, guiada por un hombre que parecía salido directamente del cuento de Cenicienta. Me escapé de sus brazos, desconcertada, y corrí a buscar un espejo para ver en quién me había convertido. Debajo de la escalera del salón, encontré un gran espejo rectangular. Al mirarme, salté del susto: ¡era una caricatura! Mi cabello rubio estaba cubierto por una corona de plata con diamantes incrustados. Mi piel, sin una sola imperfección. Mis ojos hacían gestos extraños. Grité al espejo:

—¿Qué hago aquí? ¡No quiero ser una princesa!

El espejo reflejó a Euterpe, quien me habló.

—Ay, princesa, estos son los cuentos que tú sola te cuentas. Lo que pasa en tu vida es una ilusión… si tú decides creerlo.

"No puedes controlar tu destino, formas parte del universo, y él ya tiene un plan para ti. Sigue inventando historias que te resultan más cómodas que aceptar tu realidad. Anda, regresa a bailar con tu príncipe.

Grité a todo pulmón:

—¡No quiero un príncipe!

El brazo de Euterpe salió del espejo y tiró de mí con fuerza hacia dentro a toda velocidad. Aparecí agitada, sentada en una silla de terciopelo verde, en lo que parecía ser el salón de una casa inglesa del siglo XIX. Frente a mí había una mesita de madera decorada con algunas flores amarillas y sobre ella una tetera y dos tazas.

—Toma un poco de té de lavanda para los nervios. Aurora —dijo con suavidad—. Interrumpiste tu cuento, es muy divertido ser una caricatura. Te quiero leer un libro que me gusta mucho, se llama *El banquete*.

> El amor es algo puro y desprovisto de pasiones, ya que las pasiones son ciegas, efímeras, materiales y falsas. El amor platónico está basado en la virtud y no en los intereses. El amor perfecto solo

existe en el mundo de las ideas, en el mundo real no tiene cabida por estar viciado de pasiones. La idealización no corresponde con la realidad.

—Perdona, querida, no es el capítulo correcto. Mejor te cuento otra historia:

"Los griegos tenemos una rica tradición mitológica con relatos de dioses, semidioses y mortales, muchos de los cuales inspiraron los cuentos de hadas. Con el tiempo, esas historias se simplificaron para adaptarse a la mente humana, perdiendo la complejidad de los mitos originales. De ahí nacieron fantasías e ideales poco realistas: que el amor platónico existe, que el príncipe salva, que la princesa espera y que amar siempre implica lucha y sufrimiento. Es momento de volver a tu primera historia para completar tu misión.

Euterpe tomó un pequeño alfiler y me picó el dedo índice. Instintivamente lo llevé a la boca para chupar la sangre y al instante caí dormida en una silla.

* * *

Empecé a ver el recuerdo de cuando se volvió realidad conocer a mi amor platónico. A la distancia, sigo sin creer cómo se entretejió el destino. El hombre de mis sueños, ese actor que tantas veces había aparecido en mis fantasías, tenía cara y cuerpo. Mis amigos decían que estaba obsesionada. En mi imaginación sentía su mano tocar mi espalda, saboreaba sus labios, olía su cuello al abrazarnos, sentía cómo su cuerpo se deslizaba entre mis piernas, devorando mi carne con pasión y provocando escalofríos al mirarnos.

Sus actuaciones siempre genuinas me habían presentado a mi hombre ideal como chico bueno, romántico y carismático; también como chico malo, dominante y un poco perverso. La diversidad de papeles que había desempeñado alimentó mi curiosidad de querer saber realmente cómo era. No podía dejar de pensar en él; era omnipresente: lo veía en el cine, en las pantallas de los aviones, en mi tablet, iPhone y en los espectaculares anunciando su próxima película. Era imposible escapar de él; habría dado lo que fuera por conocerlo.

De forma inesperada, un día pareció que mi sueño se haría realidad. Una amiga tenía entradas para la premier de la última película de mi amor platónico; y por azares de la vida me ofreció el segundo pase que tenía. No lo podía creer. Recibí la invitación por mensaje mientras estaba en un cafecito cerca de mi casa. Sin pensarlo, bailé triunfalmente en la barra, solo después noté que el lugar estaba lleno. Fingí que nadie me había visto, aunque me sentí inexplicablemente incómoda, como si fuera observada por una mirada penetrándome la espalda y pidiéndome corresponderla. Ni de broma lo hice. Qué pena ver a esa persona después de mi bailecito. Rápidamente, le di un sorbo a mi café y salí antes de experimentar más vergüenza, pero una mujer me siguió hasta que me alcanzó.

—¡Hola! Dejaste tu celular en la barra —por increíble que parezca, reconocí la voz. Era Romina, la coprotagonista de mi amor platónico en su nueva película.

—¡Hola! Mil gracias, me salvaste la vida.

El momento me llenó de esperanza, parecía posible conocer a mi hombre ideal; finalmente la teoría de los seis grados de separación estaba de mi lado. Me detuve un momento a revisar mis delicados pensamientos: una mezcla entre la realidad y la fantasía.

Empecé a creer en el destino. Llevaba semanas pensándolo con más frecuencia y, justo entonces, él vendría a una premier en Ciudad de México tras años de ausencia. Para colmo, estaríamos cerca. En mi trayecto a casa, mi fantasía se desbocó mirando los carteles de la película que vería esa noche; me preguntaba si sería pesado, amable, cabrón o tierno.

Tardé horas eligiendo un vestido que equilibrara lo seductor con lo elegante. Al llegar al cine, me encontré con mi amiga y nos sentamos juntas. Desde ahí lo vi: a unas pocas filas de distancia, y sentí una alegría pura. Me concentré en la nuca ligeramente erizada que le alcanzaba a ver, imaginando su olor. Me temblaban los nervios: lo tenía frente a mí y también en la pantalla. Para calmarme, tomé mucha agua. Diez minutos antes del final, la urgencia de ir al baño era insoportable. En cuanto vi que él se levantaba, me dije: es ahora o nunca. Me deslicé fuera de la sala, crucé el pasillo casi sin hacer ruido y empujé la puerta del baño con fuerza. Del otro lado, escuché un golpe seco y un quejido. Me asomé, muerta de pena. Ahí estaba él, en el suelo, con la cara roja por el portazo que le acababa de dar. No pude ni articular una disculpa. Corrí a encerrarme en un cubículo. Me quería morir. Estaba paralizada, ni siquiera pude orinar. *¿Era él? ¿Le pegué? ¿Qué hacía en el baño de mujeres?*

Fue una pesadilla. ¿Así tenía que ser nuestro primer encuentro? Seguro pensó que yo era una loca maleducada que huía después de golpearlo. Volví a la butaca para ver los últimos minutos de la película… y a mi sueño platónico. Al salir, intenté pasar desapercibida.

Esa noche no pude dormir. Fue el peor momento de mi vida: estuve tan cerca, y fue un desastre. Lloré como si hubiéramos tenido una historia real que acababa de terminar. Era hora de seguir adelante y vivir un amor de verdad. Poco a poco dejé de imaginarlo y de soñarlo… hasta que tuve mi primera cita. Entonces él volvió como el referente imposible con el que comparaba a todos. Nadie estaba a su altura. Aun así, el hombre de la cita fue amable, carismático, y empezamos una relación. Pero él no era *el* hombre. Encontraba pretextos para alejarme: que si masticaba fuerte, que si le sudaban las manos, que si gesticulaba demasiado. Una voz interna seguía alimentando la fantasía del actor, que tenía una oportunidad de abrir el corazón y volver a amar.

Aun así, mi relación real se sostuvo, aunque con la sombra de mi amor platónico presente. La tranquilidad que me ofrecía mi nueva pareja me ayudó a calmar un poco la obsesión… hasta que se volvió imposible. Curiosamente, ese día el actor había estado muy presente en mi mente, no sé por qué. Por la noche, mi novio me invitó a un restaurante donde conocería a todos sus amigos. Al entrar, como perra olfateé un aroma que me era familiar. Entre sus amigos estaba mi amor platónico. Me quedé helada mientras él se acercaba para saludarme de beso.

—Hola, mucho gusto. Qué bueno que finalmente nos conocemos.

No pude decir una palabra y solo sonreí.

Me senté frente a él como una estatua de hielo. Durante toda la cena estuve en silencio, casi inmóvil, fingiendo no estar fascinada por su cabello rebelde, su sonrisa pícara y las historias que contaba. La verdad: estaba anestesiada por el amor.

Él me miraba con curiosidad, aunque de reojo, bajo la mirada vigilante de una mujer que parecía su novia —o al menos eso imaginé—, tan atenta que parecía su guardiana. Me daba igual. Yo estaba perdida entre sus feromonas, imaginando escenas explícitas donde me mordía la entrepierna. El toque inesperado de la mano de mi novio en mi muslo me sacó del trance. Di un brinco y volví a la realidad.

Al terminar la cena, no entiendo cómo, pero el actor y yo nos quedamos solos esperando los coches.

—Nunca es tarde para ofrecerme una disculpa.

—¿Una disculpa? ¿Por qué? —contesté nerviosa.

—Al verte llegar sentí una familiaridad contigo, después te reconocí. Tú eres la que empujó la puerta en mi cara y que corrió sin disculparse.

Me quería morir.

—Sí, sí fui yo. Perdón, lo siento, no fue a propósito, estaba en medio de una emergencia.

—Perdonada. Qué curioso que huiste de mí dos veces en un día.

—¿Cómo? No entiendo.

—Por la mañana fui a tomar café y vi a una mujer hermosa bailando feliz. Cuando intenté alcanzarte para darte tu celular, saliste corriendo. Mi compañera de reparto salía justo en ese momento y le pedí que te lo entregara. Luego... el incidente. ¿Quieres que te lo recuerde?

Me moría de la vergüenza: *Trágame tierra.*

Nos interrumpió su novia con cara de pocos amigos. *Seguramente es muy coqueto*, pensé.

Se despidió besando mi mejilla y susurrando en secreto:

—Adiós, bailarina.

Su aroma me despertó un cosquilleo eléctrico en la vulva. Sentí sus feromonas en cada célula y confirmé que nuestra química era real. Al subir a su Uber nuestras miradas se encontraron, y supe que él también sentía algo.

Volví a casa con una mezcla de felicidad y confusión. Ya no era inalcanzable, solo no estaba disponible. ¿Esperanza o simple obsesión? Lo acepto: mi mente llevaba años empeñada en quererlo. Dudaba que fuera feliz con su novia; en la cena dijo que llevaban años juntos pero que la escondía por sus fans. ¿Qué más escondería? Me hubiera gustado conocerlo de verdad, más allá de la fantasía.

Pasaron los días y no lograba sacarlo de mi cabeza. Terminé con mi novio, ya que mi atención y mi corazón estaban en otro lado. Aunque el actor tenía novia y él creía que yo también, una voz interna insistía en que había una posibilidad.

Con el tiempo, empezó a aparecer menos en mis sueños. Hasta que una mañana de abril desperté con un mensaje:

¡Hola, Bailarina! Me enteré de que terminaste, qué mala onda. Yo también terminé con mi novia. Me encantaría verte.

✓✓

Me tallé los ojos para asegurarme de que leía bien. ¡Era él! Me invitaba a salir. Brinqué de la cama e hice mi baile del triunfo. Me quedé un momento saboreando cada palabra de su mensaje: nuestra historia de amor ahora sí podía ser real. ¿Cómo quiero proseguir mi historia? Aunque estaba eufórica, fingí calma al contestarle. No quería que notara mi emoción. Una voz en mi cabeza me repitió: *Hay que recordar que las mujeres de las novelas románticas se dan a desear.*

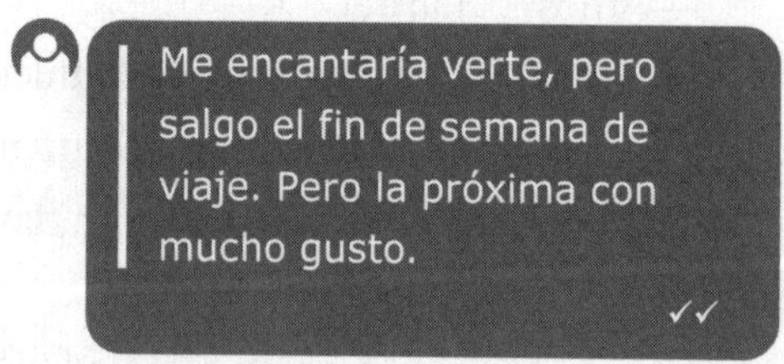

Lástima. te iba a invitar a un súper plan este fin. A la próxima.

✓✓

No entendí el mensaje. ¿Me estaba mandando a volar? *Qué pendeja soy, para que me doy mi taco, ¿qué tal si ya no me habla? ¿Por qué chingados mentí?*

Ese fin de semana fue un martirio. Me quedé en casa flagelándome mentalmente, rezando para que él volviera a escribirme o que mi tonta estrategia funcionara. Los días se arrastraron y, con la ansiedad a tope, terminé mordiéndome las uñas, fumando, bebiendo y hasta teniendo sexo con mi ex. Busqué cualquier escape para olvidar mi estupidez y calmarme. El lunes, con resaca emocional y la cabeza a punto de estallar, sonó el celular.

Contesté sin poder identificar el número.

—¡Hola, bailarina! Te quiero ver. ¿Dónde nos vemos?

Es él, ¡no lo puedo creer!

—¡Hola! Tú dime. ¿Qué te late?

—Prefiero que tú decidas.

Es raro que me dé la opción. ¿Sería mi imaginación o quería ver qué estaba dispuesta a hacer? ¿Le propongo algo?

—¿Quieres ir a comer o nos vemos en un bar que hay por mi casa para unos *drinks*?

—Vamos por unos *drinks*, mándame la dirección del bar.

Me sentí un poco tonta por haber imaginado que pasaría por mí y me llevaría a un restaurante romántico. Asumí que solo quería divertirse y tener sexo. Pero no quería regarla, tal vez era mi única oportunidad. Y otra vez esa voz interna: *Recuerda todos los años que lo has deseado dentro de ti.*

Nos encontramos en un pequeño bar a unas cuadras de mi casa. Llegué un poco tarde, nerviosa. Lo vi de lejos, con el cabello juguetón y los dedos inquietos tocando la mesa como si marcara un ritmo. Me dije: *Esto es real, aunque no sea como lo imaginé.* Se levantó para saludarme con un leve abrazo que encendió el deseo.

Me senté frente a él. Él, con una actitud deliberada, me tomó las manos y lanzó una frase cautivadora:

—Cuando dos personas se encuentran así no es coincidencia, sino causalidad. Algo tenemos tú y yo pendiente que el destino nos volvió a unir.

Mi mente se llenó de preguntas y dejé de escucharlo. *¿Sí le gusto? ¿Sí le intereso? ¿Por qué me dijo esto? Pensé que solo era sexo. Estoy confun-*

dida. Mi tren de pensamiento no me permitió recibir la profundidad que me quería compartir. Tuve miedo de abrirle mi corazón y que me lastimara. Había algo en mí que no confiaba, aunque su interés parecía genuino.

Tal vez notó mis nervios, porque me contó una historia para romper el hielo. Tenía fama de mamón, pero en nuestra cita fue accesible, simpático y caballeroso. La conversación fluyó con naturalidad, como si nos conociéramos de antes. Cada sorbo de cerveza volvía más humano al hombre que había idealizado tanto.

Sin darme cuenta, ya estaba borracha… de emociones.

—Vamos, es hora de irnos —me tomó de la mano para llevarme a casa y mis emociones le ganaron a mi mente. No sé qué paso, ni cómo llegue a mi sofá, mi camisa tenía un botón desabrochado y los pies descalzos.

Sonaba *La danza de las brujas* de Paganini y sus notas me regresaron al momento que estaba viviendo. Él estaba inmerso en la música, movía las manos simulando tocar un violín hasta que se acercó a mí, me jaló hacia él con fuerza, levantándome del sofá, colocó mi espalda contra su pecho y rodeó mi cuerpo con sus brazos como si fuera su instrumento musical. Me tocó con una pasión desbordante, deslizó sus manos por mis pechos provocando calor en ellos. Me tomó la cintura afinando mi cuerpo a la escala de su placer. Los nervios de mi acento —esos puntos donde la sensibilidad alcanza su clímax— se despertaron con un giro que nos unió en un beso profundo. Su saliva marcó el ritmo. Me llevó a la habitación, mientras me quitaba la ropa con delicadeza. Su beso nos guío lentamente a la cama. Abrazándome las caderas con fuerza, deslizó lo que aún escondía mi rincón más íntimo hacia mis tobillos. Con sus experimentadas manos abrió mis piernas y tocó con su lengua donde más lo había soñado, y halló mi punto G como quien encuentra la nota exacta.

Mis pechos erectos buscaron su mirada y, en un acorde, me llevó al ras de la cama. Me desbordé al sentir que entraba en mí. Nos movimos como un dúo, en contrapunto: dulzura, tensión, fuerza. Sus embestidas eran música, vibraba como cuerda tocada con virtuosismo. En el crescendo, nos unimos en un grito mudo que llenó el aire. La mirada selló el momento. Me sentí la melodía mejor interpretada de su historia.

Tumbados en la cama y tomados de la mano, en silencio conté los años que había imaginado este momento. Las décadas que lo había deseado en mi mente y en mi sexo. Le conté mi sorpresa sobre la forma en la que hacía el amor, pues no esperaba que fuera tan sofisticada como su oído que podía entender la música de Paganini. Mi deseo fue más allá de querer tenerlo dentro de mi cuerpo; su sensibilidad me abrió el corazón y el alma. Me sentí, por fin, la princesa con final feliz.

—Qué bendición que seas mejor de lo que me imaginé y yo soy mejor de lo que soñaba. Creo que el sueño me llevó hacia ti. No lo sé.

Me quedé dormida y me dio un beso.

—Hablamos pronto —dijo y me tapó con el edredón.

Mi mente se apagó hasta la mañana siguiente que amanecí con la duda de si me volvería hablar y sí, lo hizo.

Ese fin de semana me invitó a su casa. Me sorprendió ver que no se parecía a la que había construido tantas veces en mi imaginación. Me recibió con un beso dulce en la mejilla; aún no podía creer que estuviera ahí, con mi amor platónico vuelto real. La casa era sencilla, en lo alto de una pequeña montaña rodeada de vegetación. El patio tenía algunas plantas y, dentro, el espacio se sentía ajeno a él, como si aún llevara los gustos de su ex. Me tomó de la mano, me llevó a la cocina y me ofreció una copa de vino. Descubrí que era muy platicador: se la pasó horas contando sobre sueños y sus próximos proyectos. En la nube, mis oídos eran suyos y escuché asintiendo a sus genialidades y buenas ideas. Sonrió ante la cantidad de preguntas que le hice y el interés que mostré. Escuché una voz que me dijo: *¿Te das cuenta de que él no ha mostrado interés por tu vida?* Otra voz se superpuso: *Relájate es la primera cita, no pasa nada*. Le di un sorbo al vino, me tranquilicé y fuimos al comedor.

Nos sentamos frente a frente. Entre nosotros, había un florero con una sola rosa roja que destacaba sobre la mesa. Al querer moverlo un poco para verlo mejor, toqué sin querer el tallo... y me espiné el dedo. Justo en ese instante, vi la foto de su ex colocada en un rincón del mueble junto a la mesa. Traté de contener el gesto. *No dejes que nada arruine este momento*, me dije.

Descubrió mi mirada en la foto.

—Mi ex vino ayer a la casa por sus cosas y para joderme dejó esa foto en ese rincón. Olvidé quitarla antes de que llegaras.

Tenía una manera de hacerme sentir segura que agradecí, aunque no era buena señal que ella siguiera en su vida; era evidente que la ex dudaba de su separación.

El vino y su entusiasmo al hablar me relajaron. Seguía maravillada porque mi amor platónico ahora era tangible, que me había cocinado y que me cogía como rey.

Después de cenar, fuimos a la sala. Tenía un tocadiscos y una gran colección de vinilos de música clásica. Me dejó escoger. Elegí nuevamente a Paganini. Sonaron los *Caprichos* y todas las aguas estancadas de mi ser movieron mi cuerpo al sentir el amor magnificado por esta pieza. Algo se removía dentro de mí con esa música: era pasión, pero también presentimiento. Intuía que esto no duraría.

Él me miró con intensidad, como si pudiera leerme. Me tomó de la mano y me llevó a la habitación.

—¡Quítate la ropa! —me ordenó en tono dominante.

Seguí la orden un poco nerviosa. Mi intimidó esa personalidad, aunque la había visto en sus películas. Mi mente se apagó al escucharlo.

—Te voy a coger como nunca te han cogido en tu vida.

Me sonrojé y sentí una oleada de calor irradiar por todo mi cuerpo. Él me tomó de la barbilla y deslizó su mano apretando mi cuello con una intensidad primitiva. Me besó con una mordida en el labio y volvió a apretar, despertando en mí un deseo salvaje. Me tiró a la cama.

—Abre las piernas.

El control que ejercía sobre mí me entregó por completo a la lujuria. Las sábanas de satín gris me envolvían mientras lo veía perdido en el placer de tenerme rendida. Se colocó sobre mí, en tanto recorría mi cuerpo con un fuego que nos iba incendiando. Tomó mis manos y las sujetó sobre mi cabeza, impidiéndome moverme, mientras devoraba mi cuello con sus labios. Sus dedos se hundieron en mi centro, tocando esos rincones íntimos que pronto se volvieron suyos. Su agilidad desprendía un calor que me derretía por dentro; mi néctar estaba listo para recibirlo. Entró con la mitad de su fuerza, se detuvo, salió, volvió a entrar y salió de nuevo, repitiendo el movimiento hasta provocarme una necesidad incontrolable de tenerlo por completo. Lo quería dentro. Todo.

Cuando al fin se entregó, su vigor me llevó al borde del abismo, haciéndome gemir con una intensidad que llenó su casa de placer sonoro. Mis sensaciones se amplificaron hasta estallar; mi cuerpo se estremecía mientras él alcanzaba su propio clímax. Caímos rendidos en silencio, y, con el corazón en la boca, le confesé que estaba enamorada.

En dos citas habíamos cruzado la línea del sexo hacia la intimidad. Él también abrió su corazón: me habló de sus miedos, sus deseos. No necesitaba más tiempo; quería construir un futuro conmigo.

Lágrimas de felicidad mojaron mis mejillas, y él las saboreó con la lengua.

—Bailarina, espero que estés llorando de felicidad. Vamos a bañarnos.

Aquella noche dormí en su casa por primera vez. Nos abrazamos toda la noche, piel con piel. Al despertar, él estaba en la cocina preparando el desayuno.

Mi cuento era mejor que cualquier comedia romántica de Hollywood. Deberían escribir una película sobre nosotros.

Durante las siguientes semanas, de día nos enamorábamos en secreto y aparentábamos ser solo amigos al caminar por las calles. Negábamos nuestra relación ante amigos y familia; él no quería que nuestro romance saliera a la luz. Para mí era una sensación conocida de cuando solo vivía en mi imaginación, pero eso él no lo sabía.

Por momentos sentía que me volvía loca al aceptar sus reglas de discreción. Al parecer era más importante para él que no se ventilara a la prensa lo nuestro que mi salud emocional. Me dolía ocultar algo tan grande, aunque lo que yo escondía era aún mayor. No fue fácil ser la mujer invisible que lo amaba, sentir la negación. No era sencillo amar en la sombra, sentirme negada, ser invisible. Y aun así, en ese reflejo, volvía a encontrarme con la misma yo de antes: confundida, dividida entre el amor real y el amor imaginado. Me trataba como a su novia… y también como a una aventura. Me pidió paciencia y que dejara todo para acompañarlo en su rodaje. Yo acepté.

A los dos meses de estar juntos, su verdadera personalidad comenzó a asomarse: voluble; su temperamento oscilaba entre la pasión y la calidez, entre el frío y la oscuridad. Me resultaba difícil descifrarlo, ya que no se comunicaba como lo hacía al principio. Aunque su lado oscuro se hizo presente, mi amor por él era más profundo y, cuanto más lo amaba, más sentía que él me alejaba. No sabía cómo manejar un amor así.

Todas estas inquietudes se disiparon por un instante mientras salía a comprar unos chicles. Pero el torbellino emocional regresó de golpe cuando, en el quiosco, lo vi en la portada de una revista sosteniéndole la mano a su exnovia. Compré la revista y los chicles… para masticar mi ansiedad y mi furia. El chicle se me atoró en un nudo en la garganta, lo que me ahogó durante unos segundos.

¿Qué chingados está pasando? El hijo de la chingada me pintó el cuerno con su ex. Me quedé callada y sin sabor a menta. En ese momento recibí su mensaje.

Estoy en tu casa, ¿dónde estás? Llevo esperándote cinco minutos.
✓✓

Entre el coraje y el calor de verano se me había ido el tiempo. Caminé con rapidez y lo vi en la puerta del edificio con una cara encabronada por haberlo hecho esperar. *No es que me guste sufrir, pero me calienta verlo enojado.* Se veía sexy y muy dominante. Me acerqué a él con la rabia de una pantera y, al abrir mi boca para soltar mi rabia, me tomó de la cola de caballo y tiró de ella con fuerza. Me besó con fervor. El enojo se disipó en una pasión desbordante; a duras penas pudimos abrir la puerta para subir al elevador y besarnos con pasión todo el trayecto: dos pisos de puro calor; dejamos gotas de excitación en el suelo. Al llegar a mi departamento me llevó al baño, nos metió a la regadera y abrió el agua que comenzó a calentarse sincronizándose con nuestra temperatura. La ropa empapada hacía incómodo el movimiento de amarlo; sus besos eran mi antídoto frente a los males que olvidaba por el placer.

Me ordenó con un tono sádico que me pusiera de rodillas.

—Ahora, chúpamela.

Me tomó de la cabeza con fuerza y llevó su falo hasta mi garganta; me costó respirar, traté de alejarme y me acercó más a su pubis. Me jaló del pelo para levantarme y me dio la vuelta; mi pecho quedó contra los mosaicos de la pared: la textura y temperatura me excitaron aún más. Con su pie separó mis piernas y en un movimiento entró en mí con toda la intensidad de su culpa por ser infiel. Me tapó la boca para que no expresara mi placentera furia. Me cogió hasta que salió de mí al estar en la cúspide de mi orgasmo, me hizo girar, me jaló del pelo para arrodillarme y mi boca inhaló el poder de su líquido animal. Retiró mi cara de su falo y salió de la regadera sin decir palabra. Me quedé sentada, exhausta, perdida y extasiada. La mezcla de mi rabia y el sexo salvaje me hicieron llorar y mis lágrimas se confundieron con el agua. Saboreé y maldije su existencia.

Al salir del baño, estaba acostado de lado con arrogancia y mostrándome con orgullo su vigor.

—Tenemos que hablar —dije, armándome de valor.

—Tú y yo no hemos terminado, bailarina.

Me tomó de las nalgas y en un movimiento estaba debajo de él. Sin preámbulos entró en mí y me cogió como jamás lo había hecho. Los orgasmos recorrieron nuestros cuerpos sin pausa y en unos minutos el cansancio me capturó y lo perdoné. Se acostó a mi lado y sacó de su cajón una caja azul Tiffany.

¡Una caja azul! Me quería morir, eso significaba solo una cosa: ¡era un anillo! Disimulé mi conversación interna con una sonrisa a medias.

—Abre la cajita, bailarina.

No la abrí. Mi silencio le pidió una declaración de amor, que se pusiera de rodillas y me dijera que me amaba eternamente como lo había imaginado tantos años atrás.

—¡Anda! ¿Qué esperas?

Emocionada me senté a su lado y abrí el paquete delicadamente, tomándome mi tiempo.

—¿Qué esperas? ¡Ábrelo ya!

Lo aluciné por un momento porque no me dejaba ir a mi ritmo. Al abrir la cajita me encontré con un llavero de plata. Puse en acción mis pocas herramientas de actuación para esconder la desilusión y la tristeza absoluta que sentí en ese momento.

—¿Te gustó? Es para que pongas tu llave del cuarto cuando me acompañes a mi rodaje.

—Gracias, qué lindo detalle —contesté con lágrimas de tristeza que asumió eran de felicidad.

Qué manera más pinche de hacerle sentir a una mujer algo que ni siquiera estaba en el mapa. Las cajitas azules Tiffany sin diamantes son como la caja de Pandora, un mal para distraernos. A pesar de que esperaba que se me olvidara el tema, tomé el valor para confrontarlo.

—¿Volviste con tu exnovia?

—¿De dónde sacas esas atrocidades? —contestó con indignación—. ¡Estás loca!

—¡Te vi con ella en una revista!

—Ay, nena, se nota que no sabes nada del medio. Las revistas publican puras mentiras, seguro esa foto es de hace meses. Ya no la armes de pedo y arruines este lindo momento. No quiero drama, si no, me voy.

—¡No, no te vayas, por favor! Tienes razón, las revistas inventan todo y, la verdad, yo no sé nada de ese mundo.

—Te aseguro que eres la única.

Me dio uno de sus besos que evaporaban cualquier duda y nos abrazamos emocionados organizando nuestro viaje y los planes de estar juntos los dos meses del rodaje.

La siguiente semana me sorprendió su actitud; se comportó un poco indiferente y agrio. Me trató como si fuera la culpable del proceso que atravesaba, que sinceramente no tenía ni idea de cuál era. Se había cerrado por completo. Entendía que los actores podían ser almas atormentadas, pero su volatilidad ya rozaba lo clínico, como una bipolaridad aún no diagnosticada.

El fin de semana fuimos a Acapulco a la boda de un amigo mutuo con la consigna de fingir que no nos conocíamos. Él quería pasar desapercibido, mantenerlo en secreto. Fueron dos días de ensueño en una villa privada en la que el mundo éramos solo nosotros: fue dulce y generoso, culto e inteligente, suave y sofisticado, y tenía sus momentos dominadores que disfrutaba mientras hacíamos el amor. Su masculinidad me fascinaba, creo que es la cualidad que más me prendía de él.

Nuestra idea de aparentar ser amigos en la boda fue un desastre total. Fue tan incómodo estar en el mismo lugar, sentada en otra mesa y tolerar la distancia; una vez más lo percibí inalcanzable, pero se volvía más doloroso pues ya no era una fantasía: él era mío.

Intenté disimular, pero no pude evitar ver cómo coqueteaba con otra chica en la barra. La veía reír, tocarlo, y sentí una punzada de celos que explotó con fuerza. Emergió entonces mi personalidad territorial y los celos acentuados por un par de tequilas. Me acerqué furiosa, le dije que me sentía mal y que quería que nos fuéramos.

—¡Hola! Nos estás interrumpiendo —me dijo con sonrisa de triunfadora la perra que estaba con él. La quería estrangular.

La ignoré.

—Pues yo ya me voy. Veremos si te hago espacio esta noche en mi cama como lo he hecho los últimos tres meses.

Ella lo miró perpleja y se alejó.

—¿Estás loca? ¿Qué estás haciendo? Ya se enteró que venimos juntos. ¿Qué te pasa? No eras así cuando te conocí. Tus celos son inaceptables. Qué pinche imaginación tienes. En verdad estás loca. Vete tú y yo te alcanzo cuando me dé la gana.

Corrí al baño. *¿Estoy exagerando? ¿Solo estaba platicando y no ligando?* Estaba confundida, la realidad y la imaginación ya se habían cruzado tantas veces que ya no sabía qué era real y qué fantasía. Salí del baño decidida a darle celos y demostrarle que no iba a sufrir por él.

Me sacó a bailar otro actor muy guapo. Desde la pista, lo vi con una cara de asesino serial. Se acercó.

—Hermano, ¿me permites bailar con ella?

—Sí, güey, claro.

Me sostuvo de la cintura con fuerza, oprimiendo ligeramente mis costillas.

—Suéltame, me estás lastimando.

—La que se está lastimando eres tú con tu inseguridad y celos, y ahora hasta te pones de puta a coquetear con mi amigo. ¡Vámonos ya!

—Estás borracho, no me hables así.

—Si me vuelves a levantar la voz, no me vuelves a ver en tu vida.

—Pero si no te levanté la voz...

—Ahí está otra vez. Contigo no se puede hablar como dos adultos maduros.

Me tomó de la mano y me arrastró fuera de la boda.

—Sube al coche.

El silencio del camino nos permitió ver la realidad de lo que estaba pasando entre nosotros, una verdad que estaba escondida en el filtro de nuestros ojos y las murallas de nuestros corazones.

Esa noche me salí a dormir al camastro, me daba miedo estar cerca de él. Se había puesto violento en la boda.

Me despertó su voz.

—Buenos días, amor mío. ¿Qué haces aquí afuera?

Lo miré como al villano de la película.

—¿No te acuerdas?

—Sé que nos peleamos. Perdóname, estaba borracho.

Me cargó y me llevó a la cama. Se subió encima de mí, me sujetó las manos, restringiendo mi movimiento. Estaba tan cerca que me sentí invadida, el pánico me atravesó.

—¡Suéltame!

—Ya, bailarina, hagamos el amor. Sabes cuánto me gustas.

—No puedo —me solté a llorar.

—Perdón si te ofendí ayer, en verdad no fue mi intención. Te prometo que no hay nadie más que tú. No puedo controlar a las fans que se me avientan. Ya no volverá a pasar, te lo prometo.

—¿En serio?

—Te deseo, eres la mujer más hermosa del planeta.

Me besó dulcemente. Su boca bajó a mi cuello, succionando lento, como si sacara el veneno que aún estaba en mi cuerpo. Su lengua recorrió mis pezones con una delicadeza que me quebró. Me tocó como se toca a una flor que puede romperse con un suspiro. Deslizó un dedo por mi espalda, vértebra por vértebra, hasta la cintura. Separó mis nalgas con movimientos circulares, provocando un calor expansivo que me abrió por dentro. Mis labios se dibujaron como pétalos de orquídea roja; mi perla se asomó curiosa bajo su toque. Sus dedos despertaron llamas, me consumió con dedicación. Me sentí adorada.

Me quedó claro, esa fue la primera vez que me hizo el amor.

Fundidos en un abrazo nos despedimos. Quedamos en que lo alcanzaría en Arizona en unas semanas, para estar juntos por fin.

A la semana surgió un imprevisto y le llamé para decirle que tendría que llegar un par de semanas más tarde de lo acordado.

—Habías hecho un compromiso conmigo y ahora te vas a tu trabajo. Me dejas a mí como un pendejo esperándote —dijo con furia.

—No, no es como lo pintas. Puedo ir los fines de semana a verte en lo que me instalo. No puedo dejar mi vida así de repente, ten paciencia que estoy haciendo lo posible por estar contigo.

—Pues ¿qué te puedo decir? Cada quien con sus prioridades.

Colgó el teléfono.

Dejó de contestar mis mensajes. Se comportaba como un patán. Me dolía. Ver su falta de empatía rompió el hechizo. Yo, que lo había subido a un pedestal durante meses, más bien durante los años en los que lo idealicé en mi mente, empecé a bajarlo. Bastó que protegiera mi bienestar para convertirme en la villana de su cuento.

Dos días después me llamó.

—¡Hola, bailarina! Perdóname, estaba un poco enojado y confundido por tu decisión, pero ya lo resolveremos juntos. Fui un poco egoísta en pensar solo en mí y no en todo el esfuerzo que estás haciendo para dejar todo y estar conmigo.

Suspiré de alivio. Pensé que no me iba a volver hablar y que lo nuestro había terminado.

—Quería contarte algo para que te enteres por mí. Ayer fui a comer con mi exnovia; insistió. Acepté porque es lo mínimo que puedo hacer por ella después de que estuvimos tantos años juntos.

—¿Y?

—Nada. Ella quiere volver, pero ahora estoy contento contigo.

—Gracias por confiar en mí y decirme la verdad. Te veo el próximo fin de semana. Te amo.

Era la primera vez que articulaba en voz alta mi amor por él; esperaba un "te amo" de regreso pero solo escuché:

—Te extraño, nos vemos pronto.

Al colgar, aunque todo indicaba que pronto estaríamos juntos y haríamos pública nuestra relación, una voz me susurró que algo no estaba bien. Que me preparara para un final que no sería feliz. Otra voz me rogó que no dudara de mí. Que mi imaginación no era la realidad.

Pasó un par de días en los que la espera se volvió insoportable y su silencio cada vez más cruel. Me había dicho que estaría tres días inmerso en el trabajo, sin posibilidad de contactarse, pero cada hora se alargaba como si el tiempo se burlara de mí.

Una noche salí a cenar con unos amigos. Mientras todos hablaban, yo pensaba que pronto estaría entre sus brazos. Entonces, una voz chillona quebró mis fantasías:

—No lo puedo creer. ¡Le dieron el anillo! Después de siete años, por fin se casan. Según yo, él estaba saliendo con otra. Le llamaban "la misteriosa".

Las risas me atravesaron como flechas.

—Pobre, dejaron a la nueva por la ex —y rieron con más burla.

—¿De quién hablan? —le pregunté a una de mis amigas.

—Ah… de tu amor platónico.

Humillación, furia y tristeza se mezclaron con el último sorbo del vodka tonic. Me despedí, fingiendo un dolor de estómago. Estaba hecha trizas. Me sentí como una pendeja. No podía creer que me hubiera dejado sin decir una palabra. Sin enfrentarme. Sin tener los huevos de confesarme la verdad. Algo dentro de mí me lo decía, pero una vez más confundí a mi intuición con la mente crítica que me confirmaba que lo nuestro era real.

La última vez que estuvimos juntos, su mirada ya me advertía que pensaba en ella. Me envolvía en sus brazos con duda, con distancia; su calor no lograba ni siquiera traspasar mi piel cuando tantas veces lo había sentido en mis huesos amando hasta lo más profundo de mi cuerpo.

Escondió sus sentimientos, me nubló con dudas, me alejó de su alma y cerró la puerta de su corazón. De un minuto a otro todo cambió, de un minuto a otro dejó de ser mío y regresó con ella.

Pero éramos más parecidos de lo que había pensado: los dos teníamos una adicción al dolor, al amor incompleto. A los dos nos gustaba el desamor.

Nuestra historia de amor no fue la que durante años imaginé. Mi cuento de hadas no me permitió ver cómo era, proyecté mi idea de él. Yo quería a un príncipe y él quería una copia idéntica de su ex.

Nos usamos como escape. Él de su miedo al compromiso, yo de mi miedo a la intimidad.

Con el tiempo entendí muchas cosas. Pero eso no borró el dolor ni la desilusión ni el enojo que sentí por años. Me quedé con todo lo que no le dije. Nuestra historia se desvirtuó desde que tuve sexo con él por primera vez y hundió sus colmillos en mi cuello, dejándome marcada y atada a él durante una década.

Le gustaba exprimir mi amor con fuerza, como un vampiro insaciable. Se alimentaba de mis dudas, proyectaba sus vacíos en mí, y luego me hacía sentir culpable. Me hizo pensar que algo en mí estaba mal.

No entiendo por qué no me habló de frente. ¿Quién fui para él? ¿Una distracción? ¿Una salvadora? ¿Un intento fallido de olvido?

Su silencio me empujó al fondo de mi pozo. Tuve que recoger sola los pedazos de dignidad que me quedaban. Reconstruirme. Rescatarme de esa historia rota.

Y aunque el dolor me tuvo atada por mucho tiempo, en esa caída me liberé. Perdoné. No a él, sino a mí, por haber escrito esa historia creyendo que era mutua. No fuimos parte del mismo cuento. Yo vivía el mío, él me metió al suyo, sin saber para qué.

Di un silbido largo con mi silbato para salir del recuerdo.

* * *

Euterpe se acercó a mí.

—Escucha esta música que es medicina y permite sanar esta historia. Sé que fue larga y nada sencilla. Quédate con la belleza de la experiencia, con el aprendizaje y libera el dolor, el sufrimiento y el resentimiento.

Me dio un pequeño vasito de vidrio que tenía un líquido rosa.

—Toma este elixir, te ayudará a suavizar tu corazón.

Me acerqué a un árbol ancestral y coloqué las manos sobre él y percibí que podía absorber todo mi sufrimiento y me sentí ligera, renovada. Me quedé respirando profundamente encontrando la paz en la conexión de la tierra: ahí todo era real y la imaginación descansaba.

17 de noviembre

No podemos vivir nuestros romances como si fueran cuentos. La realidad debería superar a la ficción, pero conseguir eso no es fácil. Vivimos rodeados de estímulos que promueven ideales y fantasías sobre cómo deben ser las relaciones. Libros, películas, revistas, publicidad... todo nos vende una idea que no solo deforma nuestra visión del amor y del otro, también de nosotros mismos. Nos acostumbramos tanto a proyectar esa identidad ficticia que acabamos por perdernos.

Una de las grandes falacias del amor romántico es creer que actuamos con libertad. Pero la sociedad y la cultura condicionan nuestras decisiones. Pensamos que al iniciar una relación, casarnos o irnos a vivir con alguien estamos eligiendo libremente, pero muchas veces solo estamos repitiendo guiones que ni siquiera escribimos nosotros. No es que esas decisiones sean erróneas en sí, pero antes de tomarlas deberíamos preguntarnos con honestidad quiénes somos, qué queremos y qué estamos dispuestos a dar.

En toda relación debe haber equilibrio de poder. Nadie puede tenerlo todo ni entregarlo todo. Con el actor, hubo un momento en que le cedí mi poder. Él sabía cuánto lo admiraba, y eso le dio una ventaja. Me dejé minimizar. Con el tiempo entendí que la admiración no puede ser unidireccional, tiene que ser un círculo que se retroalimenta, un espejo mutuo.

También confundí su deseo de sentirse bien consigo mismo con una generosidad genuina hacia mí. Aprendí que la verdadera dadivosidad nace de la empatía, no de alimentar el ego.

Antes de establecer un vínculo real con alguien, necesitamos conocerlo en profundidad y también revisar con honestidad los estereotipos o roles que proyectamos. Idealizar no es amar. Y aunque ese ejercicio no es fácil, es posible si logramos romper con las construcciones sociales y nuestras propias fantasías.

Me enamoré de un hombre que no existía. Se parecía al que tenía frente a mí, pero no era él. Lo vestí con la identidad que deseaba encontrar. Forcé la realidad para que encajara con mi imaginación y, en el intento, perdí ambas.

Al final, siempre será verdad lo que dicen: la realidad supera cualquier ficción. Y también cualquier cuento mal narrado.

6

SÁLVESE QUIEN PUEDA

Me levanté sintiéndome orgullosa de haber cerrado los recuerdos de aquella relación tóxica, del cuento fantasioso que sostuve por tanto tiempo. Miré el despertador y pensé en mis actividades del día: levantarme con calma, seguir mi rutina de autocuidado, ejercitarme, alimentar mi cuerpo, leer, escribir, disfrutar del sol y buscar un momento de socialización en algún café donde pudiera descubrir una nueva bebida saludable. Me di cuenta de que cada una de esas actividades estaba enfocada en crecer como persona, en priorizarme. La idea me generó satisfacción, pero también me hizo pensar en todos esos momentos en los que fui negligente conmigo misma.

En una relación pasada, fui utilizada como el sostén emocional, económico y práctico de la vida de un hombre. Yo pagaba las cuentas, solucionaba los problemas del día a día y sobrellevaba su falta de presencia en el hogar. Actuaba como la salvadora mientras él seguía en su zona de confort, lleno de excusas para no salir adelante ni hacerse responsable. Pero no fue solo su culpa: mi vocación salvadora se lo permitió. Él se alimentaba de mi luz, de mi energía, de mi optimismo, que le levantaba el ánimo. Incluso me alejé de mi propia vida para no hacerlo sentir menos con mis logros. Aun así, me culpó por querer que cambiara. Y todo eso lo hice a cambio de migajas. No había equilibrio.

Su papel de víctima —desempleado, sin amigos, sin pasión ni deseo— era una excusa constante para no asumir nada. Yo lo cuidaba como una madre, lo guiaba como un padre, pensaba por él. Hasta parecía disfrutar ser tratado como un pendejo. Me dolía verlo lamerse las heridas mientras yo salía a luchar por los dos. Era agotador jugar roles que no me pertenecían.

Me cansé de ser la mujer a la que se le acercan por interés: la novia trofeo, la *sugar mama*, la que da el estatus social o la salvadora. La sensación de saber que están contigo porque te necesitan o quieren algo de ti es muy pinche, es desoladora.

También he sido la mujer que quería ser salvada. Usé a los hombres para no estar sola, para que me sacaran de mis propios hoyos. El problema estaba en la idea falsa de la salvación. Intentar salvar a otro solo nos aleja de nosotras mismas. Y no estamos aquí para salvar a nadie, mucho menos a nuestras parejas. Estamos aquí para sostener relaciones que apoyen el crecimiento mutuo, donde podamos hablar con la verdad y acompañarnos en los procesos, pero no para hacernos responsables del otro ni para sentir culpa por no poder resolver su vida. Nuestra verdadera responsabilidad es sanarnos, no salvarnos.

Me convencí de que merezco tener relaciones sanas. No solo de pareja, también con amigas, con colegas, con todas las personas con las que me vinculo. Pero para sostener esa convicción, necesitaba ayuda. Como parte de mi proceso, invoqué a las musas. Les pedí que me llevaran, si es que existía, a mi "salvación".

* * *

Aparecí una vez más en la biblioteca. En cada visita, descubría nuevas habitaciones. Esta vez, un pasillo estrecho me atrajo; las paredes estaban marcadas con múltiples cruces de Tau. A cada paso sentía su fuerza protectora envolviéndome. Al final del pasillo, entré en una capilla gigantesca. Al levantar la vista, reconocí la cúpula: ¡ya había estado aquí, en mi vida real, durante un viaje a Malta! El mismo escalofrío me recorrió el cuerpo, como un aviso de algo importante que debía recordar, aunque aún no sabía qué.

Me senté en una de las bancas. Al observar la magnitud del espacio, me sentí elevar: el azul del techo me refrescaba y la luz me atravesaba, como si fuera parte de mi identidad. Al bajar la vista, noté los altares con las imágenes religiosas que me habían acompañado desde niña. Me detuve frente a un Cristo bellísimo, y al observarlo, una escena de mi infancia regresó con fuerza.

* * *

Salía llorando del confesionario: me sentía culpable por haberle mentido al sacerdote. ¿Por qué me forzaban a confesarme si no tenía pecados? Si no tenía qué decir, mentía piadosamente para ser una buena católica. La penitencia parecía importante: mis amigas presumían cuántos padrenuestros y cuántas avemarías tenían que rezar; a mí me daba vergüenza no tener culpas. Recuerdo la sala afuera del confesionario, con sus pesadas cortinas de terciopelo rojo y un Cristo colgado en la cruz. Me hinqué frente a él, clavando la mirada en sus ojos. *¿Dios, por qué estoy aquí? ¿Quién me va a salvar y de qué, si no soy una niña mala? Lo único que tengo es culpa por no tener pecados.* El Cristo me miró. Entonces escuché una voz, clara: "La confesión no es espiritual. Nadie puede imponerte una penitencia ni tiene el poder de salvarte. La relación con lo divino no necesita intermediarios. La oración no es una súplica para ser perdonada, es un regalo para ti misma. La devoción es hacia lo divino… y también hacia ti".

* * *

De pronto, una cruz blanca de ocho puntas llamó mi atención. La escena con Cristo se desvaneció. Era extraño ver ese símbolo templario dentro de una iglesia. Sabía que representa valores como lealtad, piedad, sinceridad, valor, gloria, honor, desprecio por la muerte, solidaridad con los enfermos y respeto por la Iglesia. Del otro lado, había una escalera de caracol que no llevaba a ningún sitio. Al ponerme frente a ella, mi mente escuchó "Stairway to Heaven", de Led Zeppelin. Me perdí en la letra hasta que una figura azul celeste se acercó. Era Calíope. Su vestido se fundía con la luz que entraba por el tragaluz central de la cúpula.

—Tuviste un desvío para llegar a mí. Recuerda que todos los caminos te dan claves para tu misión.

Salimos de la iglesia y entramos a una pequeña capilla escondida dentro de la biblioteca. Era sencilla, íntima. En el centro colgaba una pintura de una mujer vestida de rojo, cuya identidad no podía descifrar.

—No te distraigas con lo que ves aquí —dijo Calíope—. Es momento de abrir tu primer archivo.

Sacó de su bolso azul un pequeño vasito de té y me lo ofreció.

—Toma un sorbo.

Apenas lo bebí, sentí algo profundo. Me derrumbé sobre mi sillón verde, el mismo que había sido testigo de tantas risas y lágrimas compartidas con mi exmarido. Mi mano rozó un papel. Lo tomé.

Era una carta suya. Una en la que me reclamaba el final de nuestro matrimonio.

* * *

> No entiendo por qué te quieres divorciar. Tu decisión fue rápida e impulsiva. No sé quién te esté lavando la cabeza o si tienes alguna

> enfermedad mental o problema psicológico que te está llevando actuar así. Solo te aviso que metí una demanda de divorcio y quiero la mitad del dinero. Viví contigo cinco años y aguanté tus estados emocionales caóticos y tus tendencias adictivas.

En ese momento, un torbellino de rabia me atravesó. ¿Qué le pasaba a este hombre? ¿Se le olvidó que fui yo quien pagó todo durante años? ¿Que el adicto era él? Y ahora pretendía quitarme el dinero que había ahorrado con mi trabajo. "¿Quién sabe quién pudo meterte esas ideas en la cabeza?", decía su carta.

La tiré con furia y saqué las garras. Estaba lista para verlo en el juzgado.

Al salir de la primera audiencia, lo encontré sin sus abogados. Le grité frente a todos los transeúntes:

—Esto es un abuso. ¿No sé quién te está metiendo ideas en la cabeza? Tú no eres el hombre con el cual me casé.

Me calmé por un momento, recordando por qué lo había amado, y entonces le hablé desde otro lugar:

—El enojo se está apoderando de ti. ¿A dónde se fue la nobleza de tu corazón? Sé que estás encabronado porque no entiendes mi decisión, pero no tienes que lastimarme solo porque decidí no estar contigo. ¿Quieres que te recuerde con amor o que te olvide con odio?

Di la media vuelta. Lo dejé ahí, sin palabras y me alejé con tristeza en mi corazón. Cuesta creer que alguien a quien amaste tanto pueda volverse un cabrón que solo quiere joderte.

Unos días más tarde, llegaron los papeles del divorcio firmados y una pequeña nota:

> Las ideas de los demás me opacaron los lentes y no me permitieron ver la verdad. Lo siento y te amo.

Nos acompañamos cordialmente en una ilusión que terminó ese día. Ambos nos liberamos para seguir nuestro camino de crecimiento y volver a nuestro propio destino.

Confieso que fue triste atravesar por tantas sombras que salieron a pelear por la desilusión de que nuestro contrato había terminado. Tuvimos que atravesar un largo sufrimiento para llegar al final… pero ese final nos acercó a un duelo profundo.

Viví el divorcio en tres etapas.

En la primera, pasé mucho tiempo reflexionando sobre nuestro matrimonio antes de aceptar que el divorcio era inevitable. No fue fácil dejar morir una historia que en mi imaginación era bella. Al preguntarme por qué me había convertido en la proveedora, en quien sostenía sus estados depresivos y se empeñaba en hacerlo brillar, entendí que al ocupar el rol masculino mi feminidad quedó opacada. El amor, por sí solo, no alcanza para construir una vida en común.

La segunda etapa fue la más tormentosa: la negociación. Su respuesta fue atacar. El contrato estaba lleno de injusticias, quiso quitarme dinero, arrastró mi nombre y difundió mentiras. Yo, herida, también saqué a mi fiera. Me dolía no haberlo podido salvar, pero más me dolía haberme traicionado tanto por intentar hacerlo. Las emociones mutaban cada día. Cada uno defendía su propia versión para no enfrentar lo que en realidad sentíamos. Y encima de todo, me sentí como una tonta por no haberlo podido salvar.

Durante el matrimonio, la aparente paz era solo una estrategia para evitar la rabia y la desilusión. Con el divorcio, la verdad y el resentimiento salieron a flote.

La tercera etapa fue de profundo duelo y sufrimiento. No solo perdía al hombre que amé, sino también la parte de mí que creyó en su cuento de hadas. Enfrenté el fracaso social que representa un divorcio. Estar sola me llevó a sentir toda la rabia acumulada durante tantos años, a ver los patrones de codependencia, las ideas distorsionadas y la parte de mí que se había sometido a sí misma para ser la buena esposa. El sufrimiento de no haber sido vista o entendida en mi verdad, y la tristeza al escuchar su verdad que mostraba que él no entendía cuál era nuestro problema, y todo ello me llevó a explorar sentimientos que jamás había experimentado.

Un día, decidió sacar sus cosas de la casa. Con avaricia, se llevó hasta lo que yo le había regalado, como si no quisiera dejar ninguna huella. Evitaba la tristeza. Yo esperaba que notara la paz en mí, la libertad de saber que era la última vez que lo vería. Me quedé sentada en la cama que compartimos tantos años, pensando en regalar el colchón. No quería acostarme más en un lugar que oliera a su memoria.

Escuché la puerta principal abrirse. Caminé hacia la sala y lo vi partir. Lo vi salir de mi vida para siempre. Un suspiro me recorrió el cuerpo. Era alivio. Era libertad.

* * *

Regresé a la capilla de Malta. Cali estaba a mi lado.

—Los lugares sagrados esconden la sabiduría ancestral bajo capas de imposiciones religiosas —dijo—. Lo mismo sucede con las relaciones de pareja: los sistemas de pensamiento distorsionan la esencia del vínculo. Las narrativas culturales nos alejan de nuestros contratos cósmicos y ancestrales.

"Las relaciones del futuro se construirán desde el amor consciente, con acuerdos claros que honren la energía de ambos. No se trata de imponer condiciones, sino de crear contenedores amorosos donde haya equilibrio y claridad de roles. Para que el amor fluya, se necesita armonía entre lo femenino y lo masculino.

"El problema es que, en la sociedad actual, estos roles están invertidos. Muchas mujeres han cargado con la responsabilidad de proveer, asumiendo una deuda kármica que no les corresponde. Al intentar ayudar, terminan quitándole al hombre la oportunidad de resolver las cosas por sí mismo. Y ese sacrificio, aunque parezca noble, las desgasta. Esto ha afectado a miles de mujeres en el mundo que deciden ser las salvadoras.

"Históricamente, el sacrificio se ha visto como una ofrenda a los dioses, una forma de mantener el equilibrio. Hoy, la psicología lo llama síndrome del salvador: una compulsión por ayudar, muchas veces en detrimento de una misma. Y la mayoría de los mitos sobre salvación están narrados desde lo masculino. Se dice que Jesucristo, figura central del cristianismo, se sacrificó y fue crucificado para redimir los pecados de la humanidad; su resurrección es la victoria sobre la muerte y el pecado. El dios azteca Quetzalcóatl se considera otro salvador que se sacrificó para crear el Sol y la Luna, y luego viajó por el mundo para enseñar a la humanidad la sabiduría y la civilización.

"Pero también hay historias de mujeres salvadoras, aunque menos conocidas. Coatlicue, que dio a luz al dios del Sol, sacrificándose. Kali, que venció al demonio Raktabija bebiendo su sangre para salvar al mundo. El poder femenino también ha sido clave en la historia de la humanidad, pero ha sido invisibilizado.

"Tanto las divinidades masculinas como femeninas se han sacrificado para traer algo más importante al mundo. Sin duda, el sacrificio es importante pero la narrativa lo ha distorsionado.

—Entonces, ¿qué es el sacrificio verdadero, Cali?

—Es un intercambio con lo divino para transformar la oscuridad interna en luz. No es sufrimiento, es soltar los deseos que generan sufrimiento. En tu caso, tu misión requiere soltar las historias distorsionadas. Eso también es sacrificio: hacer espacio en tus memorias. No es fácil.

Me ofreció un té.

—Toma un poco y escribe lo que sientes.

Puedo ver en su sombra la disfunción de su masculinidad. Al observarlo, pienso en cómo nos marca la relación con nuestras madres y en la programación patriarcal que muchas han perpetuado: la madre que glorifica al hijo, lo excusa por ser agresivo o machista, o la que lo sobreprotege creyéndolo frágil e indefenso, justificando su falta de iniciativa o responsabilidad.

Un hombre es "hijo de mamá" cuando la mujer encuentra razones para excusar que sea huevón, patán, mentiroso, *workaholic*, virtuoso o lo que sea, mientras se niega a ver su falta de madurez emocional.

Me conmueve darme cuenta de que muchas veces ese tipo de hombre me atrae porque despierta mi parte salvadora. Lo conozco bien: mi madre también salvaba a mi hermano y desoía cómo me sentía ante su comportamiento. Aprendí ese guion desde niña.

Entendí que mi exmarido me eligió porque esperaba que asumiera el rol de madre. Cuando perdió a la suya, buscó ser salvado por otras mujeres. Pero yo no era esa figura ideal en la que proyectó esa necesidad. Él oscilaba entre querer salvarse de la mujer y querer ser salvado por ella. Esa dualidad lo volvía demandante, caprichoso, incapaz de aceptar un "no". Se ofendía con facilidad, se sentía regañado, se enojaba y se callaba. No sabía lidiar con sus emociones y disfrazaba de amor la codependencia.

Incontables veces me pidió que resolviera su vida, que tomara decisiones por él, que estuviera siempre disponible. Su inseguridad lo hacía débil ante mi presencia. En lugar de asumir su adultez, buscaba en mí el refugio y la fuerza que antes recibió de su madre. Pero al asignarme ese rol, también esperaba que yo perdonara sus irresponsabilidades, su falta de empatía y su dependencia emocional y económica.

Quiso convencerme de que eso era amor. Pero no lo era. Yo no soy su madre. No soy la madre Teresa, ni una madre narcisista que gira en torno a sí misma. Soy una mujer que no tolera faltas de respeto ni juega roles que no le corresponden.

No dudo que aún llore por el amor incondicional de su madre, ese que no encontrará en ninguna otra parte. Como pareja, vio en mí el cuidado y la contención, pero confundió los límites. Cuidar, nutrir y proteger sí, pero solo en la dosis justa. Mi lugar no era el de su madre: era el de su compañera, su mujer.

—Veo que empiezas a tener claridad —dijo Cali—. Ten presente para futuras relaciones que la energía sexual puede transformar y purificar la sombra, pero esto solo ocurre si es recibida y valorada. Cuando un hombre sigue siendo un niño, proyecta en su pareja a la madre o a la salvadora. Así, la transformación es imposible. Por eso muchos se alejan.

"Actualmente, la mujer es la testigo de la transformación del hombre y de cómo cura sus heridas de niño para entrar en su etapa de maduración. La mujer no es la madre o salvadora que le dice qué hacer, ni la que carga sus problemas o los soluciona.

"Un hombre honorable recibe la ayuda sin sentirse menos, la usa para abrir su percepción. Acepta que necesita abrir su mente y su corazón para evolucionar.

Las palabras de Cali resonaron profundamente en mí. Volví a tomar la pluma y seguí escribiendo.

Cuando apareció con su piel pálida y esa mirada triste, no vi lo que era: vi su potencial. Mi instinto de salvadora filtró la realidad, proyectando lo que podía llegar a ser. Mi necesidad de compañía y el deseo de sentirme amada eran tan intensos que, sin notarlo, me convertí en la que jalaba los hilos. Terminé manipulando la relación a mi modo.

Me da un poco de vergüenza reconocerlo, pero llegué a disfrazar el control de muchas maneras. Incluso recurrí al "poder má-

> gico" para manifestar lo que deseaba y pensé que mi relación sería distinta, que él representaba el escape perfecto pues era distinto a los hombres que me habían sometido o utilizado, parecía inofensivo. Dc cierta manera, que fuera un poco mandilón me hacía sentir segura. Pero al intentar controlarlo, me empecé a preguntar si yo era moralmente inapropiada o solo una manipuladora más. Me pregunté si manipular mi destino sería sano para mí. Mi mente me decía que todo estaba bien, que era por amor. Pero atender solo a la razón nubló mi visión.

* * *

Dejé de escribir para preguntarme: *¿Por qué fui así?* Recordé uno mis momentos más desesperados: hice un ritual con una bruja a quien seguía en redes. Mi esperanza era más grande que las mentiras que aquella "experta" sostenía. Aunque dudaba que un ritual fuera suficiente para atraer a mi alma gemela, seguí sus recomendaciones: que si la Luna en Piscis era ideal, que si Mercurio retrógrado arruinaba todo, que si no le compraba cada una de sus chingaderas el ritual no serviría.

No le creí del todo, pero igual hice clic en el anuncio de Instagram, saqué la tarjeta y pagué 200 dólares. Esperé mi "set del alma gemela" justo a tiempo para la luna nueva.

El día indicado llegó el paquete. No tenía ni puta idea de lo que estaba haciendo. Aunque las instrucciones eran simples, demasiadas cosas complicaban todo. En medio del ritual, una voz me dijo: "La desesperación te ha llevado a hacer muchas estupideces. Has creído en farsantes que te leen la mano o las cartas, y todo eso es una ilusión. Así no vas a atraer a nadie. El universo no funciona así".

Otra voz apareció para convencerme: "Aurora, si confías en la Luna, en tu deseo, en que mereces amor… no dudes. Es posible".

Confié en que me iba a salvar de la soledad de una vez por todas. Rogando en busca de respuestas y con grandes expectativas comencé mi ritual.

Me senté en el centro de un círculo de pétalos de rosa. Encendí cuatro velas en los puntos cardinales, y en voz alta le pedí a Dios, a Allah, a Mohamed, a Jesucristo, a todos los santos, a Ganesha, a los ángeles y arcángeles, a Lakshmi, Parvati y a Saraswati, y también a la Virgen de Guadalupe. Le pedí a mis ancestros, antepasados, previas encarnaciones y al Universo que me trajeran a mi hombre.

Mi ritual de manifestación activó las fuerzas ocultas del Universo y una de las velas se apagó. Lo tomé como una señal: *¡Sí funciona!* Pero una parte se entristeció al verme como a Bridget Jones: amargada por estar soltera, vieja y gorda. La diferencia entre Bridget y yo es que cambié el cigarro por las velas, los helados por los mantras y que mi vida no es tan interesante como para ser película. Compartimos, eso sí, la esperanza de tener opciones como Colin Firth o Hugh Grant.

Prendí un incienso de pachuli y lo pasé por las velas y por mi cuerpo. Al hacerlo, lo vi claro: su porte, su piel tostada, la altura ideal y ojos como los de Jared Leto. Tenía a la mano una hoja donde, con tinta rosa, había escrito las cualidades que debía tener ese hombre. Las leí en voz alta, tres veces, como decía el ritual.

Me avergoncé al ver tantos requisitos, pero es mejor ser *picky* y no aceptar a cualquier hombre. Quiero a Jared, o a un hombre parecido a él. Un hombre que tenga buen sentido del humor, que sea profundo, que ame lo que hace pero que no sea *workaholic*, que tenga raíces pero que le guste viajar, que sea muy atractivo pero que no tenga el síndrome del guapo. Deportista, pero no en extremo. Atlético, pero no un fisicoculturista. Extraordinario amante, pero no mujeriego. Exitoso, pero no mamón. Con libertad financiera, pero que no sea prepotente. Inteligente, pero que no viva en su mente. Masculino, pero no un macho. Cariñoso, pero no empalagoso. Sexy, pero no lujurioso. Sensible, pero no demasiado emocional. Buen padre de familia si tenemos hijos, pero que yo no deje de ser su prioridad. Con buenos amigos agradables, pero no tan unidos que me deje por ellos. Para terminar, que me trate como reina, dama, princesa y su igual, pero que me permita ser yo misma. No pedí mucho, ¿cierto? Lo único que olvidé pedir es que no fuera un hijo de mamá.

* * *

Tomé el silbato y… aparecí dentro de un confesionario.

—¿Qué quieres confesar? —me preguntó Cali, riendo, mientras abría la celosía que nos separaba—. Toma un poco de esta infusión de manzanilla.

"Las experiencias que vivimos están conectadas con las historias de nuestro linaje o muestran deudas pendientes que debemos saldar. La culpa y la vergüenza son trampas que evitan que tomes responsabilidad, porque son excusas que te alejan de la aceptación.

"Los aspectos sombríos de nosotros mismos son difíciles de ver, porque se disfrazan de justificaciones y escapes confusos. Desde esa sombra, la idea del amor se distorsiona y se confunde con la necesidad de salvar cuando la justicia falla.

"Para avanzar en tu destino y evolución, es necesario desmontar el capitalismo del individualismo y la confusión de roles que dominan el planeta. Ahora los hijos quieren ser los padres de sus padres, los hermanos paternan a los hermanos. En algunas parejas, los hombres educan a las mujeres, y, en otras, las mujeres los educan a ellos. No podemos ser los padres o madres de nuestras parejas. Las configuraciones y roles que se alejan del ecosistema genético familiar crean disfunción en la relación.

"Ahora vamos a explorar otras memorias para que entiendas que tu misión empezó antes de que fueras consciente de ella.

* * *

Aunque habíamos terminado hacía diez años, decidí escribirle. Estaba cerrando ciclos con mis exparejas, y sabía que esa historia en particular seguía abierta. Durante mucho tiempo evité mirarla de frente. Me daba miedo lo que todavía me movía: el dolor de corazón que me provocó, lo mucho que me gustaba y ese primer desgarre emocional que me marcó. Sentí que por fin era momento de verlo con ojos nuevos, sin la niebla de la idealización ni los dramas dignos de una película.

Me respondió. Quedamos en vernos al día siguiente en mi casa, a las nueve de la noche. Tenía un compromiso previo y no pude cancelarlo, así que llegué media hora tarde. Venía nerviosa; revivirlo me excitaba y me incomodaba. En el coche pensaba en esa etapa confusa en la que me ilusioné sin medida. Aún me daba coraje recordar cómo se comprometió con otra sin decirme nada, y cómo después desapareció sin darme la oportunidad de tener un cierre.

Cuando llegué, estaba afuera, parado, con la misma mirada dura que tanto me excitaba. Se veía más guapo que cuando éramos novios. Me acerqué, preparada para su reclamo, pero en cambio sonrió.

—Hola, bailarina, han pasado muchos años —dijo y me abrazó.

Ese abrazo me desarmó. Sentí paz. Y también el corazón latiéndome fuerte. Aún lo amaba. En el elevador el silencio era tan denso que pude sentir el calor de su cuerpo y lo deseé sobre mí, abajo de mí, atrás de mí, de un lado y del otro.

Al entrar a casa, nos sentamos en el sillón y me pidió que pusiera *Concierto para violín número 3* de Paganini, la música que atrapaba los sentidos. Apenas sonaron los primeros acordes, su olor confirmó que la química seguía viva, intacta a pesar de la ira, los resentimientos y la tristeza. Todo lo que había querido decirle se esfumó. Mis labios se ocuparon de los suyos, y él me devoró con la desesperación de siempre y me comió entera. El fuego se apoderó de nosotros y permití conscientemente que me hiciera todo aquello que lo prendía y que a mí me fascinaba: lamerme el cuello y la clavícula… Perdió la paciencia con mi blusa y la rompió de un tirón. Los botones volaron, al igual que los recuerdos dolorosos. Me dejé hacer todo lo que a él lo encendía y que a mí, en secreto, me encantaba. En cada movimiento me recordaba cuánto me gustaba que me hiciera el amor, aunque esta vez no sentía amor: solo un deseo furioso, puro.

Al desvestirlo, vi todo lo que me gustaba de él... y también lo que no había querido ver antes.

Se puso el condón y me penetró en un movimiento seco que hizo sonar mis nalgas y me arrancó un gemido de placer. Me tapó la boca con una mano, rodeó mi cuello con la otra y me recordó lo mucho que me excitaba pertenecerle. Con devoción hacia su "yo" dominante, mi mujer sumisa se encendió al recibir sus órdenes. Enredó sus piernas entre las mías, dejándome inmóvil, atrapada. Mis orgasmos se intensificaban con su pasión, al tener otra vez en mi cama al hombre que tanto había deseado. Lo recibí con todo, sin miedos, sin etiquetas, sin control. Me dejé tocar, dominar y poseer como quiso. Su placer erecto encendió el mío hasta hacerlo estallar. Por un buen rato quedamos envueltos en el aroma del orgasmo, abrazados, respirando el amor en silencio.

Lo miré semidormido y lo vi con otros ojos: el hombre que nunca salió del lugar donde lo dejé, atrapado en la necesidad de ser salvado y en su eterna evasión de la soledad. En guerra con su mente pesimista, que saboteaba su talento con los caprichos de su ego. Vi también su deseo de recuperarse a sí mismo, creyendo que yo lo cargaría. Entonces le dije:

—No pude ser tu salvadora, no pude ser tu sanadora, pero pude sanar contigo.

Mientras nos vestíamos, le pedí que me escuchara.

—Aquí estoy, bailarina. Dime, ¿qué quieres cerrar?

—Por mucho tiempo quise entender qué pasó entre nosotros.

—¿Quieres que te lo diga?

—Sí.

—Me dolió que no me acompañaras al rodaje y terminaras conmigo. Sentí que no era tu prioridad. Cuando hablé con mi ex, me pareció más sensato comprometerme con alguien que me había sido leal durante años. Te portaste mal conmigo. Aunque te perdoné hace tiempo, sí me dolió; en verdad me gustabas.

Me sorprendió, su historia era diferente a la mía.

—Pero no te dejé. Quedamos en que te alcanzaría dos semanas después. Incluso te ofrecí ir los fines de semana.

—Puede ser, no me acuerdo bien. Pero lo que sentí fue que yo no era tu prioridad y para mí eso es importante al elegir una pareja.

—¿Y por eso te comprometiste con tu ex sin avisarme? No sabes lo que fue enterarme por un chisme de amigos. Eso pasó dos días después de que hablamos y tres antes de que yo viajara a verte.

—Pero sí te hablé y te dije que la iba a ver, que ella quería regresar conmigo.

—Sí, eso me dijiste, pero se te olvidó decirme que le ibas a dar el anillo.

Se molestó un poco.

—Tú fuiste quien me dejó, no cambies la historia.

Al ver que solo escuchaba su propia versión, entendí que no iba a responsabilizarse de nada. Lo más fácil era culparme. Cada uno tenía su relato, y era imposible acordar el mismo. Lo valioso fue el reencuentro: nos hallamos, hablamos, nos abrazamos... y eso fue todo. Al cerrar la puerta, supe que el ciclo se había cerrado. Me quedé en paz.

Pasaron los meses. Había archivado su recuerdo hasta que una amiga me contó que él decía que le había roto el corazón otra vez.

Que solo tuvimos sexo y después lo dejé en "visto". Es cierto, no respondí un par de mensajes: no quería empezar de nuevo ni confundirnos. Pensé que él lo había entendido. Me dolió confirmar que seguía siendo la víctima de su cuento, mientras que yo, otra vez, era la cabrona.

* * *

Cali me abrazó, procurando reconfortarme.

—Muchas veces uno tiene que cerrar sus ciclos y sanar sus heridas, aunque ante los ojos de los demás no se entienda. Se necesita mucha claridad, tú lo lograste y con tu energía sexual transmutaste y le diste un regalo para sanar su corazón. Él no estaba listo para verlo, pero lo hará; aunque eso ya no es parte de tu historia.

"Es tiempo de reconocer el aprendizaje de tu experiencia y no juzgar la forma en que cerraste la relación; era lo que tu guía interna te dictó. Ahora vamos por un momento al cine.

Desde una butaca pude ver objetivamente la misma historia proyectada ante mis ojos sin experimentar las emociones.

—Es tiempo de ir a otra memoria que aparecerá en la pantalla, quiero que notes la diferencia entre ser la memoria y poder observar la memoria. ¿Quieres unas palomitas?

—No, gracias, estoy satisfecha.

—Muy bien, no necesitas llenar ningún vacío. Eso es una buena señal.

* * *

Desde adolescente, él ya estaba en mi radar como uno de los hombres más guapos del país. Aunque convivimos un par de veces, siempre lo sentí lejano. No porque fuera inalcanzable o yo no le atrajera, sino porque yo misma puse esa distancia. Una forma de protegerme de él... y de su historia.

Habían pasado algunos años desde la última vez que lo vi, y de pronto apareció en una fiesta. Sentí arena bajo mis pies mientras lo observaba a lo lejos, dejándome llevar por la belleza de su presencia. En un descanso, después de bailar durante horas, me acerqué a una fogata para conversar con un amigo que no veía hacía tiempo. No sabía que ese reencuentro lo llamaría. Se unió a la plática. Hablamos los tres un rato hasta que, sin darme cuenta, él fue acercándose cada vez más. En cuestión de minutos, ya estábamos solos, besándonos en una barca encallada en la playa. Besos suaves, dulces, con una energía pura y deliciosamente inesperada.

Me invitó a unirme a él y sus amigos para ir a un concierto en otro hotel. Algo dentro de mí me pedía que no fuera, aunque la seducción, el deseo y el ego querían decir que sí. Eran muchos años de conocernos y atraernos; por fin podíamos concretar no solo lo que yo deseaba, sino lo que él mismo me confesó haber querido. Aun así, dije que no. Le di mi teléfono y acordamos vernos al día siguiente.

Nos encontramos en Holistika, mi segunda casa en la selva de Tulum. Un espacio que me daba alegría: ahí bailaba, hacía yoga y convivía con una comunidad vibrante. Desayunamos juntos. El calor selvático, sumado a su perfección, me hacía desmayarme sutilmente. Entonces, me dijo:

—Quiero ser un mejor hombre... y sé que contigo podría serlo.

Una alarma roja sonó dentro de mí. Le tomé las manos y algo mágico sucedió entonces: al tocarlo, vi su historia y me transporté a su infancia.

Su padre lo golpeaba sin razón, mientras él se cubría el rostro con los brazos o salía corriendo bajo los gritos de "eres un cobarde". Vi cómo un día, de pura rabia, golpeó una pared; tenía aún la cicatriz en la mano. Podía presentir una futura artritis si no lograba sanar.

También sentí su enojo con su madre por no protegerlo, por abandonarlo emocionalmente. Ese abandono sembró en él un resentimiento profundo hacia las mujeres, lo que lo volvió déspota, adicto al drama y a las drogas.

Abrí los ojos. Su mirada me devolvió al presente. Vi su alma, su nobleza escondida bajo capas de heridas. Vi su esencia. Su potencial fue lo que me atrapó. Me besó otra vez y me pidió salir con él. No supe decir que no. Fue difícil enfrentar esa verdad: yo veía todo lo que era y todo lo que no podía ser... pero no era mi papel decírselo.

No fue sencillo sublimar el deseo ni ser honesta conmigo misma. Yo no quería ser la mujer que lo salvara. Quería una pareja que ya se hubiera salvado a sí misma. Días después, por mensaje, le dije que no podía verlo. Su reacción fue evidente: lo herí. No estaba acostumbrado a que una mujer le dijera “no”.

No lo volví a ver en mucho tiempo.

* * *

La película terminó. Cali y yo caminamos de regreso a la capilla mientras ella me decía:

—Es un momento hermoso cuando la mujer se percata del poder y de los dones que tiene. Hoy descubriste que puedes ver la historia, la información genética y la energía del hombre. Puedes mirar sus heridas, patrones y dinámicas. Este fue un avance importante, ya que te diste cuenta muy rápido de que ya has cambiado tu historia con algunas decisiones de tu vida. Pronto entenderás qué hacemos en esta capilla.

* * *

De alguna manera desperté sintiéndome tranquila, como si realmente hubiera sanado un mal latente que aún no reconocía. Me levanté de la cama, la tendí, puse en orden mi espacio y me senté a escribir mis aprendizajes antes de comenzar el día.

13 de diciembre

¿Qué pasó con el príncipe, el dios, el gobierno o el doctor que me salvarían? Si ningún hombre, ningún dios, ningún gobierno, ninguna píldora mágica me ha salvado, ¿por qué seguía creyendo que la salvación existía? ¿Quién nos salva? ¿De qué nos tienen que salvar?

Es una ilusión cruel pensar que la salvación es la ausencia de dolor y sufrimiento, el antídoto contra todo aquello de lo que huimos o no queremos enfrentar. Pero la vida no es así: nadie puede evitarnos vivir lo que nos toca. Además del dolor y el sufrimiento, también aprendemos y evolucionamos. La salvación no es lo que nos va a dar la felicidad ni la realización de nuestros sueños.

Quienes ofrecen salvación nos prometen que ya no tendremos que ver por nosotros mismos, que no sufriremos ni padeceremos, que no habrá miseria ni retos laborales, que viviremos sin dolor físico, sin accidentes o incluso sin muerte. Por eso, cuando caemos en esas promesas, nos desconectamos de la realidad y terminamos atrapados en el síndrome del salvador.

Antes, esperaba a mi héroe o quería ser la heroína de alguien. Ahora pienso en mí. Creía que podía prevenir el dolor, el sufrimiento y los aprendizajes de mis propias historias. Y esa misma voz me decía que era mi responsabilidad salvar a los otros, priorizar su cuidado antes que el mío.

Como todos, he caído en el engaño de la salvación. Primero para salvar mi propio pellejo, después en relaciones con hombres que querían controlarme o cambiarme creyendo que me estaban rescatando. En otras ocasiones, fui yo quien intentó salvaguardar al hombre.

La salvación va más allá de la ilusión y la esperanza de que podamos cambiar, transformar o sanar a alguien. Ser la salvadora es agotador: implica bajar nuestros niveles de energía, minimizar nuestras cualidades positivas como el optimismo, incluso fingir no ser inteligentes para estar en la misma página que ellos. Esa voz salvadora nos exige hacernos pequeñas. Es una voz patriarcal que nos lleva a cumplir con cualquiera de estas tres conductas.

Es una voz que no quiere que las mujeres despierten envidias, que lastimen los sentimientos de los demás, que provoquen celos o inseguridades, o que piensen en sí mismas. Ser salvadora es otro disfraz de la voz de la santa, que nos exige ser mujeres buenas, generosas y complacientes. Las que siempre estamos ahí para los demás, las que decimos que sí a todo... menos a nosotras. Las que siempre estamos disponibles.

Salvar a los demás requiere muchísima energía y esfuerzo. Nos convierte en lectoras sensibles, capaces de detectar qué quieren y necesitan los otros para dárselo en el momento justo. Requiere que no cuestionemos lo que piden o desean, e incluso que pongamos en duda nuestros propios valores, principios y límites.

Como muchas otras, mi entrenamiento para ser "una buena mujer" me llevó a hacer todo lo posible para que mis relaciones sobrevivieran y sostuvieran al hombre. He dejado de brillar para que él brille. Y si detrás de todo gran hombre siempre hay una mujer... he sido yo quien se agacha constantemente para tomarlo de la mano y sacarlo de los hoyos donde cae.

He dejado de celebrar mis éxitos, mi gloria, mi felicidad, para que él no se sienta mal por mis logros. Y si a mí me va bien y a él no, tengo que fingir que no estoy feliz para no herirlo. Sostener una relación desnivelada no es fácil. Tratar de sacar a otros de su depresión, su negatividad o sus traumas cuando no se hacen responsables de sí mismos no es sencillo. Ser la mujer y el hombre de la casa, y además encargarme de todo en el hogar, no es sano y me saca de balance.

Si soy la salvadora, porrista, madre, hermana, terapeuta y proveedora... ¿dónde queda la mujer, la amante y la reina?

No estoy aquí para salvarme, estoy aquí para sanarme.

7

LOCA DE AMOR

Ser divorciada es el estado civil más liberador y confuso, ya que se derrumba la idea del cuento con final feliz, pero a la vez te permite encontrar el regalo de la transformación y la decisión de explorar la diversidad del hombre. Esto lo pensé después de haber cumplido con mi agenda diaria, cuando me preparaba para dormir mientras bebía un té relajante. *Si ese no fue mi final feliz, entonces puedo construir uno*, pensé. Inspirada por las musas, decidí que viajaría a Grecia cuanto antes. Era una buena forma de arrancar el nuevo año. Navegué brevemente en internet, compré los primeros boletos que encontré, qué más daba: era mi dinero y mi tiempo. Me embargó una emoción brutal acompañada de un deseo por experimentar con más intensidad la influencia de las musas. Saldría al día siguiente, por lo que empaqué a toda prisa, organicé algunos pendientes y me acosté para estar lo más fresca posible para el vuelo.

Si, por un lado, mi separación me llevó a dejar morir el deber ser (la esposa obediente, la madre del hijo que todos desearían tener, la hija perfecta que se casó como Dios manda, etcétera), el divorcio me mostró la valentía que tengo y me enseñó que el proceso de adaptación para relacionarme sin el sueño color de rosa toma su tiempo. Me enfrenté con algunos retos, como entender que el romance es efímero y que el compañerismo es algo único y difícil de encontrar. Por otro lado, mi condición de soltera 2.1 me dio la posibilidad de planear mi vida día con día buscando satisfacer mi verdad y no la de alguien más. Mi viaje a Grecia fue el inicio de la gran aventura que me llevó a descubrir distintas facetas de mí en relación con los hombres. Fue el comienzo de historias que jamás me hubiera imaginado vivir.

Una vez en el avión, me acomodé en mi asiento, pedí un té, apagué la pantalla y me dediqué a reflexionar sobre todo lo que estaba experimentando.

En esta nueva oportunidad de reconocer que empezaba de nuevo, decidí regalar todos los muebles y la cama que compartía con mi ex. Me mudé de ciudad, cambié de trabajo y me presenté ante la sociedad como la mujer soltera que era. No el tonto estatus de "la divorciada", que crea un estigma social de fracaso. Desde este nuevo lugar, modifiqué mis rutinas y mis formas de ser.

Las ventajas del divorcio son increíbles. Por fin podía volver a ser esa mujer exploradora que siempre fui desde adolescente. Ahora salía con hombres, conocía gente nueva y solo pensaba en divertirme. Era una sensación diferente estar en una cita sin imaginar que ese hombre sería mi esposo o sin estar pensando en una segunda oportunidad con un amor platónico.

Ya no tenía la presión de buscar al protagonista de mi próxima boda perfecta. Salir a cenar sin compromiso era liberador. La incertidumbre despertó en mí sensaciones que la rutina del matrimonio había adormecido. Fue una bendición volver a sentir mariposas en el estómago y esa subida de dopamina cuando un hombre me besaba en la puerta, sin saber si lo volvería a ver.

El primer año en el que acepté mi nuevo estatus fue distinto y muy divertido. Poco a poco, el interés por tener pareja se fue diluyendo. Mi cuerpo disfrutó de experiencias de sexo casual que nunca antes había vivido. Descubrí la emoción de la dopamina y los nervios de la incertidumbre. Tenía todas las posibilidades para hacer realidad mis fantasías románticas y sexuales.

A los pocos minutos de aterrizar, ante la quietud de las aguas cristalinas que reflejaban la pureza de mi corazón, el romance de mi mente y la extravagancia de mis palabras, no pude más que decir: "¡Estoy en el paraíso!".

Mientras flotaba de gozo, disfruté ver las nubes cambiar de tonos rosas a naranjas en aquel atardecer que de forma lenta limpiaba mi mente. El movimiento sutil del mar Mediterráneo le dio tranquilidad a mi cuerpo y la caricia del viento bendijo mi vida. En las islas griegas, el suspiro de los dioses emanaba del aire y la fuerza de los rayos del sol. La furia de las diosas se percibía en sus volcanes, y el amor en sus tierras y mares. En las noches escuchaba sus mensajes cuando el viento tocaba a mi puerta inspirando mi voz creativa. Las podía sentir en el sonido de la marea que traía la ecuanimidad a mis emociones; las vi en los colores y formas que me rodeaban bendiciendo mi visión y las percibí en las flores, plantas y rocas que nutrían la belleza.

En mi pequeña casita blanca, acompañada de una hermosa buganvilia y los huele de noche, respiré la visión de Apolo, la sensualidad de Afrodita, el éxtasis de Dionisio y el amor de Eros. De mi pluma surgió un encuentro con lo más escondido dentro de mí: un puente que expresó mi amor divino y carnal a través de palabras románticas y eróticas. Aquellas letras y pausas crearon tensión, fascinación, misterio y curiosidad. En esos momentos me entregué a la voz de estos dioses y diosas, recordando que mi existencia iba más allá de la supervivencia.

Los rayos del sol, con sus propiedades sanadoras, besaron mi piel y escuché a Apolo quien me dio el poder de la intuición y la visión que me ayudaron a entender la fe.

Al tocar la espuma del mar, Afrodita iluminó mi belleza, mi sexualidad y mi amor. Me dio la habilidad de tener poder sobre las emociones del deseo y la lujuria. Al sentir la ira de Afrodita, me dotó de temperamento; me recordó que soy caprichosa, caótica y que he sido rompecorazones.

La bebida de las uvas griegas me presentó a Dionisio, quien liberó mi espíritu de las normas sociales establecidas. Muchas veces me sacó de control, me indujo a la euforia y otras me llevó a la locura. En cada sorbo sentí los extremos y los puntos del erotismo que había querido vivir.

Eros dio vida a mis deseos y me otorgó el poder de inspirar la pasión en otros. Activé el amor en su exuberancia y por una poción que me intoxicó. Le agradecí por despertar en mí la entrega que me llevó a perseguir el placer. El erotismo me brindó lo que los dioses me ofrendaron: no estaba allá afuera, no hay ningún ser humano que me diera los mismos atributos, las sensaciones, la vida que me dieron las divinidades en este cuerpo. Seguiría siendo fiel a su guía, seguiría entregándome a la magnificencia de sus poderes, recibir sus regalos y dejar de cuestionar su voluntad.

Por la noche, mientras estaba acostada entre mis sábanas de algodón, una mujer en mis sueños interrumpió mi sublime experiencia en Santorini, y aparecimos sentadas en un salón de mármol púrpura en el cual solo había dos sillas rojas.

* * *

—Aurora, ¿cómo llegaste a estos archivos? Me descuidé un momento y abriste uno que no estás lista para ver, veo que la inspiración te abre canales.

"Hay que estar listo para aceptar los regalos de los dioses. Aún tienes que pasar por un proceso de purificación y transformación para poder abrirte a esta experiencia. Debes conocer las partes de ti que ignoras o que no has podido ver en su momento. Tu alma quiere adelantarse, pero tendrá que esperar ya que el acercamiento divino requiere que alcances un estado de pureza.

"Por lo pronto, yo estoy aquí para inspirarte. Soy Erato, la hija de Eros; nací en el momento en el que mi padre lanzó sus flechas hacia el corazón de la poesía. Represento el honor de la belleza y la gracia de la poesía romántica que tiene su origen en el poder del amor y de la atracción. Eros y Afrodita incitan deseos, atracciones y bellezas que pueden ser demasiado poderosos para los humanos si no tienen una preparación y pureza en el corazón para recibirlos. Mi padre se dedica a lanzar flechas para crear atracción física y le da vida a la energía del deseo. Mi función es más sutil, es la expresión de la belleza del amor a través de las letras y las historias. Puedo notar que tienes mi linaje.

"Por ello debes prepararte de forma consciente para recibir los regalos. La labor de las musas es inspirarte y la de los guías es protegerte para que vayas sembrando las semillas de la consciencia que, al crecer, te darán la habilidad para recibir estos poderes. Si aceptas estos regalos sin estar lista puedes exponerte a una intoxicación que te lleve a la adicción. Como todos los dioses, a Eros también le gusta poner a prueba a los humanos al impulsarlos a buscar la belleza y a crear conexiones con los demás para vivir de una manera más significativa. Muchas veces, lanza su flecha con una infusión de manía que hace que las personas se comporten de manera irracional o impulsiva y llegan a obsesionarse hasta el punto de perder control de sus acciones. Son pruebas.

—Entonces, ¿existe una adicción al amor o al sexo?

—Si tu deseo es excesivo y desequilibrado, sí. Te puede llevar a la pérdida de control, a una búsqueda compulsiva de la experiencia del amor, ya sea a través de la obsesión o persiguiendo el placer sexual. La energía sexual es muy poderosa y necesita una salida. Esta salida es la que los humanos tienen que aprender a refinar y transformar.

"Tu misión es escribir, permite darle voz a todos estos atributos, atracciones y deseos sin apegarte, sin forzar o sin tomar acción. Simplemente permítete sentir estas emociones, exprésalas y vívelas en tu mundo individual a través de las palabras, la poesía o las historias. En las letras no hay peligro si compartes esta fuerza erótica. Por milenios he inspirado a grandes amantes y poetas a escribir sus deseos. Vamos a llevarte a uno de tus archivos, te pido que observes qué flechas te llegaron.

"Toma un poco de té. El loto azul y la damiana combinados te llevan a la raíz del deseo; permite que tus mariposas salgan a volar.

* * *

Lo encontré por azar, estaba recargado en una silla en la librería del barrio. Su actitud era ligeramente arrogante. Vestía un pantalón de algodón y un saco de corte italiano de mediados del siglo XVIII. Y así me di cuenta de que estaba en una memoria de una vida pasada. Al escucharlo hablar sobre un libro con un hombre que estaba a su lado, me quedó claro que era un conocedor de las letras. No era atractivo, pero su personalidad parecía interesante; definitivamente capturó mi atención. Él percibió mi interés y se acercó a mí:

—Señorita, ¿le puedo ayudar a encontrar algún libro? La noto un poco perdida.

—Estoy buscando *El arte de la mitología griega* y libros que sorprenderían a Eros y Afrodita.

Se asombró ante mi determinación.

—Disfruto que una mujer tenga intereses tan diversos. Sígame, es por aquí.

Me llevó a un lugar más privado de la librería y tomó de la segunda repisa un libro que estaba muy escondido.

—Este es el que le recomiendo; *Justine* del marqués de Sade. No es un mito, pero considero que es uno de los mejores libros de erotismo. Sé que no es lo que me pidió, pero me parece que satisfará su búsqueda.

Su lenguaje elocuente y formal me sorprendió.

—Muchas gracias.

* * *

Al salir de la librería, caminé apresuradamente a una banca del quiosco del pueblo. Al abrir el libro vi un mensaje:

> Afrodita:
>
> El placer de encontrarte se extiende a través del tacto de mis palabras. Quiero escuchar tu dulce voz deleitándome con tus deseos.
>
> Tuyo, Eros

Y así comenzamos a escribirnos.

> Querido Eros:
>
> Mis palabras son un conjuro para buscarte. Quiero hacerte el amor con ellas, llevarte al éxtasis, abrirte al placer y a los cielos. Te imagino en mí: arrodillado, besando mi sexo durante un largo rato, sintiendo mi humedad. Luego, penetrándome poco a poco, mirándome a los ojos encendidos de deseo. Te haré sudar, gemir y perderte. Mi boca envolverá tu falo, mi lengua lo recorrerá hasta hacerlo vibrar dentro de mí. ¿Sabes? El deseo extendido puede convertirse en amor. Puede volverse apego, consciencia o éxtasis. Y tú, Eros, ¿qué querrías hacer conmigo?

> Afrodita querida:
>
> Tus palabras incendian mi cuerpo. Mi piel se eriza con solo imaginar tu lengua y tu boca celebrando cada parte de mí. Me veo dentro de ti, envuelto en tu humedad, sintiendo cómo me tomas con esa mezcla perfecta de ternura y voracidad. Tus gemidos me llaman, tus caderas me guían, tus ojos me atrapan. Deseo devorarte, pero también adorarte. En tu cuerpo quiero encontrar no solo placer, sino ese portal donde el deseo se vuelve espíritu. No quiero apresurar nada: quiero descubrir cada rincón de ti, perderme en tus formas, en tu aliento, en tu ritmo. Y si el deseo nos lleva más allá, si muta en amor o en algo que aún no tiene nombre… entonces déjame perderme en ti para hallarme de nuevo. ¿No te gustaría descubrir todo lo que podemos hacer, más allá del cuerpo, en la profundidad de la entrega?

Con un "manos a la obra", decidimos encontrarnos. El intercambio de palabras y la habilidad erótica que compartimos quedó plasmada en las letras de nuestras almas creativas. La tensión sexual que construimos me llevó a querer más de él; el erotismo me sobrepasó y comencé a darle un nombre y rol a un hombre del que aún no sabía mucho. Lo que me prendió se empezó a apagar en cuanto apareció la obsesión por pasar del papel a la acción. Pensaba: *¿Será que esta relación es sana para mí?* Sus palabras me excitaban, sobre todo por cómo jugaba con ellas: *Si así las utiliza me da curiosidad saber cómo usará su cuerpo.*

Al vernos en la habitación del hotel, las palabras se disolvieron en una pasión desbordante. Su sonrisa me hipnotizó y sus palabras me endulzaron el oído de tal manera que no tuve otra opción más que someterme a la seducción lingüística. Sus manos tocaron mi corazón, me miró fijamente a los ojos y me dijo: "Gracias por estar conmigo", dándole la bienvenida a nuestro amor.

Cubrió mi cuello con besos que despertaron su temperamento que se movió cerca de mi rincón que llevaba meses esperándolo. Al llegar a la cama se mojó los dedos con un poco de saliva y me lubricó el sexo, pero iba demasiado rápido y yo no estaba lista, así que retiré su mano y me subí sobre él. Su falo se relajó de más por lo que me tumbé a su lado. Con delicadeza le dije: "Mañana lo intentamos de nuevo, debes estar cansado". Decepcionada salí de la habitación, pero decidí darle otra oportunidad; tal vez sí fue el cansancio.

Al día siguiente, al llegar a su habitación lo encontré sentado tomando una taza de café. Noté la tensión del poeta en sus manos y la sonrisa del detective que descubrió su pista dibujada en su rostro; me pareció que escondía algo que no podía descifrar. Me miró con deseo y se acercó a mí para tomarme del cuello y fundir mi boca con la suya en un beso largo; las lenguas finalmente se encontraron en la estela del placer que recorrió nuestros cuerpos hasta llegar a mi punto erótico. Mi flor se ensanchó de placer, mi atención se perdió en ese lugar y sin darme cuenta ya estábamos dentro de la cama desnudos. Me colocó arriba y comenzamos a jugar al sube y baja, era el encuentro de nuestros sexos sometidos al placer exquisito de la movilidad de su falo que me penetró con fervor tocando mi ser creativo que lo esperaba con ansias. Se perdió en su placer por un momento olvidando que yo era partícipe, pero regresó en el momento que lo volví a encontrar con mis labios y, entonces, juntos recibimos el erotismo de las palabras en nuestros cuerpos. El elixir que se desprendió de ellas se convirtió en ese momento en mi droga predilecta. Salí de su habitación con su nombre tatuado en mi corazón. Durante la espera de volverlo a ver, aguardé inquieta la llegada de su carta que tardó una semana en estar en mis manos.

Querida Afrodita:

Te deseo un cumpleaños lleno de luz y magia en cada célula, que irradies el perfume de los dioses todo el año. Mañana recorramos juntos la sensualidad: mis manos sobre tu piel despertarán cada sentido hasta elevarte como la diosa salvaje y orgásmica que eres. ¿Te gustaría que aparezca como un tigre suave y sedoso para hacerte el amor... suave, suave, suave?

Eros querido:

Las sensaciones en mi cuerpo se despertaron pensando en tus manos recorriendo mi espalda. Te siento adentro y te envuelvo con mis piernas guiándote hasta llevarme al orgasmo. Espero que mis palabras te hipnoticen como las tuyas lo han hecho conmigo y que una comunión erótica y sensual con todo lo que nos rodea se apodere mañana de nosotros. Aparece y hazme tuya.

* * *

Salté en mis recuerdos. De pronto aparecí en una librería diferente. Escuché la voz de un hombre que me causó desconcierto, ya que quería besarlo pero al mismo tiempo me generaba aversión.

—Y, ¿qué haces en la librería del hotel? ¿No deberías estar en la fiesta?

—¿En cuál fiesta? —pregunté desconcertada.

—Seguramente también estás viajando en el tiempo, espero que te diviertas. ¿Vienes a la fiesta?

—Sí, en unos momentos voy —no entendí a qué viaje se refería ni tampoco de qué fiesta hablaba, pero supe que era él, Eros, pero en otro tiempo, en otra vida. Quizá a eso se refería cuando decía que estaba viajando en el tiempo.

Salí y me encontré con una gran fiesta de música electrónica con espectaculares láseres multicolores y gente que bailaba frenética con su copa de licor en la mano y otros con botellas de agua para tomar pastillas o polvos mágicos. Al ver la escena me invadió una sensación agridulce: estaba en el lugar de la dualidad. Mi querido Tulum, el que visitaba desde hacía más de veinte años, había pasado de ser un lugar virgen, puro y paradisiaco en el que nadaba desnuda en el mar con mis amigas, al lugar de moda para todos los que buscaban la espiritualidad o la fiesta. Durante el día, muchas actividades solo eran promesas vacías de "despertar espiritual" y falsos chamanes ofrecían sustancias caras a los esnobs espirituales que aparentan ser muy evolucionados y confunden permisividad con un proceso cultural; creen que el solo hecho de liberarse de restricciones, como permitirse consumir drogas psicodélicas, practicar rituales sin contexto o adoptar la cosmovisión indígena, constituye una forma de evolución personal o colectiva. Pero no hay un verdadero entendimiento, respeto ni transformación cultural de fondo, sino solo un uso estético, desinformado o egoísta de ciertas prácticas bajo el disfraz de "proceso espiritual".

Su voz interrumpió mi tren de pensamiento:

—Ven conmigo.

Me llevó a su habitación. Aunque en esta vida era un extraño, mi cuerpo podía recordar sus cartas y el encuentro sexual previo; tenía la sensación de que continuábamos algo que teníamos pendiente. Respiraba rítmicamente en mi cuello a la vez que sus manos me apretaban con fuerza, acercando mi busto a su pecho. Yo pertenecía a sus brazos, mi corazón estaba hecho a su medida. Me jaló del pelo, me penetró hasta el fondo y me mordió el cuello suavemente sin que pudiera escaparme; yo arañé su espalda. Cogida bien cogida. Gemí en su oído y, al intentar escaparme, no me soltó. No sabía qué hacer con tanto placer. Continuaba moviendo su cadera con ritmo delirante: me atormentaba la idea de rendirme ante él, de ceder a la facilidad con la que me llevó al orgasmo. No estaba acostumbrada a sentir tanto placer y no sabía qué hacer con eso. Me daba miedo sentir más, así que le pedí que termináramos. Él me respondió:

—Confía en el placer. Permite que sea tu guía.

Rendirme al placer me provocó un mareo de miedo, excitación y resistencia.

Mientras esperaba a que terminara de obtener su *hit*, mis pensamientos me atormentaban. Él logró lo que quería: su droga, su *high*. Yo quedé aparentemente en el bajón y sin control. Sin embargo, a pesar de sentirme así, esa química sexual me hizo desearlo y querer más orgasmos. Fue muy extraño, pues sentí que me convirtió en una adicta a la droga de lo que yo creía que era el amor; aunque las drogas no son lo mío, creo que debe sentirse así. Ese fue el día en que comenzó mi adicción a él. Teníamos sexo casi a diario, pero no me satisfacía por completo, casi siempre me daba una "dosis menor" de la que realmente necesitaba. Aunque el sexo tenía que ver más con su placer que con el mío, los neurotransmisores prendían el *switch* al más alto voltaje cuando lo tenía cerca.

Se marchó unos días y me quedé insatisfecha, en un estado de ansiedad incontrolable. Luego la separación se extendió y desapareció durante meses. Estaba desconcertada al no recibir ni un mensaje y desesperada por tenerlo de nuevo en mi cama. Me faltaba el aire, mi sexo me dolía, mis impulsos se salían de control y buscaba cómo saciarlos. En ese momento, acepté que él no era bueno para mí, que nos unía una toxicidad que alimentaba una adicción de la que únicamente podría escapar alejándome. Era mi droga predilecta que me llenaba de placer y de una satisfacción inmediata, aunque no me saciaba por completo. Al ser mi droga, tenía que pagar un precio muy alto: aguantar sus excusas sobre sus altibajos emocionales que lo llevaban a tratarme mal y a ignorarme cuando quería. Ya no me importaban sus palabras románticas ni sus gestos con los que trataba de mostrar interés. Lo único que quería de él era que saciara mi química y sentir los extremos a los que solamente él me había llevado. Lo único que quería era su falo en mi coño. Oficialmente era una codependiente y escaparme no fue fácil.

Vivía obsesionada, me mordía las uñas, pensaba incluso en conseguir otro *dealer*, otro hombre que me satisficiera sexualmente, pero mi obsesión era tal que no conseguía escapar. Nada saciaba las sensaciones que con él obtenía. Lloré, recé, mendigué y maldije mi amor por él. Quería sentir su química en mis venas y beber de su remedio de amor. Pensaba y gritaba: "¡Te quiero ahora! ¿Dónde chingados estás?".

* * *

De pronto experimenté un extraño vértigo y sentí que un torbellino me elevaba por el aire. Frente a mí pasaban imágenes y recuerdos diferentes, pero conectados de alguna forma. Era como si estuviera viendo escenas de dos películas distintas, pero interpretadas por el mismo actor. Entonces entendí: los recuerdos de esta vida comenzaron a mezclarse con los de la vida pasada con Eros. Habíamos vuelto a encontrarnos. Vi ante mis ojos fragmentos de las cartas que intercambiábamos. Luego sentí el vacío de su ausencia. Hasta que un día, después de meses sin tenerlo cerca y sin noticias suyas, recibí una carta. Inhalé con fuerza para encontrarme de nuevo con él a través de las letras.

Querida Afrodita:

Mi mente está consumida por el recuerdo de nuestra última unión. La huella de tus uñas en mi piel es un recordatorio de tu esencia, en la cual anhelo sumergirme profundamente con la pasión de cada fibra de mi ser. Deseo llevarte a los límites más extremos del placer consumiendo a su paso todo aquello que te aleje de nuestro amor. En el silencio de tus poros respira el éxtasis; permite que se liberen las cadenas de la razón y nos elevemos a un reino donde el tiempo y el destino están en alianza con nuestros corazones. En el rencuentro nos amaremos sin límites.

Querido Eros:

Mi cuerpo aún vibra con la fuerza de mi amado Eros, mi magnífico amante. Mi intimidad late con anticipación anhelando el momento en que tu poderosa virilidad vuelva a abrir las puertas del paraíso en mi ser. Me consumo en la espera de tu regreso, cuando tu fuerza me someterá a tu voluntad y me llevará a las cimas del placer más intenso. Te tomo de la mano, Eros, mi amo, y aspiro el perfume de tu deseo, preparándome para el momento en que el destino nos permita reunirnos de nuevo, sin barreras ni restricciones, en un abrazo que nos consuma por completo.

* * *

Al cerrar los ojos, la tristeza en mi corazón acompañó mi despertar. En ese estado confuso escuché que alguien tocaba a mi puerta. Sus ojos me indicaron que en ese momento sería suya. Escuché la voz de Erato:

—Regresa, Aurora.

Me encontré en una habitación oscura. En ella había un par de sillas color púrpura delante de una mesa de laca negra con unos símbolos de dragones. Erato tomó asiento.

—Antes de terminar tu historia hay algo que debes entender para que puedas ser objetiva al ver lo que sucede. Te percibo un poco ansiosa, ¿quieres un poco de té?

Asentí.

—Esta es la poción de Hera: una mezcla de pasiflora y kava para aliviar los nervios y balancear el estado de amor. Te voy a contar una historia: desde los tiempos más antiguos nosotros descubrimos el placer y celebramos la sexualidad; incluso para los dioses era algo natural y divertido. Nuestra riqueza sexual era explorada a través de muchas prácticas que incluían tríos y orgías. En el tiempo actual, los humanos tienen la tendencia a distorsionar todas aquellas exploraciones a las que ahora les llaman kink. Los fetiches, el sadomasoquismo y el bondage tienen miles de años.

"¿Sabías que el término *kink* proviene del inglés que significa curvatura o torsión y se refiere a la forma en que se desvía la actividad sexual de la norma? Esto es así porque estas actividades incluso pueden ayudar al humano a descubrir aspectos de la identidad sexual que no consideraba anteriormente, o a entender mejor quién es y sus gustos. Con ellas descubres nuevas formas de sentir placer y a conectar de una forma más profunda con tu pareja. El kink consciente proporciona un sentido de control y seguridad al establecer límites claros y a honrarlos creando una atmósfera de confianza mutua. ¿Estás más tranquila?

—Sí, aunque tengo muchas preguntas.

—Ten paciencia que tú misma encontrarás las respuestas. Vamos a terminar tu misión de hoy.

Tronó los dedos y me vi en una casa hermosa en la selva.

* * *

—¡Te tengo una sorpresa! —me dijo emocionado mi pareja.

Me tapó los ojos con un antifaz para dormir y escuché unos pasos que no eran los suyos. Cuando lo retiró de mis ojos, sentí alivio al ver a un hombre muy atractivo frente a nosotros.

—Te presento al Máster, es un experto en *BDSM*. Le pedí que tuviera un encuentro con nosotros en el cual exploraremos tu placer. Dijiste que te excitaba mucho esta fantasía cuando leías libros eróticos; quise darte un gusto.

Nerviosa, no supe qué decir. Pasar de las letras a la realidad no era algo que me había planteado, pero mis inquietudes de explorar los extremos con él me hicieron darle el sí a esta experiencia. Además, me urgía mi droga, tal vez esta fuera mi dosis final.

El Máster nos sentó en la cama.

—Antes de empezar, tenemos que compartir nuestros deseos, los miedos y nuestros límites.

Mi vestido de seda azul comenzó a cambiar de color con las gotas de sudor que transpiraba debido a la mezcla de nervios y excitación.

—Hay que elegir una palabra de seguridad que si es pronunciada significa parar en ese momento.

Mi lengua apenas pudo pronunciar: "Piña", mi palabra de seguridad. Cerré los ojos y pedí que no emergieran mis miedos y traumas del pasado. Era la primera vez que me sometía a dos hombres al mismo tiempo. Con su mano tatuada sacó de una pequeña maleta una cinta adhesiva, seis cuerdas de cáñamo, unas tijeras, lubricante y un pequeño látigo. Mi pareja nos observaba con gusto, parecía que mi nerviosismo alimentaba su masculinidad. Fue curioso sentir de nuevo la inocencia, mi pureza que se asomaba en un encuentro con sumisión, una sensación que no sentía desde mi adolescencia al recibir mi primer beso.

Me perdí entre las cuatro manos que levantaron mi vestido, llevándolo a mi cara y sostuvieron mis manos con fuerza. Bajaron mi ropa interior lentamente hacia mis tobillos y su respiración me transmitía el fervor de su corazón. Me amarraron de los pies; abrí los ojos para que ver cómo ágilmente hacían unos nudos hermosos alrededor de ambos tobillos. Excitada por la escena, traté de mover mis manos para alcanzar el cuello de mi pareja; necesitaba mi droga. Notó mi deseo y con un ligero apretón me presionó los hombros ordenándome que me quedara quieta. Bajo la indicación del Máster, mientras él trenzaba mi cabello enredando una cuerda en él, deslizó una pluma por mi cuerpo, y sentí un subidón de dopamina ante ese gesto tan sensual.

—Desata sus tobillos y ponla boca abajo —dijo el Máster.

Tomó mi trenza y la cuerda arqueándome la espalda al amarrarla a mis tobillos. Gemí de placer al sentir su boca mordisqueando mis pezones. Me besó, sus besos sabían dulces a pesar del sometimiento y su lengua bailó a mi ritmo. Continuó jugando con las cuerdas, las deslizó, apretó y cambió las posturas liberando todo el placer de los lazos que me unían a él. Cuando mis muñecas estaban atadas en un solo nudo, descubrió que mi centro de placer estaba listo y abierto. La respiración que ya conocía se acercó a mí, me penetró mientras el Máster me cubría la boca con una cinta negra, conteniendo así mis gemidos de placer. No me podía mover, no podía hablar. Los límites de placer eran una mezcla de gozo y aceptación de rendirme y aceptar que no tenía el control de nada. Retiró su falo al notar que el placer de verme atada y sin control lo hizo venirse rápidamente y dejarme a medias con la vulva adolorida.

—Hermano, necesito un descanso —se acostó a mi lado.

—¿Te sientes cómodo si continúo el juego con ella?

—Sí claro, me gustaría verlos —dijo placenteramente en su *high*.

El Máster me quitó la cinta de la boca y preguntó:

—¿Estás de acuerdo, exploradora?

—Sí —dije contundentemente.

Se acercó a mis piernas tocándolas con sus dulces besos húmedos y suculentos. Fue subiendo lentamente. Con la lengua tocó mi ombligo y continuó su camino hacia los pechos. Me deleitó sentirlo y retiró el vestido que aún estaba enredado en mi cuerpo. Me besó con suavidad, bajó por mi cuerpo despacio y desató las cuerdas de mis manos y mis tobillos. Mi amante se prendía viendo a su amigo seducirme. Mi excitación subió de volumen en el momento en que me levantó y me puso contra la pared. Yo estaba ahí goteando pasión y esperando la siguiente orden.

—Pásame el cinturón —le pidió a mi hombre.

Con sus manos tatuadas me puso el cinturón en el cuello, lo jaló ligeramente y acercó mi rostro al suyo, separándome del muro.

—¿Estás bien? Voy a subir de tono la experiencia solo por unos instantes y terminamos.

El placer me llevó a decir que sí: quería más sensaciones, estimulación y subidas de dopamina. Jalándome con el cinturón, me llevó hacia la cama. Tomó el látigo y brinqué al sentirlo contra mis nalgas. Me giró y ahorcó un poco con el cinturón, me latigueó el pubis.

Salté del susto, excitación y sorpresa, ya que un tercer amigo se asomó en la habitación.

—Lo siento, no sabía que estaban jugando —dijo y cerró la puerta.

Sentí vergüenza por haber sido descubierta en ese momento tan placentero y a la vez tan vulnerable. El Máster notó mi incomodidad y me soltó instantes antes de que pudiera decir "piña". Con delicadeza me quitó el cinturón.

—Ven, acuéstate en la cama.

Me llenó de dulces besos las manos, los tobillos y el cuello, borrando las sensaciones de las cuerdas. Me besó el pubis y la cadera diluyendo el dolor del látigo. Me abrazó y en ese instante me solté a llorar. Mi hombre a nuestro lado no sabía qué hacer.

—Ven, abrázala por la espalda.

Estaba rodeada por los cuatro brazos.

—¿Estás bien?

—Sí, solo se me movieron muchas emociones.

—Sigues excitada, ¿quieres llegar a tu orgasmo?

—Sí, lo deseo.

Estaba rendida ante los dos, sometida a ambos, quería a los dos dentro de mí. La sincronía de ellos al besarme todo el cuerpo me sorprendió y me excitó aún más. El Máster se puso el condón y entró en mí con elegancia y a un ritmo que me asombró; se movía sutilmente. Recibí otro falo en la boca que me llevó a un instante de placer eterno. Los tres llegamos juntos al clímax y en cadencia bajamos el ritmo.

El silencio me llevó a descubrir que la energía de mi cuerpo estaba vibrando. Sin tocarnos nos quedamos un largo rato los tres en la cama simplemente observando nuestro mundo interior. Mi hombre se levantó de la cama, me pasó mi vestido y me ofreció agua.

El Máster comenzó a hablar:

—Es importante integrar esta experiencia, ya que durante los actos kink surgen muchos recuerdos que contienen traumas del pasado o aparece el miedo que tenemos que hacer consciente para que sea una experiencia de aprendizaje, además de placentera. ¿Quieres empezar?

—Sentí muchas sensaciones que jamás había experimentado. Tuve momentos en los que advertí miedo y desconfianza, como si no fuera fácil para mí dejar ir el control y confiar en ustedes. Fue incómodo el momento en el que alguien abrió la puerta, me dio vergüenza y me percibí juzgada por lo que estaba haciendo. Me siento un poco culpable por haber tenido sexo contigo enfrente de mi novio.

—Es natural. Todo este proceso toma tiempo. Si necesitas hablar más de ello aquí está mi teléfono. Gracias por confiar en mí y por la experiencia.

—Ahora, ¿qué sentiste tú?

—Un *high* increíble, siempre tuve esta fantasía y fue muy placentero dominar a una mujer. La verdad no sentí celos, así que olvídalo, recuerda que no tenemos ningún compromiso, así que todo se vale.

—Muy bien. A ti te doy las gracias por ser buen compañero de juego y por permitirme jugar con tu linda mujer.

Nos despedimos. Una parte de mí quería volver a ver al *Kinky Wonder.*

Pasaron un par de días en los que me sentí desconectada de mi hombre. Ahora que sabía que lo nuestro era más casual y que me suministraron la dosis correcta ya no sentía la necesidad como antes. Había una conversación pendiente. No necesitaba olvidarlo o tener más sexo con él, lo que requería era ser amada, aunque fuera por unas horas. Nos vimos una última vez, trató de dominarme sin éxito alguno. Ya no me derretí de placer al escuchar sus órdenes sexuales. Lastimé tanto su orgullo que se despidió:

—Ya no puedo con tus obsesiones y actitud territorial. Es mejor que ya no nos veamos.

Salió de la habitación y mi adicción se reveló por última vez como un ataque de pánico que calmé con un poco de Rivotril. Me quedé pensando en el *Kinky Wonder.*

* * *

—Regresa, es tiempo de escribir —escuché la dulce voz de Erato.

Me llevó a una silla y frente a mí colocó mi cuaderno y pluma.

—Ya no me quiero sentar en esa silla.

—Sé que quieres despertar, pero antes de hacerlo hay que escribir esta historia para que ya no te alcance en un futuro. Tu energía se ha densificado; encontraste algo de ligereza. Esta historia no es fácil, ya que es una relación que te ha seguido desde otras vidas. Confía en que te acompañaré.

Erato tronó los dedos y vi el techo blanco de mi habitación.

* * *

Era un día soleado, escuché los sonidos de los pájaros disfrutando de su vuelo sobre el mar. Sobre mi regazo, entre las sábanas, inexplicablemente encontré mi libreta en donde estaba escrito todo lo que redacté mientras soñaba. Salí al jardín y me senté un momento a descansar. Me tumbé a recibir la energía del sol y mis pies descalzos soltaron todas las sensaciones de mi pasado hacia la tierra. La luz me recordó tantos momentos de quietud que he vivido bajo sus rayos. También me trajo memorias de momentos gratos en los cuales compartí risas con las personas que amaba; empecé un ritual de alegría que me dio equilibrio y me hizo regresar a mi esencia divina.

30 de diciembre

Todos somos adictos. Yo, aunque no consumo drogas sintéticas, confieso que tengo un par de dependencias a otros estimulantes: al sexo y a él. Estas drogas me han llevado a lo más alto y a lo más bajo. Me han acercado a mi oscuridad y me han alejado de la luz de mi esencia. Con ellas he sentido llegar al potencial, pero al dejarlas me doy cuenta de que no es así, que es un espejismo que me hace pensar que esas son las sensaciones del amor, del verdadero éxtasis. Me provocan un *rush* de adrenalina durante la espera y el encuentro: la dopamina de la novedad, las endorfinas de la felicidad y la oxitocina que se despierta con el abrazo. El coctel ideal no es fácil de soltar y busco los estados alterados de la química cerebral. Mi *fix* de euforia, pasión y éxtasis.

Ruego, insisto, manipulo, fuerzo y persigo todo para poder obtenerlos. Me declaro una obsesiva de sentir la seducción envolviéndome, el *hit* de la potencia durante el clímax en mi cérvix y el abrazo postcoito que sostiene mi bajón. Confieso que soy adicta a la polaridad, a la montaña rusa. El placer de estar con alguien y el enojo cuando es inalcanzable justo en el momento en que lo necesito. Pierdo mi poder en la espera de ver a mis amantes, de tener más sexo u otro orgasmo.

Con estas drogas mi vida se ha convertido en una búsqueda y espera. Un escape perfecto de la realidad de mi soledad y del vacío de mi corazón. La anestesia de todas aquellas emociones que no quiero sentir. Es un manejo entre el *doping* y el *antidoping*, de las altas y las bajas. Mi droga es nociva, tiene múltiples contradicciones que son tóxicas e influyen en el funcionamiento de mi cerebro, su química y mi mente crítica. Afectan mi estado emocional y mi cuerpo físico. No me daba cuenta de que mi relación contigo me estaba dañando, ya que las dosis eran pequeñas pero las suficientes para alejarme de mi misma. Mi *high* se percibe como amor, la necesidad de tocarnos para sentir la electricidad entre nosotros, los besos que nos hacen olvidar nuestra realidad. Mi bajón era sentir el duelo de perderte, la incertidumbre de sentirte lejos y la ansiedad cuando estás ausente. Los tres me alejan de la lucidez creando un limbo en el que vivo y en el cual me pierdo, en el que me vuelvo a maltratar. En cada dosis quería más de ti y anhelar más fue el facilitador que destapó toda la mierda y reveló la toxicidad que hay en mí. El llenarme de más, el excederme en mis deseos, el no poder saciarme me acercó al dolor, al vacío que tengo en mi corazón, el cual se ha convertido en el drama que me ha dado un poco del estímulo que busco en tu amor.

8

DOLCE

Me tomé mi tiempo para levantarme de la cama. Me dejé seducir por el calor que se filtraba por la ventana y, cuando me abrazó por completo, decidí empezar el día. Caminé entre los estrechos callejones empedrados, sin rumbo fijo, dejándome llevar por mi intuición hasta que llegué a la bahía. En cuestión de minutos, estaba en un pequeño bote camino hacia Santorini. Rodeada de turistas, me sentí abrumada por tanto ruido, distintos acentos y celulares tomando fotografías por todas partes. A punto de perder la paciencia, logré crear una especie de silencio interior que me acompañó hasta que llegamos al poblado de techos blancos, montañas y las playas de arena negra. En cuanto llegamos a la playa, todos se apresuraron a bajar para sumergirse en las cristalinas aguas.

Sin embargo, mi cuerpo me avisó que yo no había terminado de navegar ese día. Así que me bajé de la embarcación y decidí rentar un pequeño bote de remos y me lancé hacia las cuevas azules. Cada vez que hundía los remos en el agua, notaba cómo se rompía el manto azul rey, y minutos más tarde alcancé las formaciones rocosas que parecían el llanto de las montañas. Arriba de mi barca me adentré en una cueva y sentí que me coloreaba de azul con los reflejos del agua. En la soledad, me uní al eco suave de las olas.

Me quedé ahí, dejándome mecer por el vaivén del mar y de mis pensamientos.

Poco a poco, con el arrullo marino, me quedé dormida pensando en el patrón constante: el juego de "me quiere, no me quiere" que determinaba por completo mi conducta hacia mis parejas.

* * *

Mel me interrumpió, abanicándome.

—Tu respiración es un poco arrítmica, veo que el amor no correspondido realmente te quita el sueño. Ven, vamos a sentarnos.

Estamos en una pequeña terraza afuera del templo con vistas a las montañas. La cima nevada me sugería que el exceso de calor interno era un producto de la ansiedad que aún guardaba en el corazón al recordar el sufrimiento.

—Ahora bebe un poco de amargura para que te enseñe lo que aún te lastima.

El té tenía un sabor acre. Le pregunté a Mel si era una combinación de boldo y diente de león. Tengo talento para detectar hierbas y flores.

—Me gusta que tu sensibilidad sepa distinguir las hierbas que usamos. Es un gran regalo.

Se sentó a mi lado entregándome un pequeño libro rojo: *Rituales de amor.*

—El amor no correspondido es un tema común en las mitologías de nuestras culturas ancestrales. En realidad, no sabemos cómo se sana este tipo de desamor; lo que hacíamos eran prácticas y rituales para restaurar el amor propio. Primero nos cuestionábamos sobre qué tipo de amor sentíamos: si era *Eros* (amor romántico), *Ágape* (amor desinteresado) o *Philia* (amistad). Al saber el tipo de amor, se hacía un ritual específico para enfatizar la importancia de la razón y la moderación en la expresión del amor y la pasión, y para mantener el realismo en las relaciones. Te voy a contar una historia:

> Orfeo era un gran músico que vivía en Tracia. Conoció a Eurídice, una ninfa de la que se enamoró perdidamente. Estuvieron casados por un breve tiempo, pues ella murió poco después de la boda tras ser mordida por una serpiente venenosa mientras caminaba por el campo.
>
> Orfeo, devastado por su muerte, decidió viajar al inframundo para tratar de recuperarla. Al enfrentar a Hades y Perséfone, les pidió que le devolvieran a su amada. Conmovidos por su música y poesía, decidieron concederle su petición con una sola condición: no podía mirar atrás hasta haber salido por completo del inframundo con Eurídice.
>
> Aceptó y caminó hacia la salida, pero justo cuando estaba por salir, no pudo esperar y la miró. Eurídice fue arrastrada de regreso a la casa de Hades. Orfeo se quedó solo y desconsolado, pasó el resto de su vida viajando, cantando y tocando su música para recordarla.

—A diferencia de Orfeo, no podemos vivir mirando hacia atrás. Aunque, como él, podemos recordar y celebrar el pasado y reconocer nuestros fallos.

”Muchas veces, por amor, los seres humanos no honran las promesas que mantienen el orden.

Le di un sorbo al té que me transportó a un campo lleno de margaritas amarillas.

Me recordaron la pureza, la inocencia y el amor incondicional que le tenía a mi amado. Su mirada apareció en mi mente, y sentí el amor fluir por mis venas. Al tomar una margarita, arranqué un pétalo que me llevó a los espacios del tiempo y del destiempo.

* * *

Nos vi muy jóvenes, con la inocencia viva y todas las posibilidades al alcance. Tratábamos de escondernos de un magnetismo inevitable que amenazaba con dominarnos si no lo conteníamos. Pertenecíamos a mundos distintos, separados por códigos postales distintos y por una sociedad donde la desigualdad era un obstáculo real para el amor. Aunque nuestras almas se reconocieron, el entorno no validaba el vínculo tan puro que nos unía.

Los desafíos nos envolvían de culpa cuando nos mirábamos con deseo. Él caminaba con su novia, una mujer que compartía su realidad. Yo iba del brazo de mi novio, tratando de sofocar los impulsos de atracción. Ambos estábamos con otras personas porque eso era lo "correcto": él buscaba comprensión; yo, protección.

Nuestro lenguaje corporal revelaba el deseo disfrazado de complicidad. En el parque nos escondíamos entre libros; él me leía en voz alta, y al rozar nuestras manos, algo se encendía. Su dicción, tan precisa, me hacía imaginar su lengua saboreando cada palabra, sosteniendo mi orgasmo entre pausas y comas. Mi deseo de amarlo más allá de las palabras tensaba mi cuerpo entre el placer y el dolor.

Con el tiempo, nuestros encuentros se volvieron más frecuentes. Pasamos de los libros a declaraciones de amor agridulces, suspendidas entre la esperanza y la prohibición. Construimos una amistad fingida, pero por las noches yo le rezaba a la Virgen para que el tiempo nos diera una oportunidad… y lo hizo.

Nos reencontramos bajo un sauce llorón que filtraba la luz.

—Terminé con mi novia —sonrió.

—Yo ayer me di un tiempo con mi novio.

Nos quedamos en silencio, mirándonos, sabiendo que ese era nuestro momento. La pausa acercó nuestros labios, y, al besarnos, se reveló el sueño que nos había habitado por meses. Nuestros cuerpos se fundieron en el oleaje del deseo, y, al escuchar su corazón, supe que me pedía despertar del espejismo de mi vida.

Nuestros momentos de amor fueron breves: el roce de nuestras manos, los besos ocultos, las historias que compartíamos. Enamorarse de él fue fácil, hasta que el tiempo y la realidad nos recordaron que lo nuestro era imposible.

Terminamos pronto. El miedo a cruzar de un mundo al otro se activó al ser descubiertos. Tiempo después, lo vi del brazo de su novia. Su sonrisa aún me buscaba. Podía saborear sus labios, y mi virginidad seguía deseando ser entregada a él. Pero cada quien debía quedarse en su lugar.

Aun así, nos volvimos a ver un par de veces. Nuestras almas seguían conectadas en silencio. Pero para entregarme por completo necesitaba saber que él también lo deseaba. Lo esperé durante meses, hasta que por casualidad nos encontramos en un baile. Bastó una mirada para saber que ese era el día de cerrar nuestra historia. Tantos años de tensión y deseo necesitaban resolverse.

Nos alejamos y llegamos a una pequeña pensión. El cuarto nos esperaba, cómplice del encuentro. Había una claridad nueva entre el deseo y el deber. Sus manos me recorrían sin miedo, sus dedos me encontraban con precisión. Me desnudó besando mi cuerpo como quien ya no quiere esperar más. Lo recibí con pasión, recordándole a su cuerpo su deseo.

En el punto más alto de la entrega, nuestro momento se deshizo. Salió de mí y se apartó.

—No puedo hacer esto... Mi novia...

Me avergoncé de mi desnudez. El frío me invadió y las palabras se evaporaron de mis labios. Se levantó y desapareció. Las lágrimas ahogaron la pureza de nuestro amor. Sufrí durante semanas. Le pedí al tiempo que me ayudara a olvidar... pero todo regresó años después, al verlo de la mano de su esposa. Su mirada amable abrió la herida aún sangrante.

Ver que mi sueño le pertenecía a otra mujer sacó a la luz mis inseguridades. Me recordó que mi amor no había sido suficiente ni correspondido. Pasaron años y el destino volvió a unirnos. Esta vez, con palabras, nos dijimos la verdad. Una vez más, bajo el sauce llorón, mis lágrimas le revelaron cuánto lo amaba, lo confundida que estaba por no entender qué había pasado o qué hice mal.

—No sé por qué no pudimos estar juntos, si yo estaba tan dispuesta.

—Nuestros mundos eran muy distintos... no estaba listo para lo que implica el tuyo.

* * *

Regresé al campo justo cuando dije: "Sí me quiere". Me sentí feliz... hasta que vi que la margarita estaba deshojada a la mitad. Entonces, escuché una voz suave:

—Sí te quiere. Vamos a dar una vuelta.

Aparecí en la biblioteca, vestida con una capa azul pastel, descalza, caminando detrás de Mel por un pasillo de mármol que nos condujo a otra sala. Había solo tres repisas con libros antiguos y algunos sillones.

—Siéntate en el sillón amarillo —me indicó mientras colocaba un libro frente a mí: *Los votos*.

"Los votos forman parte del tejido social desde tiempos antiguos. Le dan continuidad al destino; cuando se rompen, surge el desorden, se liberan frecuencias negativas y la existencia se vuelve caótica. En culturas antiguas, como la egipcia, romper un voto implicaba enfrentar consecuencias en esta vida o en las memorias de encarnaciones previas. Cuando se altera la armonía, el universo mismo se desequilibra, pues todos somos parte del todo. Pero también podemos restablecer el orden a través de acciones conscientes, perdón y compromiso.

"Los antiguos druidas se guiaban por la ley de causa y efecto, una fuerza poderosa que moldea la vida humana. Romper un voto, o contrato, puede generar una deuda kármica.

"Hoy, las musas vemos que los humanos hacen promesas sin consciencia, sin considerar el peso de sus palabras o las consecuencias de sus actos. Se hacen votos desde el ego, por conveniencia o desde sistemas patriarcales, y eso también distorsiona la armonía. Un voto verdadero debe crear un lazo emocional, abrir un espacio sagrado, profundo, de devoción.

"Antes de seguir explorando tu archivo, te invito a que pasemos al cine.

Sus palabras nos transportaron a un cine en Inglaterra donde se proyectaban películas silentes de los años treinta. En la pantalla, una mujer saltaba de emoción al recibir un anillo de brillantes; los quilates reflejaban la equivalencia de la obediencia que el hombre esperaba de ella. Luego, él le entregó un contrato con una larga lista de peticiones:

> La esposa deberá cocinar los platillos favoritos del marido al menos tres veces por semana y prepararle el desayuno cuando él lo indique. Terminará sus amistades con hombres heterosexuales y aceptará que su esposo tenga vida social los miércoles y viernes con sus amigos. Podrá ver a sus amigas durante el día, siempre y cuando no descuide sus deberes como esposa y madre. Promete ser fiel y aceptar que él es el único hombre en su vida, mientras entiende que es natural que él tenga aventuras ocasionales que no amenacen el matrimonio. Deberá estar sexualmente disponible cuando él lo desee; si ella lo desea, dependerá de la disposición de él, obviamente. La mujer acatará las órdenes de su esposo, no tendrá opiniones

propias y nunca lo contradirá. A cambio, el esposo le proveerá casa, comida, viajes y compras.

Continuó la película con escenas de la boda, donde ella era tratada como madre de herederos, como presa conquistada. El crujido de las palomitas de maíz me hizo pensar si una mujer realmente está dispuesta a hacer todo eso por "amor".

Mel me sirvió otra taza de té.

—El ser humano rara vez es consciente de los contratos que acepta al decir "sí". El amor nubla la vista; dentro de esa frecuencia la transformación ocurre y bloquea el programa de la mente, mientras emerge el miedo del corazón. Ahora, es momento de otra historia.

Al tomar otro sorbo, mi lengua se adormeció levemente. Mel me ofreció un poco de *gelato* de chocolate oscuro que me transportó de inmediato a una de las sucursales del café italiano en Riva del Garda.

* * *

En Riva del Garda contemplaba las Dolomitas y, con esa visión, llegaron recuerdos dulces de amor y amargos de sufrimiento.

Había algo en el aire italiano que removía sentimientos antiguos. Con cada cucharada del *gelato*, su imagen se fue formando. Me sorprendió pensar en él, después de tantos años sin noticias suyas. Creí que nunca me había amado. En la última cucharada, el recuerdo se disolvió al recibir un mensaje en mi celular:

¡Hola! ¿Dónde estás? No puedo creer que seas tú, después de tantos años.

✓✓

Sus palabras directas como siempre. Sin mucha emocionalidad. Aun así, comenzamos un intercambio de mensajes.

Cuando le conté que estaba en Italia, me dijo que tenía planes de ir a Europa y me propuso que fuéramos juntos. Al saber que no podía pagar otro viaje, generosamente me ofreció cubrir los gastos, y, aunque acepté, dejé claro que nuestra relación sería únicamente de amistad.

El nerviosismo entró por mis dedos. Acordamos viajar como amigos, una forma de protegerme. Aun así, una parte de mí confiaba en la sincronía de la vida. Durante años había soñado viajar con él, sin interferencias de familiares y amigos. Aquel sueño no había sido posible y mi corazón estuvo herido durante meses tratando de transformar la desilusión en aceptación. En dos ocasiones le había cerrado la puerta por enojo, y ahora, sin pensarlo, dije que sí, como si una voz interna me empujara a regresar y aprender algo. Nos encontramos en Barcelona.

Estuve tranquila hasta que me paré frente a su habitación. Me tomó minutos respirar antes de tocar la puerta. Al vernos, me abrazó con cierta frialdad y una sonrisa amable. Hablar nunca fue el problema: caminamos y charlamos sobre nuestras vidas, lo vivido en tres años y los temas que siempre nos unieron.

Aquella noche dormimos alejados, evitando el contacto físico. Algo ya se había despertado en nuestro primer día juntos, pero no estábamos listos para volver a sentir.

En el prisma de la catedral, nuestras almas reconocieron su encuentro en esta vida. El suspiro de los ángeles bendecía la unión, y la solidez de los árboles nos mostraba nuestro camino. La belleza nos reflejaba la consciencia divina en la que nos encontrábamos, siendo simplemente testigos de la historia del ser humano, de la historia de Dios, de la elocuencia de nuestros corazones y de la distorsión de nuestras mentes. La naturaleza, con su orden, su perfección y sus estaciones, creaba ritmos y pulsos de vida de los cuales nos volvíamos ajenos al relacionarnos en una artificialidad condicionada que no era nuestra verdadera esencia. El contorno de nuestras personalidades nos reveló la máscara de nuestro llamado "amor"; y al disolverse, en el abanico de colores y en la matemática de la estructura, pudimos reflejar quiénes realmente éramos.

El asombro ante la basílica de la Sagrada Familia derrumbó las historias que creía ciertas, me llevó a cuestionar la historia, a soltar mis percepciones y a contemplar el monumento a la belleza con la naturalidad de quien realmente era. Sinceramente, era el tono de mi corazón, irradiando en rayos multicolores, haciéndome comprender lo que era posible con él.

Al día siguiente paseamos por el Barrio Gótico. Dejamos que el arte nos guiara a una vulnerabilidad sincera. En medio de lo abstracto, compartimos una mirada que reconocía nuestro pasado y la fragilidad de ese instante. Éramos una obra en proceso, sin forma definida, pero presentes en lo desconocido. En el *dolce* espacio de lo desconocido permanecimos acercando nuestras manos que no lograban aún tocarse.

Brindamos por la amistad y por todo el camino recorrido. Sentí que me desbordaba; la emoción de nuestra historia se volvió asomar por su presencia. Él me tomó de las manos, en el orden de su frialdad. Su tacto me pedía que no escapara hacia emociones desordenadas. Su mirada me ancló al presente. Nos quedamos en silencio, respirando. Con cada inhalación, la agitación cedía.

La canción "That's What Friends Are For" sonaba de fondo y nos recordó que durante esos momentos éramos solo amigos. Reímos. Las lágrimas derramadas por la risa endulzaron el momento y disiparon la tensión. Nos abrazamos, agradecidos por ese instante de intimidad. Aquella noche me besó la frente. Dormimos tomados de la mano.

En Roma, el aire nos recordó el placer de vivir la *dolce vita*. Callecitas coloridas, el aroma de la comida, las tiendas, el arte. Las familias, las parejas, los turistas: todo rezumaba vida. Mis papilas salivaron al verlo disfrutar su *gelato* de *stracciatella*. Me ofreció un poco. Su sabor me recordó los besos del pasado. La cajita de nuestros recuerdos se abría: dulzura, deseo, seguridad. Nos abrazamos, la chispa en la piel despertó el *dolce* entre nosotros. Era nuestra última noche en Roma y el descanso se vio interrumpido por las pulsaciones de mi cereza que deseaba ser acompañada en su placer por él. Al amanecer, me abrazó. Había olvidado nuestra promesa. Su corazón aún buscaba entender por qué desaparecí. Yo no creía que le hubiera importado. Con el corazón abierto, me pidió que habláramos.

Estar en la cama con él para hablar sobre mi verdad me puso nerviosa. Nos sentamos, mirándonos a los ojos. El calor aliviaba mis nervios; el sudor entre mis piernas me recordaba la excitación de antes. En el ocaso, nos confesamos el dolor que alguna vez nos causamos. Para él, no había motivos para mi desaparición y para que lo hubiera bloqueado de mi vida. Lo escuché sin juzgar. Cuando fue mi turno, le dije que atravesaba por un enojo profundo con los hombres, un ayuno emocional. No mencioné que mi rabia era hacia él, porque no sentí reciprocidad cuando yo más lo amaba. Ese momento iluminó memorias ocultas. Tocamos la herida y, al exponerla, la sanamos. La compasión bajó nuestras defensas. Verdades o mentiras, correcto e incorrecto, razón o análisis, el amor no participaba en esta ecuación. El amor no es matemático; es la acción de la amabilidad, de la cocreación, de la compasión y el entendimiento. Ese día estuve para él y para mí. Le prometí cuidarlo con amabilidad y paciencia. No sabía que su corazón no quería ser cuidado.

Dejé la cama y me pasé a una silla de terciopelo color burdeos, permanecí dando ligeros lengüetazos a un *gelato* de menta; lo miré inmerso en su mundo. Estaba sentado en la cama con sus pantalones de algodón gris arremangados arriba del tobillo y una camiseta desenfadada que dejaba ver el contorno de sus hombros. Mi deseo por el *gelato* se extendió hacia él. Lo notó y procuró evadir mi mirada entregándose a su computadora. Aunque la promesa fue mi defensa, él era quien la estaba honrando; no me podía enojar, pero sí confesar que el amor también transformaba y que podíamos hacer nuevos acuerdos. Respiré unos momentos para transmutar mi deseo en consciencia y recordé el primer día que lo vi: con una presencia enigmática especial y la familiaridad que da el habernos conocido en otras vidas. Su mirada me provocó curiosidad y me intimidaba. Su personalidad me atraía y repelía, pues era frío, distante e intelectual, y, al mismo tiempo, cálido, cercano, corporal y emocional. Un magneto con una polaridad tan fuerte que me mantuvo en la zona media observándolo. Orbitaba entre ambas caras de la moneda, para mí era un volado ver qué me mostraba. Noté que seguía siendo igual, aunque no se hubieran manifestado los comportamientos del pasado.

Me acerqué y puse la mano en su pecho amorosamente. Él la retiró despacio. No era el momento. Sentí el rechazo. Se abrió una herida antigua. Me vi otra vez deseada, pero no tocada. Lo vi de nuevo como el cabrón que no quería tocarme como lo había hecho tantas veces en el pasado. Sin embargo, ahora comprendía que la receptividad era una elección, así como lo era el dar, pero aún quería entender por qué me rechazaba cuando quería acariciarlo o por qué simplemente no me podía decir que no se sentía atraído por mí. Reconocí su límite, su barrera de autocuidado y le di su espacio para que encontrara la paz. Pero cuando retrocedí, me tomó del brazo y me pidió que me quedara. No entendía nada.

Durante el viaje en tren seguí confundida y algo silenciosa. Florencia tenía una energía más ligera. El balcón de nuestra habitación nos invitó a ver el reflejo de la luna en el río, acompañado del Ponte Vecchio. Al contemplarlo bajo esa luz, sentí cómo nuestros corazones se entrelazaban. El portal del amor comenzaba a nublar mi vista y, a la vez, a abrir mi corazón.

Inquieta, me acosté a su lado sin tocarlo. Aún dudaba si acercarme, no quería ser rechazada otra vez. Mantuve la distancia, pero él se subió sobre mí, me sostuvo con fuerza, olió mi cuello e inhaló mi aroma. El placer me recorrió al sentir sus labios rozando el aire de mi piel, mis pechos, mi cara, mi boca. Sus respiraciones me recordaron su vigor y su lado dominante. Luego, se acomodó a mi lado y durmió profundamente, dejándome con un sabor semiamargo del deseo encendido.

En el café, en medio de la plaza, sus palabras acallaron mis inquietudes:

—Recuerda que solo somos amigos. Lo de ayer fue algo espontáneo.

Asentí, aunque me sentí mal por desear algo más. Otra vez el hombre me castigaba por querer demasiado y me premiaba por ceder. Ser "una buena mujer" significaba aceptar lo que se le ofrece, sin pedir más.

Con él me sentía medida, como si una cinta métrica evaluara constantemente si era digna de ser deseada o descartada. Temía no ser la mujer que él quería. Por un momento dudé de si era sincero; para mí nada de esto tenía sentido. Temí que me estuviera manipulando de nuevo. Me pregunté si de verdad quería apoyarme o solo confundirme. Parecía su juego: me convencía de hacer algo que para él era indebido y luego evadía toda responsabilidad. Mi herida, marcada por el maltrato psicológico de otros hombres, se volvió visible. Aun así, agradecí su presencia, aunque fuera ambigua. Continuamos caminando, tomados de la mano, como dos enamorados perseguidos por el gozo italiano.

Al regresar al hotel, el deseo me absorbió. Quería que me hiciera el amor. Entré a darme un baño para calmar la temperatura entre mis piernas. Él me siguió desnudo, se colocó detrás de mí. Bajo el agua, entre el vapor y sin mirarnos, tomó mi cuello con su mano y acercó su pecho colocando su peso sobre mi espalda por un momento. Todos los químicos se activaron magnificando mi deseo. Me perdí en el placer de su contacto, pero justo cuando su mano llegó a mis glúteos, se detuvo. Repentinamente salió del baño y me dejó deseándolo.

Para buscar claridad, salí a caminar por las callejuelas. El aroma de lavanda tranquilizaba mis nervios cuando me descubría por mi propia mentira. Los sonidos nocturnos atrapaban mis pensamientos: me había escudado en una amistad cuando en realidad me había vuelto a enamorar. Me sentí una idiota, insatisfecha con un viaje que se volvió romántico solo hasta el punto que él decidió, cuando y como él quiso. Quería amarlo, hacer el amor y poder ser con él sin que constantemente intentara cambiarme. Esperaba más de lo que él podía o quería dar.

Estábamos en un momento dulce que yo misma interrumpí por desear más. Aunque quise confesarle mi verdad, algo me lo impedía. El resto del viaje traté de adaptarme y de no controlar o de darle tanta importancia a no ser la que tomara las decisiones. Quería aceptar lo que la vida trajera.

En el silencio de nuestra última noche en Florencia, después de cenar pizza, pasta y *gelato*, caímos rendidos. Se rompió el sueño dentro del sueño.

Partimos hacia Venecia. En el ocaso, las luces tenues de los canales iluminaban los colores de los edificios antiguos, sostenidos por pilares que resistían el oleaje. Una ciudad acuática que ha luchado por mantenerse a flote, sin perder su historia ni su arte. El agua ha sido su amenaza y su encanto, su peligro y su salvación. Una belleza que tocaba el corazón y atestiguaba el renacimiento del ser.

En Venecia me sentía como en un sueño. Al llegar al *palazzo* antiguo del siglo XVI, donde nos hospedamos, me sentí transportada en el tiempo. Jamás imaginé que podría experimentar la vida de opulencia de aquellos tiempos en la comodidad de la modernidad y el lujo del hotel Aman. Su salón de té es una verdadera belleza. Al observar los frescos viajé en el tiempo contemplando las historias de la mujer y el romance: imágenes de doncellas de mirada pura, madres amorosas, cortesanas alegres, guerreros protectores y mercaderes ofreciendo frutos a las mujeres. Las escenas revelaban las formas de amar de otra época y me hicieron cuestionar si nuestras ideas actuales del amor eran un sueño heredado o una ilusión que nos alejaba de la realidad. ¿Podría ser que sigo idealizándolo? No solo era testigo de aquellas historias italianas de romance, sino era la protagonista de la historia de amor que él compartía en fotografías con sus familiares.

Estar en Venecia magnificó el amor que sentía por él, al tiempo que crecía la sensación de no sentirme amada. Venecia nos invitaba a desinhibir nuestras pasiones, saborear la delicia de nuestros sexos y celebrar la existencia de nuestro amor que ya era innegable; y él en cada rincón aparentaba frialdad, se escondía, se perdía. En nuestra penúltima noche se mostró más frío que nunca.

Sentados en un pequeño café cerca de la Plaza de San Marcos, la dulzura de mi *gelato* de fresa me llenó de valentía para confesarle:

—No quiero que lo nuestro vuelva a quedarse enredado en confusiones como las dos veces anteriores. Te he amado desde el momento en que te conocí. Aunque al principio te propuse que nos viéramos como amigos porque, después de tanto tiempo, no sabía cómo me sentiría, quiero decirte ahora que te amo y que, si estás dispuesto, quiero estar contigo. Quizá esta vez no haya dudas —dije, sintiendo cómo mi voz temblaba con la esperanza de que por fin todo fuera claro entre nosotros.

Siempre creí que la distancia que él ponía se debía a que yo no había expresado con suficiente claridad lo que quería. Él mismo me lo había dicho tantas veces: que no podía avanzar porque nunca le di señales de que deseaba algo serio. Y yo, cargando esa idea, sentía que esta confesión era la llave que podría abrir la puerta entre los dos. Lo que no alcanzaba a ver en ese momento era que, con sus palabras, él había dejado sobre mí todo el peso del compromiso, como si la posibilidad de que nos encontráramos dependiera únicamente de mí. No sospechaba aún que tal vez me estaba responsabilizando por completo de algo que también era suyo.

Su silencio me llevó a morder mi barquillo para apaciguar la impaciencia, no tuve respuesta. No entiendo qué esperaba para contestarme.

Confesar mi amor fue poderoso, nunca se lo había dicho y deseaba saber si anhelaba lo mismo. El amor no tiene condiciones, nuestro final no me tenía que importar porque ni siquiera habíamos comenzado. Durante una década habíamos tratado de comenzar algo que siempre era interrumpido. Con él he vivido amor y odio, caos y ecuanimidad, rencor y perdón. Ya hemos sido la perra y la víctima, la sumisa y el dominador, el cabrón y la pendeja. Sin embargo, este viaje solo fue *dolce* hasta este momento en que se asomó de nuevo ese lado oscuro.

Me tomó de la mano y sin decir palabra caminamos a la habitación. Inmersa en mi propio silencio percibí el patrón que emergía, solo necesitaba estar al mando de mis emociones. Mi sistema de defensa primitivo me advertía que primero había que ser perra que pendeja: era mejor si lo rechazaba y me alejaba antes de que él lo hiciera, así evitaba sentirme herida. Nuestra incapacidad de comprometernos provocaba distorsiones de la percepción que tenemos el uno del otro; de mi excesiva complacencia y de su incapacidad de responsabilizarse por sus acciones. El caos y el conflicto no estaban en nuestros corazones; estaban en las historias mentales que no nos permitían ver. Entre lágrimas escondidas, me quedé dormida sin recibir respuesta, expuesta entre la gentileza de mi corazón y mi cuerpo frío sin su abrazo. Esperaba que tal vez la calidez de su corazón amaneciera junto al mío.

—¡Buenos días, belleza!

Se subió encima de mí tomándome de las muñecas con fuerza, su mirada amenazante me decía: "Prométeme que esta vez no te vas a desaparecer". Sintió que mi cuerpo estaba temblando al someterme con tanta fuerza, ya que mi corazón estaba muy frágil. Bajó la fuerza y, con gentileza, colocó sus manos sobre las mías.

—Prométeme que no te vas a ir de mi vida sin decir nada.

Me besó el cuello y la excitación me hizo olvidar mi duda; simplemente le dije que sí, sin saber lo que implicaba mi promesa. Así, estiré la relación por unos meses más esperando que fuera lo que ambos prometimos construir. Cumplí mi promesa de permanecer cerca de él y adaptarme a sus reglas. Aunque me pregunté si valía la pena estar en una relación de uno, seguía allí disponible para él. Se comunicaba cuando tenía tiempo y desaparecía cuando le daba la gana. Me acomodé a lo que quería, incluso viviendo en distintos países. Cuanto más amor le demostré, más se alejó. Cuando le solicité hablar más y conectar, me culpó de ser ambiciosa y ser muy emocional.

Quería que me sometiera a sus reglas, a su forma de ver el mundo y a su manera de vivir. No había espacio para negociaciones: con él, la casa siempre ganaba.

Intenté que la fuerza del amor cambiara nuestra historia, pero no podemos amar a alguien que no quiere ser amado y de un día a otro su interés se disolvió y desapareció sin avisar. Hizo justo lo que me pidió que no hiciera.

* * *

Otra vez en el campo de margaritas, arranqué el último pétalo: "No se quiere".

Mel tronó los dedos y vi las estructuras rocosas un poco decoloradas mientras se metía el sol. Comencé a remar de regreso.

7 de enero

Fue doloroso experimentar una vez más el constante "me quiere, no me quiere". Al recorrer esta relación, descubrí mi vulnerabilidad hacia ese tipo de historias que son una continuación del linaje de mi abuela. Como las cicatrices de las piedras sometidas a la acción del agua, mi genealogía femenina me había marcado y mi misión me estaba permitiendo ver la estirpe histórica detrás del supuesto de que el amor no correspondido es lo natural. Es curioso cómo muchas veces esta conexión y el amor que siento por un hombre no son recíprocos, o hay algo de por medio que no permite la fluidez del amor. A esto lo llamo el arte de estirar, que a veces es dulce y otras, amargo. Me permite alcanzar lugares nuevos, pero también me ha producido algunos desgarres: mi cuerpo y emociones se estiran hasta los extremos. Aguanté esas tensiones con la esperanza de encontrar el amor y terminé perpetuando relaciones tóxicas.

Confieso que me lastimé al tratar de encontrar las formas de permanecer en la vida de los hombres que ya no me querían, o no en la misma forma en que yo los quería. Las estrategias de manipulación y tratar de forzar una relación son comportamientos bastante patriarcales; ahora lo sé, pero reconozco que lo disfrutaba pues era adicta a tener lo que no podía. Se trataba de una adicción menos dependiente que la que tenía al drama o al sexo, pero me enganchaba de igual manera.

En estas relaciones iba como acróbata sobre una cuerda tensada, caminando en sentidos opuestos. La cercanía y la distancia, la relajación y la tensión, la esperanza y la desilusión, la paz y el caos son aquellas polaridades que se unían en el hilo que mantenía mi inteligencia emocional inmadura y en desarmonía. Si la cuerda se estira de más, se rompe y me caigo; si se afloja, también caigo. Por tanto, he de buscar la tensión exacta, es lo más sano.

Sin embargo, estaba acostumbrada a caminar en mis relaciones tratando de evitar caerme y apretaba o soltaba de más. Por eso vivía constantemente a la espera de las respuestas y reacciones del hombre, buscando todas las alternativas para poder sostenerme sin caerme. Esta dinámica mantuvo mi ideal patriarcal de las relaciones; las mujeres también luchamos por el amor que queremos. En el otro extremo, también he sido cabrona: en lugar de terminar relaciones, estiraba la cuerda hasta que era él quien me dejaba.

Estirar de cierta manera me daba la ilusión de un nuevo comienzo, de la espera para que el otro cambiara, seguida del duelo por el final y la desilusión frente a la permanencia. Creí que era un área de confort permanecer oscilando entre los extremos emocionales y mentales, constantemente deshojando margaritas. Cuando no estaba en una relación estable con alguien, entonces estiraba mi vínculo con mi hombre del momento; si no era suficiente en la realidad, lo hacía en mi imaginación.

En mi archivo vi una historia de cómo estiré el hilo para mantener la relación: si éramos "amigos" el amor estaba presente. A mi amor platónico de turno, aunque fuera un patán o una fantasía, aunque tuviera valores y principios tan distintos de los míos, aunque no me encantara el sexo con él, le permitía ser mi *lover*. Prefería que los hombres siguieran siendo mis amigos, socios o aliados a que desaparecieran de mi vida. Más vale malo conocido que bueno por conocer. Ahora lo tenía claro, estirar no es natural. La naturaleza tiene orden, perfección y estaciones que crean ritmos y pulsos de vida de los cuales nos volvemos ajenos cuando nos relacionamos en una artificialidad condicionada que no es nuestra propia naturaleza. Entendí que las razones pierden validez frente al conflicto emocional o los comportamientos nocivos. Y cuando tocamos la herida, es cuando podemos sanar, no al evadirla: traté de estirar mi relación con él, intenté convencerme de que como amigos estaba bien. Así, de alguna forma, no me dolía, pero en realidad estaba escapando de mí para no tocar la herida.

El gusto por el drama ha sido una constante en mi vida, una búsqueda de lo desconocido que, sin embargo, resulta familiar para mi sangre y mi historia.

El amor más profundo que he sentido no fue correspondido, y eso despertó en mí todo aquello de lo que siempre he intentado huir. Romper vínculos me producía una sensación parecida a la de crearlos. La dopamina de conocer a alguien nuevo era tan intensa como la adrenalina del estrés al terminar. Estirar mi relación con los hombres me daba la ilusión de seguridad, de no sentirme sola. Ya es momento de amar y cortar en equilibrio, de aceptar que la relación terminó y que el verdadero amor está en mí misma, no en esperar al otro.

9

DOBLE VIDA

Volví remando al muelle. La oscuridad creciente, salpicada de estrellas, refrescó el regreso y alivió el calor de la ida. En la playa solo quedaban algunos grupos reunidos en torno a fogatas, musicalizando la noche con risas que, aunque invitaban a quedarme, preferí dejar atrás. Quería volver a mi casa y a las buganvilias, necesitaba regresar a lo familiar. En el bote de regreso éramos menos que de ida. El cansancio dominaba, y viajamos en silencio. Sentía el efecto del remo en los brazos, pero la exploración con las musas me había dejado una sensación de alivio, una mezcla de vitalidad y hambre.

En cuanto llegamos, busqué dónde comer. La magia de las islas se hizo presente: frente a la playa, aún quedaban restaurantes abiertos. La arena daba paso a piedras oscuras y muros blancos que lucían beige a la luz de las velas. Las sillas azules y verdes, convertidas en sombras acogedoras, completaban un escenario romántico de encuentros llenos de sorpresa. Estaba rodeada de parejas, pero no me sentí sola ni fuera de lugar. Al fin podía estar conmigo misma, consentirme, disfrutar de mi compañía y a la vez apreciar el amor de los otros. Sin anhelarlo, sonreí al ver una rosa entregada, un beso sutil, manos entrelazadas y otras muestras de afecto.

Entre la belleza del mar, la moussaka, las aceitunas y una copa de vino especiado, me dejé envolver por el Mediterráneo. Pero, de pronto, cambió la temperatura del ambiente: en segundos, el aire del invierno se instaló. Miré hacia la mesa de enfrente: una pareja acompañada de otra mujer. Él era cariñoso con su novia, pero la falta de mantel dejaba ver cómo acariciaba la pierna de la otra mujer por debajo del vestido. No quise juzgarlos, no lo hago; tal vez tenían un acuerdo entre ellos, sin embargo, me hizo sentir incómoda respecto a mi propia historia. Comencé a temblar y a sentirme un poco mareada, pagué rápidamente y me dirigí a casa.

Me acosté sintiendo algo de fiebre. Le pedí a las musas que me llevaran a los archivos que sentía muy enterrados en mi mente.

* * *

La tierra me absorbió y entré en un remolino que me llevó a un salón muy oscuro. Comencé a toser, ya que a cada paso movía el polvo de años acumulado. Vi una vela en una pequeña mesa de madera y encontré algo para prenderla. Su luz iluminó cientos de libros cubiertos por telarañas y polvo. Erato se apareció detrás de mí y me dio un plumero.

—Anda, quita un poco de polvo.

Obediente comencé a limpiar, pero esto me provocó más tos.

—Está muy sucio este lugar, me molesta un poco. ¿Podemos ir a otro? Se nota que nadie ha entrado a este salón en muchos años.

—Así es, ninguna misión ha llevado a nuestras hermanas a revisar estos archivos. ¿Estás segura de que no eres tú quien trajo el polvo? —Erato me preguntó confundida.

Me di cuenta de que mi vestido blanco seguía muy limpio.

—Mira de nuevo.

Me confundí un poco al ver ahora que mi vestido estaba muy sucio, no podía distinguir su color de tanta mugre que tenía.

—No entiendo qué pasó.

—Ya lo entenderás en su momento. Toma un poco de esta poción que despierta las pasiones y activa el fuego que despertará en ti la llama más rebelde. —Erato apuntó su dedo a mi plexo solar y un rayo dorado con tonos rojizos entró a mí induciéndome a un efecto alucinógeno.

* * *

Escuché una voz femenina proveniente de una figura que parecía ser una mujer con una flecha, no lograba ver su cara.

—Los humanos no tienen contacto directo con los dioses. Soy una mensajera, escucha con atención: las tentaciones son incitaciones que damos para que ustedes, los humanos, cometan actos o decisiones que los distraigan de su camino. Muchas veces son pruebas. No significa que sean negativas, sino necesarias para abrirse a explorar el amor y la lujuria. Son las que descubren el placer, una energía esencial en la vida humana.

"Tienes que revisar ciertas historias en las que has sido seducida y tentada. No huyas de ellas. Muchos humanos viven divididos: la vida que sueñan y la que realmente tienen. La mente ha sido condicionada para pensar en lo prohibido o imaginar lo "sucio". Tu esencia rebelde rompe sistemas establecidos, abre cajas, como Pandora. Tu cuerpo desea placer, seguir la seducción y darle vida a lo que imagina. Se requiere valentía para vivir las fantasías, porque la represión es fuerte. El noventa y nueve por ciento de los humanos no vive sus fantasías, porque el inconsciente sabe que cada una trae un aprendizaje que no se puede evitar, ya que el sexo es una puerta de la sombra y los miedos. Al abrir el archivo, detecta si hay culpa, vergüenza o emociones negativas. Nota si disfrutas, gozas, te diviertes. Las fantasías forman parte de la construcción que los mitos ancestrales hicieron de tu psique. La lujuria es la fuerza que permite sacar a la luz lo reprimido o inconsciente para validarlo, aunque no se lleve a la acción. Las fantasías pueden estar controladas por tu deseo e imaginación, o reprimidas por tu voz crítica que busca protegerte dentro de los límites de la seguridad y las reglas sociales. La belleza de la fantasía es que la imaginación no tiene las mismas consecuencias que la acción. Pero cuando se vuelve real, trae repercusiones. Ese es el truco de la tentación: llevarte al aprendizaje. Por eso la sexualidad es un tema tabú: despierta al ser humano y lo enfrenta a su verdad. Al materializar la imaginación, uno debe asumir los resultados y las emociones que se activan. ¿Estás dispuesta a aceptar algo tan ajeno y distinto a la vida que conoces?

Me dio un poco de vergüenza contestar y me quedé callada.

—Aurora, hay mucha vergüenza en tu ser sexual. *Aischýne*. La vergüenza fue una virtud que reflejaba modestia, humildad, autocensura. Era una respuesta natural ante lo que no se estaba listo para vivir o explorar. Una forma de distinguir lo que es correcto y lo incorrecto para mantener el orden. Pero con el tiempo se desvirtuó, y ahora destruye la dignidad humana. De ser adaptativa pasó a ser raíz de la devaluación.

"Es natural sentir vergüenza, pero la vergüenza no es un juez. No te hace menos por lo que has vivido. Es un radar que te da información. Las fantasías son experiencias conscientes, y la vergüenza solo indica si son adecuadas para ti. Toma un poco de té y viaja a otro tiempo.

* * *

—El exceso de placer puede hacer que pierdas la consciencia. El placer necesita dosis exactas para revelar lo que tienes que ver. Quiero que veas tu vestido —me dijo Erato.

—No entiendo, está roto y mis pies sucios. ¿Por qué me veo sucia y manchada?

—¿Te sientes sucia?

—Realmente no; bueno, tal vez un poco.

—Tu consciencia no puede reflejar el verdadero sentir de tu inconsciente. Toma un poco de agua y limpia tus manos, pies y cara.

"Sentirse sucia es una trampa de la voz patriarcal, que interfiere en la ligereza natural de la exploración cuando se da en su justa medida. El juego tiene reglas, se gana o se pierde, pero lo importante es atreverse a jugar y disfrutarlo. Los juegos son para quienes están dispuestos a participar en ellos con apertura y gozo. Te has olvidado de jugar, ¿cierto?

—Creo que no sé jugar bien. Siempre llega un punto en que quiero algo más. ¿Cuál es el fin del juego? ¿Qué determina si se gana o se pierde?

—Los dioses griegos están marcados por sus pasiones y deseos. Sus historias están llenas de incestos, infidelidades y otras prácticas que hoy se consideran tabú. Pero ellos no son castigados por sus fantasías; como seres inmortales, hacen lo que desean. En ellos, la lujuria y el deseo forman parte de su naturaleza divina.

En cambio, entre los humanos, el hedonismo —la búsqueda del placer— se valora como virtud solo mientras no cruce el límite del exceso. En tiempos ancestrales, los humanos se atrevían a desafiar las normas y explorar sus fantasías; incluso algunos héroes mágicos amaban a diosas o se unían con seres divinos. Bebe un poco más de la infusión. Es tiempo de volver a tus archivos.

* * *

El atardecer, teñido de rojo y lluvia, presagiaba el fuego que vendría más tarde. Aquella terraza de un restaurante francés en la Ciudad de México se convirtió en el preludio perfecto. Ser soltera y sentir lujuria un viernes por la tarde no es sencillo: la mayoría de los hombres no están disponibles, están casados, tienen novia o apenas pasan los veinte años.

Ese día era el cumpleaños de una amiga, y me invitó a una zona que no suelo frecuentar. Al llegar, sentí un cosquilleo al saludar a uno de sus amigos. Su mirada me intrigó; su boca ya tocaba la mía en mi imaginación. Durante la comida, ni una palabra, ni un gesto. Me sentí invisible. Fui al baño a pensar cómo atraer su atención; debía lanzar mi flecha con sutileza. Al volver, me senté a su lado, decidida. Lo ignoré un momento —mi vieja táctica—, pero de pronto hablé sin pensarlo:

—Hola, ¿tú eres…?

—Galán, así me llaman mis amigos —respondió entre risas y siguió su charla como si nada.

Mi orgullo, herido por la indiferencia, me oprimió el pecho. No volvimos a cruzar palabra, pero su voz me atravesaba los oídos. Se quitó el saco al calor de la conversación, y yo lo imaginaba desnudo. Cuando su amigo me hizo una pregunta, respondí brevemente. Él seguía sin notar mi presencia. Mi cazadora interior se activó: *Me va a hacer caso*, pensé. El reto me prendía.

Cuando la mayoría se despidió, decidí quedarme un poco más mientras dejaba de llover. Para mi sorpresa, se sentó a mi lado. Su sonrisa me desarmó, su pelo negro y rizado me distraía, su camisa rosa insinuaba un cuerpo que ya deseaba.

—Dime: ¿qué piensas de la vida?

La pregunta me desconcertó, parecía una escena de *Jerry Maguire*. Nos quedamos conversando por horas, bebiendo vino, hasta que un mensaje lo interrumpió.

—Ya me tengo que ir. Pero antes quiero enseñarte algo —me mostró una fotografía con un texto que decía: "No hay que correr de la tormenta sino aprender a bailar en ella".

—¡Wow! ¡Me encanta! —aunque en realidad quería decir: *Me encantas tú.*

—Si quieres, te la mando a tu teléfono.

—Sí, gracias —puntos por su manera tan sutil de pedir mi contacto.

—Adiós, fue un gusto conocerte.

—¡Igualmente!

Se fue, y dejó un hueco ardiente entre mis piernas. Pasaron los días, yo estaba abstraída en el trabajo, hasta que recibí un mensaje. Me tallé los ojos: ¿estoy viendo bien? ¡Era él!

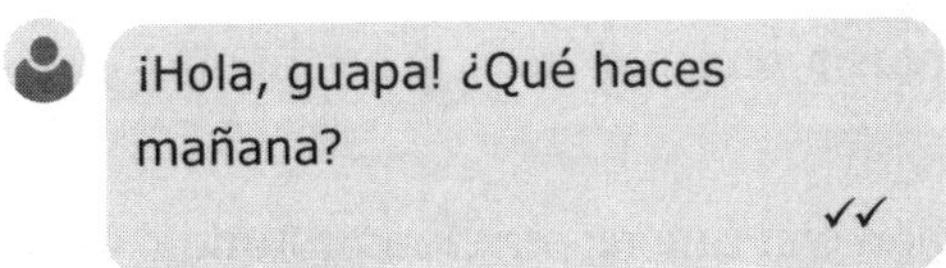

Me quedé viendo el celular sin saber qué decir: ¿qué hago? ¿Me pongo mi traje de cazadora o juego a la sumisa? Muy segura de mí misma, decidí darme mi lugar sin incluirlo en mi plan inventado.

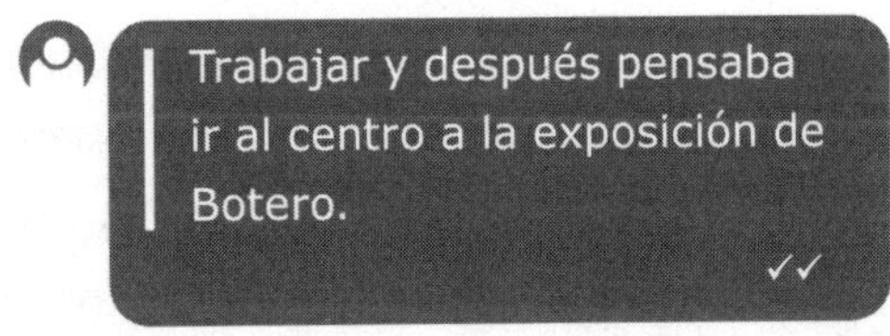

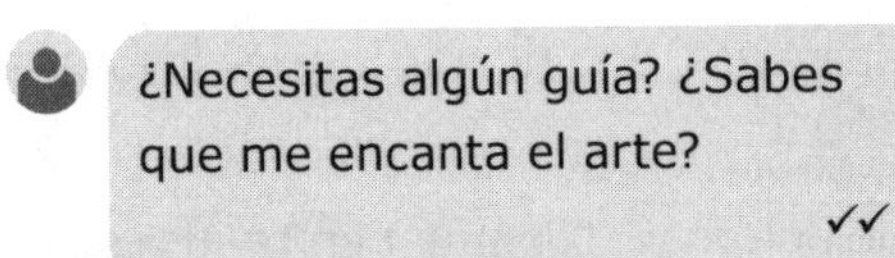

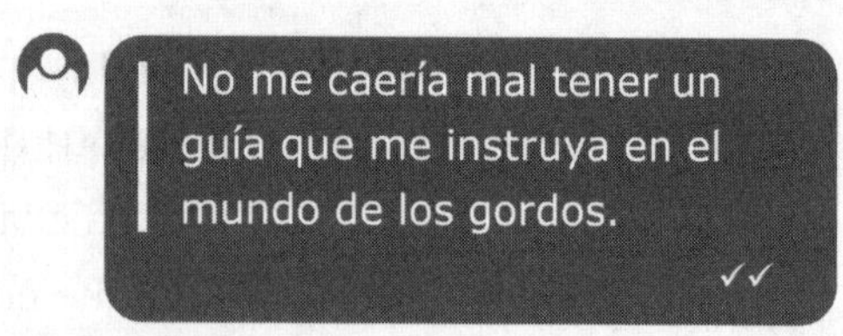

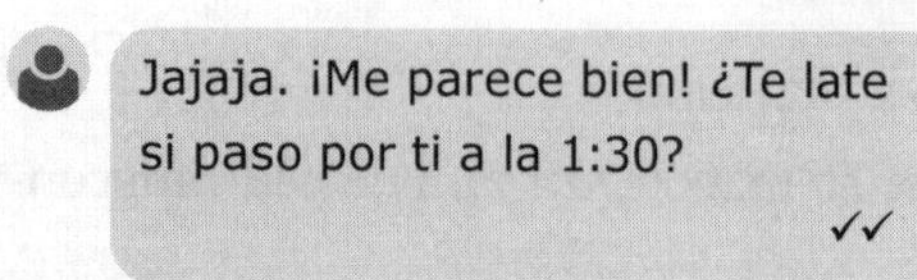

Mis nervios crecían al revisar mi celular una y otra vez; nunca me había sentido así, como si estuviera haciendo algo prohibido. Recibí su mensaje de que había llegado y brinqué de emoción. Cerré mi computadora, agarré mi bolsa y caminé velozmente por el interminable pasillo de mármol. Mis piernas temblaron justo cuando se abrió el elevador. Recordé una fantasía reciente en la que teníamos sexo salvaje ahí mismo.

Interrumpí mi imaginación con una respiración profunda. Quería causar buena impresión, que me viera como una mujer con potencial de novia o esposa, no solo como la amante que desea sexo salvaje... aunque eso también quería. El elevador se abrió y salí con mi mejor compostura hacia su coche.

Era aún más guapo de lo que recordaba. Me abrió la puerta y, en ese instante, el tiempo se congeló en su mirada.

El día fue maravilloso. Como pocos habitantes locales, tuvimos nuestra primera cita en el Centro Histórico de la Ciudad de México. Me encantaba el sabor de cada cuadra, como si México se transformara ante nuestros ojos. Caminamos entre la gente, tomados de la mano, rumbo al Palacio de Bellas Artes, uno de mis lugares favoritos de la ciudad.

Entramos a la exposición de Botero y, al caminar entre sus esculturas, me sentí chiquita y esbelta, encantada de navegar entre tantas curvas, y eso me subió la autoestima. Descubrí que él tenía un gran sentido del humor: describía cada escultura como si estuviéramos en un desfile de modas. No paré de reír; eso relajó mi cuerpo y me hizo sentir más segura.

Al salir, me compró un helado de pistache: bendita sensación en mis papilas gustativas que empezó a derretirme aún más. Me tomó de la mano y me llevó al carrusel de la Alameda y a lo lejos escuché a un músico callejero tocar una canción romántica de Agustín Lara. Me miró y se acercó a mi oído y con un tono dulce me dijo:

—Recuerdo que me contaste que te daban miedo los caballos, esta es tu oportunidad para soltarlo.

Me ayudó a subir al caballito como todo un caballero y se quedó de pie sujetando mi mano. Mi mente giraba como el carrusel, me olvidé del miedo y de mis traumas; me había seducido, estaba enamorada, aunque lo acababa de conocer. Como buen galán de época, con aire seductor me tomó de la cintura al bajarme.

Mi corazón rozó el suyo, mi sexo vibró recorriendo mi cuerpo del cuello a la cintura, y en ese instante, la lujuria apareció. Entendí por qué le decían galán. Mi traje de cazadora cayó ante su empatía y romanticismo; mi máscara salió por la ventana al abrir la puerta de mi vulnerabilidad. Me sentí expuesta: dos opuestos que abren paso al deseo, la protagonista de una comedia romántica y la mujer herida que, por un momento, es salvada.

Dijo que era hora de irse, que lo esperaban en casa. Me desconcertó. *¿No vivía solo?*

—Ya te contaré —respondió con evasiva ligereza.

Durante el regreso, el silencio me invadió. Él seguía entusiasta, mostrándome su música favorita. Intenté no pensar en la falta de respuestas, en sus gestos ambiguos. Me dio un beso tibio que, por un momento, me hizo olvidar todo.

—Ojalá se repita —dijo al despedirse.

Esa palabra me heló: era confusa, una forma elegante de no prometer nada. Aun así, lo deseé tanto que no me importó si era soltero, casado, o qué sentía realmente. Estaba atrapada entre la ilusión, el deseo y la confusión. Luego llegó un mensaje. Quedamos en vernos el miércoles a la una y media. Algo no me cuadraba, pero traté de convencerme: "Está ocupado, viaja… no te sabotees. Es atento, guapo, romántico de a madres".

Me preparé para verlo. Siempre me esperaba apoyado en su coche, con aire de galán clásico, como si fuera James Dean. Se me derretían las piernas al verlo. Esta vez me dijo que lucía hermosa, me abrió la puerta y subimos. Prometió llevarme a un sitio especial. Yo celebré internamente su gusto por las sorpresas.

Durante nuestro trayecto le pregunté:

—¿Dónde vives? ¿Con quién vives? —me quedé callada pues el tacto de su mano me sedujo y desvió mi atención.

Fuimos a la colonia Juárez. Un barrio artístico que me gusta frecuentar, pero no parecía su estilo de paseo. Me distrajo el roce de su mano con la mía, suave y sugerente. Al llegar, el restaurante parecía un pequeño castillo francés, con paredes color burdeos y candelabros. La comida era exquisita. Hablamos de Francia, del arte, del amor por París y de Monet. Su pronunciación en francés, aunque básica, me estremeció. Era sensual, culto, encantador.

Para el postre ya estaba rendida. En un silencio torpe, derramé el vino sobre mi vestido manchándolo de color lujuria. Él intentó limpiarme, pero el líquido había llegado hasta mi entrepierna. Su roce, aunque cuidadoso, me estremeció al despertar el lugar que había olvidado por tanto tiempo. La sensación del líquido y sus dedos tocando delicadamente mi punto de placer marcaron la sonrisa de mis labios. Mi néctar se fusiono con el Shiraz llevándome a un ligero orgasmo. Me paré, me acerqué a su oído y le susurré que nos viéramos en el baño. Poco después entró, cerró el seguro y nos entregamos al deseo.

Morado era el color del baño que, con su luz tenue, escondía la mancha de vino de mi vestido. Me cargó y apoyó mis nalgas en el lavabo antiguo de mármol. Visitó mis rincones con delicadeza y vigor, subiendo el ritmo hasta llegar a nuestra común explosión de placer. De pronto noté que no quería ser descubierta, algo en mí insistía que esto estaba mal. Me vi en el espejo, no me reconocí. Con olor a sexo y sabor a vergüenza salí del baño para encontrarme con la mirada de una mujer que descubrió la mancha de vino y de lujuria, jamás logré limpiarla.

De regreso a casa, el silencio fue espeso. Las voces en mi cabeza me castigaban: *Eres irresponsable, una puta, ¿qué sabes de él?, ¿y si no te vuelve a hablar?* Me tranquilizó recordar que al menos no había riesgo de embarazo.

En el coche, él quiso hablar. Le dije que no era el momento, que lo mejor era no volvernos a ver. Salí sin dejarlo responder. Era la primera vez que cumplía una fantasía sexual perfecta, pero la vergüenza me impidió disfrutarlo. Esa noche no dormí, revivía la escena una y otra vez, entre la culpa y el deseo. Al amanecer, recibí su mensaje: "Te quiero volver a ver". Le respondí: "Yo también".

El miércoles por la tarde nos encontramos en un hotel del centro histórico. Desde que entré, sentí que ya había estado ahí con él, en otro tiempo. Mientras me perdía en la arquitectura y fantaseaba con una escena de *Eyes Wide Shut* de Kubrick, me sorprendió que tomara mi cintura acercándola a él; besó mi mejilla y murmuró que sentía que ya antes habíamos estado juntos en ese lugar.

Luego me llevó a una habitación decorada con tonos tierra. Encendió velas, abrió una botella de Moët, y comenzó a cumplir mi fantasía como si la hubiera leído.

Entre versos de poemas, recorrimos nuestros cuerpos con las manos. Nos delineamos el uno al otro. Nos besamos y nos dejamos envolver por las sábanas suaves. Nos consumió esa maravillosa sensación de sentir el pecho del amante por primera vez, entre nervios, sorpresa, dulzura y confianza. Sus manos me disolvieron de placer; encontré la lujuria al montarme sobre él y me convertí en una mujer indomable e inmejorable. Descubrí mi clítoris y me toqué en círculos aumentando el placer. La mujer salvaje tomó el control de mí y me capturó en euforia. Pocas veces había estado tan excitada, me costaba reconocerme mientras reaccionaba más instintiva. Sentía un poder que jamás había experimentado anteriormente, algo se despertó en mí que aún no tenía claro, pero se sentía muy bien. Al terminar, me derrumbé en su pecho tratando de encontrar la quietud. Charlamos durante horas, acompañados por el espumoso.

Había sido un buen día... hasta que, al dejarme en casa, me dijo:

—Es importante que te diga algo.

—¿Puede esperar? Es que no quiero interrumpir este momento. Hablamos la próxima vez.

Me besó la mano como un caballero. En mi cama sentía estas nuevas sensaciones hasta que se apareció otra vez la voz de la vergüenza acompañada por la de la culpa: *¿Por qué no quieres escucharlo? Ya lo sabes, no te hagas la pendeja.* Me despertó su mensaje.

Hoy, déjame entrar en tus sueños, solo por hoy, no te resistas. Te pienso, y en mis fantasías diurnas nos fusionamos. Te sueño con los ojos cerrados y con los ojos abiertos. Esta noche pasaré a visitarte, quizás solo un instante. Si prefieres, finge que duermes, estaré a tu lado y te abrazaré en el universo onírico. Duerme o aparenta dormir. Sueña que se despierta todo

tu cuerpo y se te eriza la piel dejando cosquilleos de placer que se funden en nuestros sueños y permanecen en nuestras fantasías.
✓✓

Con un mensaje así, aunque haya pensado en no verlo, me era imposible no hacerlo.

Al miércoles siguiente, en el elevador, el deseo fue aún más intenso: más animal que sensual, más crudo que prohibido. Al abrirse la puerta, me sorprendió esperándome. Me empujó adentro y me besó con una lujuria desbordada. Nuestras manos se buscaron con urgencia, y nuestros gemidos se mezclaron con el sonido de la campana que anunciaba nuestro piso.

—¿Me invitas a tu casa?

Entramos con complicidad. La lujuria nos guio entre besos y uvas que apenas alcanzamos a probar. Su mirada astuta confirmó que ese era el día en el cual su boca se encontraría finalmente con mi suavidad. Se deslizó hacia abajo besando mi pecho, desapareció bajo mi vestido y su lengua exploró mis piernas con devoción. Me deshice entre sus labios. Corrimos al comedor; abrió mis piernas y nos fundimos en un vaivén de placer que nos llevó a un mundo suspendido en el tiempo.

Los miércoles se volvieron nuestros. El secreto que alguna vez quiso contarme perdió importancia frente a nuestros encuentros. Prefería no saber si la verdad arruinaría lo que teníamos; al final, la ignorancia también puede ser placentera. Sus mensajes llegaban como preludio del deseo: no solo era un amante hábil, también sabía mantener viva la tensión, jugando en ese borde irresistible de la seducción sin dejar que se desvaneciera.

La ciudad se rendía al caos. El tráfico paralizaba todo y el calor se filtraba por las ventanas del coche, empapándonos de sudor y tensión. En un alto eterno sobre Insurgentes, él se dejó llevar por la lujuria y me arrastró con él. Mientras los demás maldecían su espera, su mano jugaba dentro de mí. La posibilidad de ser descubierta encendía algo salvaje; me sentía fuera de control. Cuando por fin avanzamos, yo ya estaba rendida al placer. Pero el destino me heló: un hotel de los que una mujer "digna" evita. Me incomodó ver su excitación al llegar ahí. La voz de la vergüenza surgió: *Te trajo a un lugar de mala reputación. Sabes lo que eso significa: puta*. Al escuchar esa palabra en mi mente, algo se apagó. Me desconecté del cuerpo, como si estuviera despierta, pero con los ojos abiertos.

—No quiero bajar —le dije desconcertada.

—Anda, vamos. No es lo que imaginas. Es una aventura divertida para los dos, esto no significa que seas mi puta ni nada por el estilo. Esos son solo estigmas para que no puedas disfrutar de tu sexualidad.

Me alivió que dijera eso.

Al salir del coche, me cubrí el rostro para evitar ser reconocida por una pareja que se acercaba caminando. Apreté el botón del elevador deseando que nadie más subiera con nosotros. Al llegar al cuarto piso, me sorprendió la decoración moderna, limpia y con un toque divertido; incluso podía decir que era de buen gusto.

La habitación no fue la excepción: una cama lujosa con sábanas de algodón de mil hilos, luces LED multicolores, sistema Sonos y una silla tántrica. Un espacio creado para explorar el placer de forma cómoda y sensual. Sabía que ahí acudía la élite con sus amantes, que era refugio de *amigantes* y matrimonios que quieren escapar de la rutina. Aunque el lugar era impecable, me avergonzaba estar ahí. No sabía si él era casado, pero su elección me lo sugería. Aun así, sus planes parecían de alguien libre. Intenté calmarme.

Mientras organizaba mis pensamientos, lo encontré en la regadera envuelto en vapor. Entre las luces LED y la neblina, nos perdimos en una pasión multicolor que fusionaba nuestros cuerpos dándole vida a otra de nuestras fantasías que continuamos en la silla. Fue divertido, pero algo se sentía fuera de lugar.

Atravesamos el tiempo y, al verlo, recordé que él y yo ya habíamos sido felices e infelices juntos en otras vidas. El torbellino de emoción se apoderó de mí, esfumando el vapor, y mis ojos se llenaron de lágrimas por un pasado que sentía y que desconocía. Tenía sed de él, lo reconocí en mi corazón, no solo en mi sexo. Se movía con lujuria sin darse cuenta de que estaba siendo un animal al que el corazón se le estaba escapando de las manos; no pudo ver la verdad que en este momento nos estaba siendo revelada.

Después de horas de sexo, en sus brazos comprendí que algo había cambiado. La desconexión emocional era nuestra comodidad compartida. Recordé que su corazón no latía por mí, sino por la emoción de la conquista. Sus palabras poéticas eran solo estrategias, parte de su juego seductor. La lujuria fue anestesia, otra vía de escape para no sentir. Como lo había hecho con otras, me llevó al hotel un miércoles de dos a seis. En el camino de regreso finalmente confesó que era casado, que vivía un matrimonio sin encuentros íntimos y que las aventuras le hacían sentir que su corazón aún latía. Me tragué el enojo con un mal sabor de boca; debí escuchar mi intuición, pero estaba obsesionada. Mi sexo confundido se contraía y expandía, excitación y aversión, dos opuestos que se encontraban situados en el silencio del coche. Sería mi karma que su magnetismo no me permitía alejarme de él, me convertí en una más de su póker de reinas.

Un zumbido me sacó de la pesadilla: era la vibración del celular. Al tomarlo, leí su mensaje: "Abre, estoy aquí afuera". Me costó unos segundos reaccionar; había estado sumergida en un sueño angustiante que llevaba meses repitiéndose. Con él me encontraba atrapada en una especie de purgatorio, enjaulada tras barrotes de hielo, siendo juzgada por un hombre. No podía escapar ni gritar; las palabras no salían de mi boca. Solo escuchaba una voz interna que me llamaba con desprecio: *Puta, rompehogares*.

Aún aturdida, abrí la puerta. Su mirada juguetona hizo que por un instante se disipara el juicio, pero todo volvió cuando sentí su mano apretando ligeramente mi cuello. Le pedí que no lo hiciera, con un tono seco, de rechazo. Fue la primera vez que no deseaba acostarme con él. Aunque el cuerpo aún respondía, ya no se sentía como una aventura. Desde hacía meses, mis orgasmos estaban cubiertos con una mezcla de vergüenza y culpa. En ese tiempo lo culpaba de todo: de ser un infiel y un mentiroso, de usarme, de tratarme como a una cualquiera que luego se desecha. Pensaba que nunca le había importado, que era un hipócrita con doble vida, que me sedujo para hacerme la otra y que me prometió cosas que jamás iba a cumplir. Me sentía sucia, avergonzada, como si mi reputación se hubiera roto para siempre. Todo lo que vivimos quedó contaminado por el resentimiento.

No entendía el doble rasero: hombres con dos vidas, casa chica, amante perfecta. Los había juzgado por infieles, y también a las mujeres que participaban en ese daño. Pero cuando me imaginé a su esposa, todo cambió. Al inicio, él decía no saber qué quería, pero en el fondo yo intuía la verdad. Debí haberme hecho responsable desde entonces.

Me pregunté qué fue lo que me hizo cruzar esa línea. El anhelo, la tentación. El deseo es egoísta: despierta algo tan fuerte que nubla la razón. Entre placer, vergüenza y culpa, se formó un torbellino que me empujó a necesitarlo. Estar con él fue un regalo y una gran lección. Tuve que confrontar mis principios, aceptar que fui yo quien había roto mis propias promesas. Me juré no estar nunca con alguien con una doble vida, pero terminé convirtiéndome en la otra, creyendo que podía salvarlo de su matrimonio.

Con el tiempo, dejé de sentir culpa. Asumí las consecuencias y entendí que no me definían, sino que me revelaban. Acordé el juego, participé activamente en esa fantasía y terminé enamorada. Con él descubrí una parte de mí que estaba dormida: una mujer poderosa, decidida, creativa, juguetona, muy sexual. Mi ser erótico despertó de una larga anestesia, enfrentó sus miedos y se abrió a explorar el arte del amor. Le agradezco que se comportara como el hombre de mis fantasías, aunque eso me impidió conocer a su verdadero yo.

Ambos elegimos crear esa historia. Él era el que estaba comprometido. Yo asumí mi parte sin vergüenza; no puedo juzgar la suya porque desconozco el fondo de su historia. Su redención y su perdón le corresponden a él. Yo solo fui una mujer que dio vida a una fantasía; él, un hombre que supo encarnar un papel.

* * *

Regresé al sentir el efecto del loto azul y la damiana. Mi cuerpo estaba lleno de placer, ya sin el peso de la vergüenza ni la culpa. Aceptar mis fantasías y esa historia me reveló que el placer sexual también es parte de la vida, una expresión natural del ser humano que, por fin, me permití explorar. Los juegos me habían llevado a mirar con valentía lo distinto. Me vi al espejo: el rostro limpio, el vestido remendado.

—Ya te quitaste la sensación de sentirte sucia simplemente viendo el aprendizaje de esta historia. Agradece a tu valentía —dijo Erato dándome una palmada en la espalda.

Ganar este juego significó reconocer mi placer, el poder de mi sensualidad, lo magnífica que es mi sexualidad. No implica que deba concretar todas mis fantasías, pero sí que su aceptación me abre un espacio único de autenticidad.

Al cerrar los ojos, un rayo de luz verde me tocó el corazón y me llevó frente a un castaño. Su sombra me protegía de la lluvia que apenas roza mis manos, mientras un líquido gris se escurría hacia el suelo, limpiándome del juicio, la culpa y la vergüenza.

* * *

Abrí los ojos y vi un rayo de luna que entró a mi habitación para iluminar mi corazón. A pesar del cambio de temperaturas, ya no temblaba de frío y me sentía profundamente limpia.

28 de enero

Todos tenemos una doble vida: la de las ideas y la del corazón; la de las fantasías que imagina la mente y la de la realidad carnal del día a día. Mis historias de amor me han mostrado que el sexo ha sido un componente clave en mis dinámicas, revelando distintos aspectos de mí. Pero hay un rincón más secreto, el de mis emociones, deseos y pensamientos más ocultos: el de mis fantasías, mis espacios idílicos, los sueños donde aparece mi potencial, la libertad de hacer lo que realmente quiero.

En la niñez fueron inocentes. En la adolescencia me daban el valor que no tenía en la vida real, ahí no existía el miedo al juicio, podía ser y desear sin límites. Eran comedias románticas, escenas en playas paradisiacas o ensayos de bodas con mis amores platónicos. Esas fantasías blancas despertaban un cosquilleo suave en mi cuerpo dormido.

Pero al casarme algo cambió. Saber que estaría con un solo hombre el resto de mi vida abrió el archivo de las fantasías rosas, más atrevidas, cargadas de adrenalina por lo prohibido. Me daban algo que el sexo real no ofrecía: una fuga de la rutina, la posibilidad de imaginar otro cuerpo, otro pene. Fantaseaba con el hombre frente a mí en una cena o, a veces, con mi amor platónico mientras hacía el amor con mi esposo. Me gustaba ese juego interno, esa doble vida entre la conexión con mi pareja y el deseo oculto por otros.

Tras el divorcio, mi curiosidad se expandió. Leí mucho sobre sexualidad y comprendí lo limitada que había sido mi educación al respecto. Entonces llegaron las fantasías rojas: más lejanas, más intensas, lo suficientemente irreales para parecer seguras. Me excitaba imaginar a dos hombres besándome mientras estaba atada, tener sexo en el baño de un restaurante, en un avión, en público, en el elevador de un edificio de oficinas. Confesar estos secretos no es fácil. Nunca pensé que alguna de esas fantasías se haría realidad. Pero en este tránsito del mundo imaginario al factual, descubrí que conocerse a una misma es esencial para ganar el juego. Y explorar la sexualidad con responsabilidad.

10

SOMBRAS

En mi último día en Grecia, opté por regresar a la península, salir un poco del aislamiento. Pasé el día visitando museos y ruinas, me fue inevitable pensar en mis aventuras con las musas al ver las estatuas. A lo largo del día, mientras disfrutaba la temporada de los cielos nublados de invierno, noté cómo algunas mujeres que vestían falda o shorts lucían un pequeño tatuaje de Medusa. Me pregunté si serían una especie de club, culto o cultura suburbana. En su momento les dediqué poca atención hasta que una de ellas se me acercó; era bastante joven, muy linda, pero su maquillaje era exagerado, como si trajera una pesada máscara. Me entregó un folleto promoviendo una obra de teatro al pie de la Acrópolis de Atenas: *Las metamorfosis* de Ovidio.

Poco a poco fue llegando la audiencia, no éramos muchos, sobre todo había mujeres y uno que otro turista. Toda la interpretación estuvo a cargo de mujeres, incluso los papeles masculinos; me pareció irónico que hace algunos años era lo contrario, pues las mujeres no podían trabajar y, por tanto, tampoco actuar. Con unas máscaras de hermosa confección, pero aterradoras en los detalles, nos contaron la historia de la Medusa. Compartí la vulnerabilidad de la hermosa mujer al ser violada por Poseidón quien, aprovechándose de todo su poder, sometió a la hermosa sacerdotisa; sentí rabia frente a la injusticia en el momento en que Atenea la castigó por provocadora y la convirtió en un monstruo. Me quedó claro que no era monstruosa, pero proyectaba esa imagen para evitar que nadie más la tocara. Experimenté una especie de alivio nostálgico al ver emerger a Pegaso de la sangre de Medusa: finalmente era libre del castigo, el juicio y el trauma. La metáfora del caballo alado que sale del cuerpo herido me brindó una especie de alivio. Como muchas de las otras mujeres en el público, pasé toda la obra llorando. Al terminar, las actrices nos agradecieron haber presenciado su trabajo y nos informaron que todas ellas eran supervivientes de abuso sexual, que estaban recolectando fondos para apoyar a más mujeres víctimas. Todas las ganancias de la obra y del brindis de cierre se destinarían a fortalecer las actividades de la fundación que las había apoyado a ellas.

En solidaridad, todas nos acercamos a consumir por lo menos alguna bebida. En un inicio fue como una procesión en silencio, temíamos herirnos entre nosotras con las palabras, pero poco a poco comenzaron a surgir conversaciones esporádicas en voz baja. En medio de nosotras, apareció un turista que había pasado todo el tiempo en su celular. Era atractivo, sí, pero nada extraordinario. La experiencia me llevó de inmediato a identificarlo. Se acercó con todas, incluyéndome, proyectando distintas personalidades, buscando a su presa. Su cacería y las diversas máscaras que fue empleando me resultaron demasiado obvias y me produjo pereza, a mí y a las demás, pues la obra de teatro nos había abierto los ojos. A la larga se cansó y desapareció. Su fracaso me dio gusto, pero una parte de mí se mostró molesta por no haberlo enfrentado y detenido. Ahí debí tirarle el "teatro" e impedir que siguiera comportándose así. Volví a mi casa a terminar de empacar y a dormir un poco antes del vuelo.

* * *

Aparecí en la biblioteca; frente a mí, en un atril, había un gran libro de tapa dorada. Me acerqué y, al abrirlo, me absorbió; me convertí en un personaje ilustrado que obedecía las palabras del texto. Noté que algunos leían el libro y me provocó ansiedad esta sensación de jugar un mero rol como si mi participación quedara fuera de mi control y fuera manipulada; además, quienes leían juzgaban mis acciones, imaginando lo que no era y atribuyéndome emociones que no sentía. Su imaginación me llevaba hacia una dirección a la cual no quería ir. Esa no era mi vida. Me había convertido en el rol de un guion que no fue escrito por mí, sino por la voluntad de los lectores quienes decidían qué hacer con mi personaje, elegían las acciones que me llevaban a vivir la vida como ellos la dictaban. Tenían el poder sobre mí: me convertí en la mujer creada por su imaginación. Me ahogué al pensar que no era yo. Con la falta de aliento busqué con rapidez mi silbato, lo llevé con dificultad a mi boca y con todas las fuerzas que me quedaban di un silbido. Esperaba el sueño con las musas y terminé en una pesadilla.

* * *

Llegué a un lugar muy oscuro, hacía mucho calor y se sentía encerrado. Caminé por un pasillo de mármol negro sin ventanas, me tropecé y al girar la vista me encontré con un espejo; al verme, me sentí incómoda. Me vi desdichada y enojada, llevaba un vestido negro con encaje que iba desde mi barbilla hasta más allá de los pies, lo que explicaba que tropezara. Al levantar el ruedo, me encontré con unas zapatillas rojas, que me resultaban familiares. Ante mí, se abrió un camino amarillo y transité por él hasta llegar a una pared; la tanteé y, al tocar un ladrillo, el muro se abrió. Entré a una habitación que tenía una cortina de terciopelo rojo y frente a ella una silla también roja con perlas en los costados, los antebrazos eran plateados con incrustaciones de piedras preciosas. Ante mí, apareció una pequeña mesa de mármol negro y a mi derecha tres repisas de libros empastados en cuero negro con destellos púrpura. Vi frente a mí hermosas espirales doradas que me dieron una sensación de pureza a pesar de estar en un lugar tan oscuro.

El vestido de Polimnia reveló su presencia:

—No te esperaba tan pronto en esta habitación. Es la más pura de la biblioteca.

—¿Y por qué es negra si es pura? —escuché una voz masculina que salía detrás de la cortina.

—Todo este tiempo has sido la Luna y él estaba ahí para verte brillar —afirmó Poli.

—¿Era el Sol? —pregunté un tanto confundida.

—¡No, querida, él era la oscuridad!

No entendí bien el mensaje. Intenté refugiarme en mis pensamientos para tratar de comprender y darle sentido a sus palabras. Me daba curiosidad saber quién era el hombre que me hablaba. Sobre todo porque se sentía familiar este momento, como si fuera sacado de mis recuerdos de alguna película que ya había visto cientos de veces.

—No es momento de ir a tu mente, pues solo te va a alejar de la realidad. Toma este té para que regreses al presente.

"Puedo ver que te resistes, hay fuerzas internas que quieren que te mantengas firme en tus creencias, ideas y valores. La resistencia normalmente defiende comportamientos cómodos, pero que tienden a ser tóxicos o te mantienen en el mismo lugar, en la misma situación o con la misma persona. Es tiempo de abrir los archivos que se tienen que purificar.

"Es muy fácil perderse en el drama emocional o en el caos de los pensamientos. Toma un poco de té de valeriana, te ayudará a relajar los nervios. Aurora, en la imagen que tuviste hace un momento, como personaje dentro de un libro, dijiste que eras producto de la imaginación, ¿de quién?

—¡Del hombre! —exclamé con furia.

—Puedo sentir tu ira nublando tu entendimiento. El enojo no es el enemigo, ni el hombre. Necesitamos poder ver con claridad y entender los sistemas que no nos permiten ser mujeres auténticas que hablan su verdad.

"Por milenios este sistema ha silenciado el don de la palabra y ha quitado el derecho a expresar lo que la mujer quiere decir. Esta voz patriarcal es una orden que no permite la expresión de la verdad y sí las injusticias. Las mujeres se muerden la lengua para no dar "problemas" a este sistema y entienden que calladitas se ven más bonitas. El silencio reprimido se encapsula en el cuerpo y se adueña del linaje manifestándose como el miedo que experimentan las madres, las abuelas, las bisabuelas, las primas y todas las mujeres del planeta. La negativa voz patriarcal les recuerda todo el sufrimiento colectivo y el miedo que la mujer tiene al juicio o al abandono.

"La mujer no escucha a su Ser Superior y le da la prioridad a esta voz que se aleja de la capacidad de escuchar su verdad y su divinidad. Al decidir escucharte a ti misma te permites tener claridad y te aceptas como eres. Muchas de las sombras que tiene la mujer provienen de estas ideas de autoridad que se instalan en su mente y en sus emociones. Es importante verlas.

—Aun no entiendo cómo afecta el patriarcado a mi vida amorosa.

—Muy buena observación, Aurora. Veamos primero una memoria para que lo puedas entender a través de tu propia experiencia.

* * *

Estaba sentada en la oficina de mi jefe, incómoda, con las defensas en alto. Intentaba mantener la compostura cuando, con una sonrisa insinuante, me dijo:

—Sabes que eres mi favorita para participar en el nuevo proyecto, ¿verdad?

Y acto seguido, se sentó junto a mí, demasiado cerca, y me rodeó la cintura con una mano, mientras con la otra me tocaba la pierna. Me alejé disimuladamente, hasta que, por suerte, su asistente entró e interrumpió la escena.

Salí de ahí asqueada. Quise enfrentarlo, decirle que no se atreviera a tocarme de nuevo, pero el miedo a perder la oportunidad me paralizó. No era la primera vez que lo hacía, y todos lo sabían, pero nadie decía nada. Tiempo después supe que se había ido a otra empresa, donde seguramente siguió abusando de su poder. Me sentí culpable por no haber hablado, por no haber evitado que lo repitiera con otras.

* * *

Regresé al cuarto oscuro un poco agitada por la memoria.

—Tranquila, respira conmigo. Sé que estamos navegando por aguas turbulentas y que visitaste una memoria traumática. Sanar el trauma requiere de aceptación, perdón y compasión —Polimnia caminó hacia el estante y abrió un libro:

> El patriarcado es una estructura social y cultural establecida gradualmente a lo largo del tiempo y se relaciona con la supremacía masculina y el control del poder en manos de los hombres. Este sistema los beneficia solo a ellos: su visión y voz determinan las reglas e ideologías sobre cómo construir el mundo. Para esto, extienden los principios de los mitos de los antiguos dioses de las culturas

> grecorromanas que tenían el control sobre los seres humanos, y utilizan distintas estrategias de sometimiento, castigo, recompensa, miedo, confusión y duda. A través de la discriminación, subordinación, atribución de roles, estereotipos de género y la exclusión de la mujer de la esfera pública mantienen el orden. La historia ha tomado por verdadero que los dioses eran hombres y que la mujer surgió después. Esto es incorrecto, ya que la diosa fue la creadora del Universo.

Me quedé un momento pensativa.

—¿Cómo sería el mundo si supiéramos que todo fue creado por la diosa? ¿Qué función tendría entonces el patriarcado?

—Esto es delicado. Por ejemplo, nosotras lo sabemos, pero crecimos con la supremacía masculina de Zeus. En lugar de enfrentarlo, trabajamos con él, pero la jerarquía divina ha sido malinterpretada por los intereses mundanos de los hombres. La ambición de dominio, dinero y sexo desvirtúan la esencia de lo masculino y retrasan el proceso evolutivo. A través de la imposición, se ha perpetuado el abuso de poder que genera desigualdades y es dañino para el planeta.

"En nuestras culturas ancestrales, el pecado y la culpa eran considerados formas de desequilibrio en el orden cósmico, lo que conllevaba consecuencias negativas para el individuo y la sociedad. Hoy se utilizan para manipular a otros y obtener poder, dinero y control. Originalmente, el objetivo del patriarcado fue sostener regímenes militares para proteger sus tierras y garantizar la supervivencia. Hoy en día es una manifestación de cómo continúan inscritos los roles del guerrero o el soldado en el deber ser masculino. A través de la culpa, las mujeres son mantenidas en una condición de inferioridad y obligadas a cumplir los roles tradicionales de género. La culpa es el arma de la lucha de poder entre hombres y mujeres; es la sensación que ha llevado a la mujer a justificar la violencia, el abuso o la agresión.

Esta voz patriarcal culpa a la mujer de lo que le sucede al hombre. Al mismo tiempo, resulta curioso cómo tantos hombres tradicionales se desentienden de su rol de género como proveedores o protectores. Sin embargo, poco a poco se está manifestando un cambio. Los abusos de poder están siendo castigados y los hombres responsables de diversas atrocidades enfrentan juicios. Todos aquellos hombres que eran intocables están por fin pagando las consecuencias de sus actos, sin importar si son famosos, millonarios, religiosos, cantantes, artistas o políticos. Muchos de ellos están siendo expuestos por sus perversiones y abusos de poder. Finalmente existen los mecanismos para que mujeres valientes alcen la voz y denuncien el maltrato y el abuso. Nosotras debemos inspirar a las mujeres a decir que no y poner un alto al abuso sistemático. Esto incluye la manipulación psicológica, la humillación, los insultos, las amenazas, el control excesivo, la minimización. A nivel físico: el tacto sexual sin consentimiento, los golpes, la agresión o el acoso sexual. Cuando estés lista quiero que pongas la mano sobre el libro para que veas otro recuerdo.

Coloqué la mano con reservas, pues temía visitar alguna memoria dolorosa.

—Si quieres volver, toca tu brazalete de turquesa. Se requiere de valentía para ver la sombra.

* * *

Vi salir un rayo de luz roja directamente hacia las plantas de mis pies, sentí un gran temblor en el suelo pélvico que se calmó al escuchar la *Séptima sinfonía* de Beethoven. Aparecí acostada en el interior de un clóset con los audífonos puestos; estaba rodeada de zapatos muy usados, tacones rotos, botas militares y algunas chanclas hawaianas. El olor a humedad de la ropa era un poco molesto. Me cubrí la boca con un edredón de plumas que tenía una funda de algodón rancio.

Estaba un poco desorientada, no sabía qué hacía ahí. Empecé a rezar buscando la paz y entonces recordé cómo había llegado a ese lugar.

Era un memoria que había enterrado: la del misógino disfrazado de encantador. Un narcisista que invalidaba mis emociones llamándolas fantasías y me culpaba de todo. Nunca me miró de verdad, solo proyectaba en mí la imagen de la mujer que deseaba tener. Gritaba tanto que no podía escuchar nada, mucho menos a mí. Él era un torbellino emocional, experto en señalar a los demás pero incapaz de verse a sí mismo. Su miedo, sus celos y su afán de control revelaban lo lejos que estaba de su verdad. Y, aun así, confié en él. Le abrí el corazón.

Estábamos en un festival. Al bailar, su larga cabellera me hipnotizaba. Como tantas otras mujeres, me enamoré de él y sentía una especie de orgullo por haber sido "la elegida" por ese hombre alfa: guapo, carismático, admirado y gran amante. Caminé entre las miradas hambrientas de otras mujeres, lo tomé de la mano y marqué mi territorio. Más tarde, intenté convencerlo de que nos fuéramos.

—Ya estoy cansada, me quiero ir.

—¿Qué tal si nos llevamos a una chica con nosotros?

—¿A cuál de todas? —le pregunté para darle gusto.

—La chica que te presenté hace un rato, la de los shorts rojos.

—No me gusta nada. ¿Qué tal otra?

—Pues ya no le puedo decir que no, la invité hace un rato.

Sonreí con disgusto a la vez que una oleada de calor atravesaba mi cuerpo con furia intensa. No podía creer que, a pesar de que le quería dar gusto, siguiera sin tomarme en cuenta; en verdad no le importaba que no me atrajera o cayera bien. Una voz me decía: *Vete sin él, déjalo.* Pero un momento después regresó para decirme que lo olvidara, que no la había encontrado y que nos fuéramos solos. Cual cabrón experto detectó mi furia y cambió de estrategia.

—Hermosa, vamos a tener una noche linda tú y yo. ¿Te parece?

Me relajé al pensar que me había librado de esa situación. Llegamos a casa de su amigo y me bañé para lavarme el enojo. Me puse un *babydoll* y fui a su encuentro, deseando seducirlo.

—Te vez increíblemente sexy. Vamos a disfrutar de tu *lingerie* juntos en una nueva aventura. No lo vas a creer. No sé cómo, pero la chica me encontró y me habló; viene en camino, ya no le puedo decir que no. Podemos tener un trío divertido. Sabes que quiero compartir todo contigo, quiero que seas parte de mi vida y mis planes. Pero depende de ti. Si prefieres no participar, está bien. Te armo una camita en el clóset para que tengas privacidad y no te molestemos. Cuando terminemos y ella se vaya, te despierto para que vuelvas a la cama conmigo.

No me gusta, no quiero jugar, prefiero estar muerta que participar en esto. Traté de controlar mis palabras y contener las emociones. No quería decir más cosas de las que después me pudiera arrepentir o provocar que me dejara. Entonces él, como si nada, tomó un edredón y una almohada e improvisó una especie de camita dentro del clóset. Mi orgullo, dignidad, integridad, espíritu, mente, corazón y todo mi ser se encapsularon en un paracetamol que me tomé para el dolor de cabeza. Se acercó y acomodó las cosas dentro del reducido espacio.

—Mira: te hice una camita muy cómoda y te traje tus audífonos para que escuches tu música favorita. Tú descansa y te despierto en cuanto terminemos. Sabes que te amo y que tu bienestar es importante para mí.

Mi perra en rabia quería atacarlo y no pudo, no sé en qué momento me domesticó. Seguí sus instrucciones. Un rato después regresó por mí.

—Despierta, hermosa, vamos a la cama a dormir.

—¡Déjame aquí!

—¿Cómo te voy a dejar en un clóset? Eso no es digno para la mujer que amo tanto. ¡Ven conmigo, amor!

Congelada me acosté en la esquina de la cama tratando de evadirlo y pensando que minutos antes otra mujer se había venido en ese mismo lugar. Me dolía tanto el corazón que no me podía mover incluso cuando se deslizó dentro de mí. Lo iba a rechazar, a decir basta, pero me sentí hipnotizada y no pude. Esperé a que terminara.

Sin poder conciliar el sueño, lloré en el baño durante horas. La humillación se entretejía con la indignación y la impotencia que cerraban mi garganta. Temblaba de rabia e intentaba entender cómo había terminado siendo esa Aurora. No podía creer que me hubiera quedado con él durante meses, y mientras estaba en ese pozo oscuro de dolor comprendí algo poderoso: *Cuando sin darme cuenta acepto permanecer en ese tipo de dinámicas de relación es precisamente el momento en el que me someto.*

* * *

Poli me llevó un vasito de líquido rosa. Lo tomé y percibí mi corazón suavizar sus pétalos.

—Tranquila, Aurora. Esta memoria te trae la información necesaria para completar tu misión de hoy. No tienes que recapitular toda tu historia con las fuerzas oscuras, pero sí debes comprender que aquellas fuerzas lograron entrar y aún están en tu genética. ¿Por qué permaneciste en esa relación después del incidente?

—Por curiosidad, por experimentar algo distinto. No esperaba enamorarme. Luego pensé que lo podía cambiar. Me arrepiento de haber estado en esa relación.

—Considera contemplar y darte el tiempo para entender estas memorias. No te puedes culpar o lamentar, ya que en aquel tiempo no entendías qué pasaba y no tenías el nivel de consciencia que posees ahora. El arrepentimiento no sana; la responsabilidad es la que sana.

"La mujer tiene que aprender a protegerse de las fuerzas oscuras y las sombras. Cultivar su fortaleza para no ser susceptible a los métodos que se usan para dominarla y controlarla. Ser consciente de tus aprendizajes, tener claridad al ver tu pasado, es lo que te da el poder de ser quien eres hoy y cambiar la historia.

"Vamos a tomar un té.

Me senté en la silla que pasó de roja a rosa y un poco gris. Poli continuó hablando:

—El patriarcado ha provocado una profunda herida y ha despertado el dolor y la rabia de las mujeres que, durante siglos, han sido silenciadas, reducidas, violentadas. Muchas de ellas, para sanar, han tenido que habitar esa ira: gritar, confrontar, rechazar cualquier estructura que huela a opresión, incluso algunas de ellas han nutrido un vehemente odio en contra de los hombres, de todos ellos, sin distinción. Esa rabia es legítima, incluso necesaria, porque demuestra que ya no se tolera lo intolerable. Pero es parte de un proceso, una fase, una estación del viaje.

"Algunas mujeres se desconectan de su feminidad y la mantienen en una especie de botella cerrada a presión y tratan de forzar y destruir al enemigo, al igual que algunos hombres que se niegan a guardar silencio y a escuchar lo que ellas tienen que decir y a reconocer la brutal desigualdad que durante siglos se ha impuesto. Este estira y afloja está plagado de creencias incorrectas que han sometido al espíritu y debilitado el potencial de ambos géneros. El miedo que mata el talento y la ira impiden el amor y la luz. Ni el hombre ni la mujer son el enemigo. El verdadero cambio comienza con el trabajo interno de cada mujer que se reconcilia con su historia y de cada hombre que cuestiona sus privilegios.

Las palabras de Poli eran poderosas. De pronto entendí a quién pertenecía aquella voz que había escuchado detrás de la cortina: era esa voz que tantas veces nos hace creer que tiene el poder, pero que no es más que un engaño. Cuando la cortina cae, vemos detrás de ella a un hombre herido, que sufre y finge ser quien no es. El truco está en que, mientras no nos permitamos asomarnos detrás de la cortina, seguiremos sometidas a su falso poder, creyendo que es real.

—Como parte de tu misión es importante que aceptes los momentos en los cuales has tenido comportamientos tóxicos y que le escribas una carta a la ira, así completarás tu proceso de purificación y le darás luz a tu sombra. Solo así desarrollarás agencia. Te voy a enviar a un lugar de paz para que puedas hacer tu propio ritual de purificación —anunció Poli.

Poli tronó los dedos y aparecí en una cascada rodeada de árboles sacros meciéndose sutilmente con la caricia del viento. Me senté en una piedra y a mi lado estaban mi cuaderno y mi hermosa pluma. Comencé a escribir.

Querida Furia:

Eres una emoción difícil de sentir, de aceptar, asumir y entender. Te pido perdón por reprimirte y no darte salida de forma adecuada. Aún no sé escuchar la sutileza de tu fuego y esto hace que te presentes con fuerza o te quedes callada; a veces me das miedo pues me han dicho que no es correcto que una mujer se enoje. Me demandas atención, ya que tienes muchos secretos que revelarme y que aún no quiero escuchar. Me han enseñado a quedarme callada y a reprimirte, por eso me resisto a verte o sentirte; el silenciarte me impidió decir que "no" permitiendo el abuso emocional, verbal, físico y de confianza. En silencio fui la víctima y la mujer sumisa. Cuanto más te reprimo, más fuerza tomas y me azotas con una ráfaga de aire que me revuelca y tengo una sensación de regaño y calor excesivo que se convierte en resentimiento e impotencia. Te manifiestas como sabores, el picante que inflama mis articulaciones, la amargura que marca mis arrugas y el ácido que me da reflujo. Puedes magnificar mis emociones y entonces me comporto de forma caprichosa, pierdo claridad y me coloco las máscaras de manipuladora, agresora y abusadora. Si te manifiestas con frialdad, me llevas a poner barreras y caparazones que me hacen indiferente.

Furia, quiero decirte que hoy te acepto. Entiendo que una de las razones por las cuales me das miedo y no te quiero sentir es porque me muestras las partes de mí misma que me duele ver, aquellas heridas que aún no he sanado. Aceptarte implica hacerme responsable de las voces que me mantienen prisionera y me impiden ser. Al dejarte ser y permitirte sentir puedo ver que muchas acciones, pensamientos y emociones han sido los que alimentaban tu fuego. Hoy permito que seas y libero todos los litros de llanto y de amargura que tengo atrapados en el edema entre mi piel y mis huesos. Libero el dolor que se acumula como grasa en mi abdomen; los kilos de resentimiento que me restan agilidad para trabajar mi trauma. Te pido que transformes las tensiones, limitaciones y los sentimientos de venganza en una furia fina que pueda ser escuchada. Te pido un respiro y te hagas a un lado cuando necesito ser vulnerable y aceptar la fragilidad de mi existencia. Ya no interfieras en mi crecimiento. Quítame las corazas del enojo cuando no hay nada que defender, permíteme romper el espejismo para que pueda vivir en amor.

Te acepto como la emoción para restablecer el orden, protegerme de las injusticias o defenderme. Acepto que en momentos me permites ser escuchada o me llevas a ver lo que he buscado evadir. Eres un poder honesto que no tolera agresiones, violencia y abuso. Acepto que eres un sistema de purificación para soltar mucha carga que no es mía. A veces es necesario que te manifieste con otros para marcar mis límites. Furia, muestra tu fuerza sin agresividad o lastimar al otro, pero ayúdame a decir "no". Eres una aliada de la mujer en su poder. Furia, te libero y me libero, te acepto y te honro.

Tengo una lucha interna constante para establecer mis límites. A veces he sido despiadada, dejando que les caiga un rayo a todos los cabrones y patanes que conozco. He amenazado y herido a hombres, discutido sin razón ni escucha, con absoluta indiferencia. Cuando me siento insegura, reacciono con altanería y agresividad; por eso me han llamado loca, histérica u hormonal. Reconozco que soy capaz de hacer desaparecer a las personas de mi vida sin dar explicaciones. He sido inconforme, rebelde, posesiva, celosa y temeraria. He despreciado a los hombres con arrogancia, creyéndome superior.

Todo ese fuego contenido en el volcán de mi sangre es un tumulto de culpa, vergüenza, rabia y humillación, acumulado por siglos de maltrato a las mujeres de mi linaje y de todo el planeta. Mi perra interior está cargada de esa furia colectiva contra el patriarcado, una energía que no siempre he sabido canalizar. Cuando soy perra con un hombre, termino siéndolo aún más conmigo. Porque la verdadera traición es hacia mí misma: confiar en situaciones o personas que me hacen daño, incluyéndome. El verdadero agravio es no quererme, lastimarme y admitir que aún cargo con enojo, culpa y vergüenza.

Me han llamado "perra" por provocar celos, por despertar inseguridades, por desafiar la idea de que soy una propiedad. Por decir la verdad, por rechazar el papel de mujer sumisa, por protestar contra los abusos y alzar la voz frente a la injusticia.

* * *

Un arcoíris salió de la cascada y me iluminó brindándome la paz que he buscado por años.

2 de febrero

No dejo de pensar en el clóset donde acepté esconderme aquella vez. No era solo un espacio físico, era el símbolo perfecto de lo que había aceptado: una intimidad reducida al mínimo, la luz afuera y yo encerrada. No sé qué fue más asfixiante, si el aire viciado o el saber que había cedido mi lugar. Entiendo también que en ese momento no sabía protegerme. Me confundía entre el amor y la necesidad de ser aceptada. No veía que, al ceder una vez, abría la puerta para ceder siempre. Quisiera abrazar a la Aurora de ese momento y decirle que la fuerza no siempre se muestra gritando, que a veces se revela al levantarse y marcharse sin mirar atrás. Que la voz patriarcal que la hizo sentir culpable no tiene autoridad para dictar el valor de su cuerpo, su deseo o su silencio.

Me prometo no volver a encogerme para caber en el espacio que otro me deja. Mi cuerpo, mi palabra y mi placer ocupan un lugar demasiado grande como para guardarlos en un clóset.

Hoy siento que la furia sigue acechando en las esquinas de mi cuerpo. Ya no me quema como antes, pero su calor permanece, como brasas bajo la piel. Pienso en las veces que callé para no incomodar, en los silencios que regalé a cambio de pertenecer, en las máscaras que me puse para no asustar. Recuerdo cómo esa sumisión disfrazada de prudencia me convirtió en mi propia carcelera.

He aprendido que la furia que no se expresa se convierte en un veneno dulce: te adormece, te hace creer que todo está bien, hasta que un día despiertas y ya no reconoces tu voz. Ahora sé que no es mi enemiga; es una aliada que me obliga a mirarme, a reconocer las heridas que sigo cargando. Me pide que las sane, que deje de negociar con mi dignidad.

Hoy escribo para recordarme que no quiero ser una estatua más en el museo del patriarcado: inmóvil, admirada y silenciosa. Prefiero ser una Medusa libre, incluso si mi mirada incomoda o te muestra la realidad de quién eres, incluso si mi voz rompe la quietud que a otros les conviene.

11

EL REGRESO A LA INOCENCIA

Tuve una larga espera en el aeropuerto pues mi vuelo estaba retrasado. Por un momento me sentí envuelta en un torbellino emocional. Me sentía desesperada por volver a casa y pesaba sobre mí la purga de la memoria. Al buscar mejorar mi estado de ánimo, me metí a uno de los cafés del aeropuerto, ordené una infusión y me senté en una de aquellas barras que daban hacia las salas de espera. Poco a poco comencé a tranquilizarme y pude ver a quienes me rodeaban.

Primero noté la cantidad de parejas que estaban ahí. Desde los adultos mayores que se ayudaban para avanzar y hacerle frente a la edad, aquellas que llevaban mucho tiempo juntas y se ignoraban, hasta las más jóvenes que evidentemente se dirigían a su luna de miel. Me concentré en las terceras: se abrazaban con ternura y cariño, traducían el tiempo de espera en más momentos juntos para consentirse, les era imposible dejar de sonreír. Experimentaban el amor inocente de quienes inician una aventura y se suponen listos para enfrentar juntos lo que venga. ¿En qué momento perdí esa inocencia que acompaña el inicio de las relaciones?

Para dejar de darle vueltas a esa pregunta, decidí prestar atención a los jóvenes. Algunos viajaban en grupo y llevaban el mismo uniforme, se entretenían lanzándose una pelota, compartían los audífonos para explorar juntos una canción, otros se abrazaban mientras veían una película y estaban, claro, las parejas de jóvenes enamorados, aquellos que se besaban con la esperanza del amor eterno. Al verlos mi camino se hacía más ligero. ¿En qué momento perdí la inocencia del amor y me volví una cínica? ¿Qué sucedió para perder mi pureza y la confianza en el corazón del hombre? ¿Me será posible todavía tener amistades cándidas?

Sal de ahí, Aurora, me dije a mí misma y entonces opté por ver a las familias. No eran muchas, y eran pequeñas, máximo de cuatro integrantes. Me enterneció profundamente ver a las niñitas amando a sus hermanas o hermanos, expresando devoción hacia sus padres con pequeños gestos amorosos como obsequiarles un dibujo. ¿Alguna vez fui así de inocente?

Me estaban rondando esas preguntas y entonces recordé el momento más reciente en el que había vuelto a experimentar la inocencia. Estuve en una relación fuertemente juzgada; era criticada solo por tomarlo de la mano. Sentíamos una atracción y teníamos una química extraordinaria, pero nos conectábamos en la rebeldía. Las interferencias no tienen lugar dentro de la inocencia. Confieso que a la mayoría de los hombres de mi vida quisiera desaparecerlos, pero la inocencia de esta relación en particular me llevó a atesorar nuestro amor y guardar la esencia en mi corazón. Esa memoria me reconfortó y finalmente abordé mi vuelo con una sonrisa discreta que permaneció en mi rostro mientras caía profundamente dormida en mi asiento.

* * *

Estaba en un cuarto de cristal desde el que se reflejaba la belleza del jardín y las pequeñas flores silvestres que pintaban el césped de múltiples colores. Mariposas azules y blancas revoloteaban, dejando tras de sí un delicado polvo de estrellas sobre las bergamotas y los girasoles. Las abejas, alegres, se posaban en las flores para extraer el néctar que luego llevarían a sus colmenas, llenándolas de dulzura.

Me senté en un asiento también de cristal y, por un momento, sentí que me absorbía el entorno, como si me hubiera convertido en una flor más. En pocos minutos comprendí dónde estaba:

—¡Soy parte de un cuadro de Monet! —exclamé emocionada.

Me encontraba en Giverny, caminando por el puente con el que tantas veces había soñado. Iba de la mano de mi pretendiente, mientras a lo lejos una mujer con una sombrilla de colores nos observaba. Con delicadeza se cubría la boca para ocultar la sonrisa que le provocaba vernos.

En los ojos de mi pretendiente percibí lo que creía que era el amor: ilusión, timidez, curiosidad y deseo. La anticipación de descubrir juntos una parte de mí misma que aún no conocía. Me invitó a bailar; tomó mi mano y mi cintura, despertó un impulso interno que hasta ese momento permanecía dormido. El baile se convirtió en nuestro lenguaje de reconocimiento, la fórmula que entrelazó nuestras almas y sincronizó nuestros corazones, conteniendo las pulsaciones que podrían haber interrumpido la armonía. Nuestros cuerpos experimentaron un calor suave, como si el último rayo de sol alimentara nuestras almas.

Al terminar de bailar, la quietud nos sumió en un silencio en el que reflexionamos sobre la naturaleza de nuestra atracción y la eternidad de nuestro amor. La escena de Monet se desvaneció y, al abrir los ojos, estaba frente a mí Terpsícore, sirviéndome una taza de té.

* * *

—El amor es un baile eterno —me dijo—. Nos conecta con nosotros mismos, con la naturaleza y con los dioses. En el baile celebramos la vida, la fertilidad y el amor. Con cada movimiento expresamos lo que sentimos y todo aquello que las palabras no alcanzan a expresar. En muchas culturas ancestrales, el baile era adoración; las sacerdotisas danzaban en los templos imitando los sonidos de la naturaleza para invocar la energía divina, sanar y protegerse. Las mujeres sabias bailaban para comunicarse con los espíritus de la tierra, celebrar los ciclos y honrar la vida. El baile revela la química, la atracción y la conexión entre dos personas. Es un espacio puro donde no hay palabras ni máscaras: solo la inocencia de lo que se crea juntos.

El aroma a vainilla de la infusión me llevó a un bosque.

* * *

Caminábamos tomados de la mano como dos niños traviesos, perdiéndonos entre los árboles en busca de aventuras. Luciérnagas iluminaban nuestro camino mientras pequeñas ranas saltaban esquivando las plantas que nos rozaban las piernas con un cosquilleo. Entre risas llegamos a una cabaña blanca cubierta de flores violetas.

—Este es mi lugar de retiro —me dijo—. No traigo aquí a cualquier mujer. Antes de entrar, dime: ¿qué deseas explorar?

Me sorprendió la pregunta, pero, viniendo de él, la comprendí.

—Te desconcierta, ¿verdad? —insistió.

—Sí… creo que lo espontáneo es más romántico.

—Es una visión moderna de lo que nos han enseñado como romance. Para que florezca, necesitamos claridad desde el inicio y construir un espacio seguro que podamos honrar una vez que la relación exista.

Tomé un momento para pensar; no estaba acostumbrada a que me preguntaran qué quería.

—Bailar —respondí, guiada por la intuición—. Quiero bailar contigo.

—El baile siempre ha sido la mejor puerta de entrada a nuevos espacios. En tiempos antiguos, las parejas que sentían atracción eran vigiladas por chaperones para mantener la pureza. Ahora que todo está permitido, debemos ser nosotros quienes pongamos los límites para cuidar la esencia de la conexión.

—Eres un hombre de otros tiempos en el cuerpo de un hombre de hoy —le dije.

—Así es, pero no con todas las mujeres.

Al entrar, nos recibieron luces tenues en un amplio salón de pisos de madera. En una esquina, había un equipo de sonido junto a colchonetas, cobijas y tapetes de yoga; en la otra, un altar con deidades hindúes y un florero de cristal con flores blancas que desprendían un aroma afrodisíaco. Las luces LED pintaban las paredes de rojo y amarillo, tiñendo también su rostro, sus labios y su nariz aguileña.

Como buen danzante, colocó una mano en mi espalda, a la altura del corazón, y con la otra sostuvo la mía para guiarme. Su respiración despertó en mí la sensación de la primera vez que descubrí mi sexualidad: manos que rodeaban mis pechos, dedos que exploraban mi entrepierna sin buscar un final. Sin prisas ni estrategias, nos descubrimos en la inocencia de explorar. En cada giro, nuestras pasiones se avivaban y permanecían sin juicio. Bailamos saboreando instantes eternos que la mente no podía comprender ni las palabras describir.

En el silencio de la última melodía, la quietud nos envolvió. Un torbellino de luz atravesó mi ser: sublime, puro, feliz y placentero. En sus brazos vislumbré lo nuevo, lo inimaginable. Por un instante, me vi desde arriba, como si flotara fuera del salón para ser testigo de nuestra entrega. Su susurro me devolvió a la tierra:

—Es hora de irnos.

Permanecí quieta, intentando comprender el misterio de lo que acabábamos de vivir. Caminamos de la mano, acompañados por el sonido de los sapos y el viento entre las hojas. Me dejó en la puerta de mi habitación y, con un beso en la mejilla, me recordó que pronto sería suya.

Era un hombre romántico y generoso, conocedor de los lenguajes del amor. Por las mañanas me amaba con delicadeza y me preparaba una *omelette* perfecta con ensalada, nutriendo mi cuerpo y mi corazón. A media mañana bailábamos al ritmo de melodías que parecían devolvernos a otros tiempos donde ya habíamos danzado juntos. Por las tardes me servía té en tazas con flores a juego con el jardín, mientras hablábamos de cómo cambiar el mundo. Por las noches, recostada en su pecho, escuchaba los latidos de su corazón como si fueran la melodía que acompañaba nuestras lecturas de poesía en francés. En mis sueños sentía su mano sosteniendo la mía, guiándome por aventuras desconocidas. Bailamos durante meses, viajando a los lugares marcados en nuestro destino.

Nuestro último momento juntos fue una despedida en las aguas calmas del Mediterráneo. Ahí entendí que la incertidumbre es parte de la vida y que nuestra historia, aunque hermosa y profunda, debía llegar a su fin. Ambos sabíamos que habíamos saciado la curiosidad, trascendido nuestras limitaciones y comprendido que eran las etapas de vida, marcadas por la diferencia de edades, lo que se interponía entre nosotros. Comprobamos que nuestra conexión iba más allá del deseo de permanecer juntos. El cielo nos regaló la hora rosada del amor, y la recibimos gozosos.

Me cubrió los ojos con un antifaz de satín y me llevó a la playa, donde me sorprendió con un pícnic sobre una manta turquesa, justo como lo había imaginado: los dos, rodeados de las calas griegas, compartiendo una cena romántica.

—Quiero un bocado de ti, quiero cenarte y saciarme el paladar con cada ingrediente del cual estás hecha. Quiero seguir la sazón de tus sensaciones y dar con el sabor perfecto que desprende tu piel. Al besarte puedo leer el menú de los interminables platillos que me ofrece tu ser. El deleite de morder tu labio despierta mis papilas gustativas y deslizar tu vestido lentamente con mis manos provoca una explosión de sabores en tu piel que siento al rozar con la mía. Nos iremos comiendo poco a poco entre platillo y platillo —sus palabras despertaron mis sentidos.

El fruto de Dionisio, esa uva cargada de néctar divino, fue el aperitivo que tocó mis labios y llevó nuestras lenguas a bailar con el néctar del placer. El exquisito sabor me entregó un momento para disfrutar el gusto tan único de las uvas griegas, que se interrumpió al sentir a dos pequeñas criaturas del bosque recorrer mi piel, soltando rastros dulces en los tonos rojizos que cubrían mi ombligo. Él succionó la frambuesa, llevando su jugo a mi boca. Con dulzura, su lengua recorrió mi entrepierna siguiendo la estela del elixir divino, acercándose al plato fuerte: su lengua, que ya había descubierto aquello que más deseaba, quería aún más mis labios y se acercó a mi boca para deleitarme con el lichi. Succionó de mi lengua el último rastro de sabores, tomando lo que quedaba del jugo, preparándose para visitar el monte de Venus y traspasar las fronteras que me llevaron al placer exquisito de su lengua al descubrir la perla más hermosa del océano. En el gozo, todos los sabores explotaron, deleitándonos con el mejor platillo que ambos habíamos probado. Me cubrió con una pequeña manta de algodón blanca y brindamos por nuestro festín culinario. Las risas acompañaron el recorrido por nuestros momentos más hermosos. Las baguettes con deliciosas carnes frías y quesos frescos alimentaron toda aquella energía que habíamos intercambiado durante tantos meses, y la ambrosía de frutas nos permitió continuar el arte de la seducción sin cansancio. Nuestros cuerpos deseaban el dulce que apacigua todos los demás sabores. Entonces lo tumbé en la manta y le tapé los ojos con una de las servilletas. Llevé un higo a su boca, que se excitó con su textura, despertando sus poderes afrodisiacos por todo su cuerpo. Recorrí su cuello, pasando por su pecho, succionando su ombligo y escapando a sus tobillos. Regresé a su boca para sumergir mi lengua en ella, apropiándome de la delicadeza de nuestro postre. Hice una degustación por su cuerpo con todos los sabores que nos deleitaron: su lengua me supo a lichi, sus labios a fresa, su ombligo a menta y su falo a vino rojo. Sus ojos se abrieron, revelando el deseo de saborear el resto de mi cuerpo, y me montó, moviendo mi cadera con sus manos con la cadencia de nuestro baile perfecto. Nos dimos ese último bocado que nos llevó a nuestro delirio de placer. Mi néctar desprendió el aroma de Afrodita, recordándonos el amor que nos teníamos. El sonido del mar calmó nuestro fuego. El abrazo de gratitud nos permitió revisar nuestro último festín juntos. Nos cubrimos con la manta y nos quedamos horas viendo las estrellas, buscándonos en otras dimensiones.

* * *

Satisfecha y tranquila cerré los ojos y, al abrirlos, aparecí de regreso en la silla de cristal. Terpsícore danzaba a mi alrededor.

—La espera de la felicidad no está en la anticipación, está en la presencia de la belleza que inspira a tu espíritu para darle forma a un nuevo estado del ser. El baile en pareja puede mostrarte todas aquellas cualidades intrínsecas que simplemente tememos recordar de nosotros mismos. Las cualidades de la belleza que te da la observación de la naturaleza, de lo que está más allá de ti, es el néctar del despertar del amor en ti misma. Aprender a amar es un arte. La inocencia no es ignorancia, es solo un lugar desconocido que te da la oportunidad de descubrir la pureza de la primera vez. Al desconocer podemos soñar. Los estados más puros del ser humano son la niñez y el contacto con la naturaleza; en estos no hay mentiras, corrupción o malas influencias. Para los druidas la inocencia se adquiría a través del contacto con la naturaleza, en rituales de purificación que estaban alineados con la búsqueda espiritual. A nivel colectivo lo que destruye la inocencia es el juicio. Parte de tu misión es restaurar de nuevo la inocencia para que puedas confiar, soñar, anhelar y amar eternamente. Toma un sorbo de este brebaje.

Al sentir su poder me levanté y caminé en el jardín siguiendo a una mariposa que parecía indicarme que fuera tras ella. Fuimos juntas hasta que me topé con una figura masculina en medio de un espacio público.

* * *

Reconocí sus ojos verdes posándose en mí con asombro. Supe de inmediato que era un alma vieja habitando un cuerpo joven, aún sin la experiencia que acompaña la sabiduría. Cuando me invitó un café, no pude evitar reír con cierto sarcasmo; por un momento lo juzgué, creyendo que su inquietud era solo una muestra de ego para lucirse ante sus amigos, invitando a la mujer madura que, en ese instante, era deseada por quienes lo rodeaban. Pero percibí la seriedad en su mirada, el peso de sentirse malinterpretado, y con discreción le susurré al oído:

—Te daré mi teléfono si dejas este encuentro solo para nuestros propios ojos y oídos.

A las pocas horas me envió un mensaje con una canción de Reik: "Cuando estás conmigo, se llena mi corazón, la vida tiene sentido y el mundo es una ilusión…". Unas palabras dulces que se pegaron como caramelo en mi mente y encendieron mis ganas de verlo.

En cada sorbo de café me perdía en sus fascinantes historias de vida que, a pesar de su edad, confirmaban su alma vieja. Me sorprendía su capacidad de disfrutar, amar y descubrir sin miedo, sin los juegos absurdos de las citas comunes. Había en él una inocencia rara: sin expectativas, sin heridas, sin el bagaje emocional de un hombre maduro. Sus ojos miraban los milagros y la diversidad sin juicio; me veía sin filtros, sin números, sin formas ni historiales. No lo intimidaban mi presencia, mi inteligencia, mi éxito ni mi experiencia sexual. Con él no necesitaba demostrar que era atractiva o sensual: podía ser simplemente yo.

Quizá no era del todo maduro ni sabía cómo manejar ciertos retos, pero estaba abierto a escuchar, aprender y descubrir. Y no era el único: yo también aprendía a su lado. La primera vez que hicimos el amor sentí que regresaba a aquel instante en que perdí la virginidad, cuando hay que atravesar un pequeño dolor para entregarse por completo. Esta vez el dolor no era físico: era la capa de cinismo y desconfianza que aún me protegía. Su bondad y su ternura aquietaron mi miedo mientras las lágrimas reemplazaban el juego.

Hacer el amor con él me enseñó que la pasión puede ser suave, que el placer puede despertarse con gracia. Redescubrí la inocencia de una sexualidad sin estrategias ni máscaras. Por un momento alcanzamos el nirvana, olvidando que nuestra diferencia de edades no nos daría permanencia en esta vida.

Vivimos unos meses hermosos, aunque muchas veces quise huir cuando la voz del miedo me recordaba mi temor a enamorarme. Pero ya estaba enamorada. Con él exploré todas mis facetas: la reina, la Afrodita, la sacerdotisa, la dominadora y la sumisa. Nunca me juzgó; al contrario, valoraba mi experiencia. Me pedía que le enseñara a amar, y pronto se convirtió en un amante capaz de darme exactamente lo que deseaba. Aprendimos formas de amar que nos invitaron a jugar, reír y disfrutar, siempre con bondad y una conexión genuina.

La primera vez que salimos en público fue un reto. Confundí la vergüenza de ser vista con él con mi deseo de proteger un momento tan vulnerable, en el que me ayudaba a abrir de nuevo mi corazón. No quería testigos ni miradas que pudieran contaminar la pureza de lo que sentíamos. Sin darme cuenta, al ocultarlo herí su corazón. No supe explicarle por qué no quería que nadie supiera de nosotros; solo quería proteger lo nuestro. Cuando comprendí que mi silencio lo hacía sentir rechazado, se lo presenté a mi madre. Ella lo abrazó con ternura y dijo:

—Me encantarías para mi hija… si ella tuviera veinte años.

Nuestro amor fue genuino e inocente, sin jerarquías ni dramas. Aprendimos a relacionarnos desde la libertad, sin defensas ni límites autoimpuestos. Hoy me miro al espejo y reconozco en mi reflejo que la inocencia ha vuelto a casa; puedo ver mi pureza y me alegra saberla viva en mí. Al aceptarme, descubrí mi capacidad de aceptar al otro. Recuperar mi inocencia me permitió vivir el amor con más confianza, sin desacreditarlo ni perderme en él, encontrándome gracias a él con más fuerza.

* * *

La mariposa me regresó al jardín donde Terpsícore bailaba en círculos que me hipnotizaron e introdujeron a otra memoria.

* * *

Pude ver mis manos tersas y dedos largos entrelazados con los de él, me sentía algo nerviosa y acalorada, mis mejillas rojas me delataban. La curiosidad agrandó mis pupilas al verlo con cautela; no quería que me descubrieran cautivada por una mirada traviesa que me encontré en aquella fiesta en la que las edades no suponían una barrera. Salí un momento al balcón a tomar aire, sentía un poco de culpa al sentirme atraída por el hijo de mi amiga; no debía tener más de veintitrés años. Se acercó a mí un poco arrogante y con una seguridad seductora me ofreció un caballito de mezcal.

—Toma, está muy bueno este mezcal, tiene el justo toque ahumado que lo hace de buena calidad.

—¿Ah, sí? ¿Cómo disciernes si tiene o no calidad?

—Los principios de la mezcla de sabores, la calidad del agave y la energía con la cual está hecho.

Al darle un sorbo, pude sentir lo que describió y percibí el mezcal de forma distinta.

—Muy interesante, puedo sentir lo que dices.

Sonrió orgulloso porque, a pesar de mi experiencia, lo reconocí inteligente y tenía la disposición de aprender de su sabiduría. En ese momento comprendimos que nuestra atracción era el resultado de la curiosidad, la receptividad y el hambre por entender al mundo desde distintas perspectivas. El tiempo fluyó mientras conversamos y pudimos imaginar un futuro de una manera en la que nuestras mentes parecían sincronizarse. Cuando me di cuenta del largo rato que llevaba con él me sentí incómoda y con temor a que mi amiga notara cuánto disfrutaba de la compañía de su hijo; él me leyó y me pidió mi cuenta de Instagram para mantenernos en contacto. De regreso a la fiesta, mis amigos estaban tan enajenados por sus cervezas y la música, que ni siquiera se dieron cuenta de que los dos habíamos desaparecido a nuestro mundo.

Después de unos días no podía dejar de pensar en él y le mandé un mensaje para vernos. Segundos después me contestó:

—¿Dónde nos vemos?

Lo cité en mi casa pues aún no estaba clara la naturaleza de nuestra relación. Le recibí en mi puerta con una gran sonrisa; al entrar absorbió todo en mi departamento, miraba los cuadros y sorprendido hacía preguntas que nos llevaban a tener conversaciones como aquellas que usualmente solo tengo en la mente.

Nos sentamos en mi sillón a hablar por horas, había una familiaridad como si ya hubiéramos conversado cientos de veces. Qué refrescante fue hablar de la vida con una lente amplia y curiosa sin forzar nada y solo disfrutando de nuestra presencia. Estábamos en un fluir genuino rompiendo el tabú de las limitaciones impuestas por la sociedad, lo que nos permitió establecer una bella amistad. Nos despedimos con un dulce beso sin quedar en nada, aunque mi corazón sabía que nos volveríamos a ver.

Unos días más tarde me llamó. Su voz prendió una parte de mí; la frescura de nuestra interacción y la incertidumbre sobre qué pasaría entre nosotros me llevó a experimentar las sensaciones de las sorpresas que son tan necesarias en la vida. Nos reencontramos en la comodidad del sillón, convertido en un espacio ritual que sostenía nuestra inteligencia y nutría el despertar de la consciencia.

Entrelazamos nuestras manos y las ideas con las cuales construíamos el futuro del planeta. Cuando nuestras piernas se rozaron, la pasión de nuestra conversación se volvió corpórea. Su sonrisa traviesa convocaba mi esencia de veinteañera que experimentaba inseguridad frente a él y, al mismo tiempo, la inocencia que nutría con sus besos y sabiduría. Con una ligera presión mordí su labio inferior, esto despertó su sexo inmaduro, lo que fue evidente cuando me senté sobre él. Permití que sus manos inexpertas recorrieran mi cuerpo por unos instantes, después, con las mías guie su tacto marcando un ritmo que lo excitó aún más. Sin desnudarnos, nos permitimos descubrir nuestros deseos carnales que limité y recordé la culpa que me fue inculcada en la escuela de monjas, por eso yo retiraba su mano cada vez que la colocaba sobre mi sexo; aun si los jeans intervenían, mi reacción era automática. La sensación me produjo un orgasmo inocente, con una satisfacción inmediata que me supo dulce y pura. Recordé entonces aquella rancia culpa de mi yo más joven, cuando estaba en mis veintes, y comprendí cómo ahora esa carga comenzaba a desvanecerse.

Salimos a comer y al subirme a su coche me encontré con su identificación que estaba en el portavasos. Curiosa la tomé para ver su fecha de nacimiento, pero me la arrebató.

—¡Déjame ver!

—No, no.

—Te prometo que esto no va a cambiar nada.

—¿Me lo prometes?

—Sí.

Me di cuenta de que cumplía veintiuno en dos días.

—Qué bueno que estamos aquí, porque si estuviéramos en otro país nuestra relación sería ilegal —dije riendo, un tanto nerviosa.

—Perdón, no te quise decir mi verdadera edad, porque realmente me gustas. Tú tampoco me has dicho la tuya.

Su intrépida personalidad me puso en un apuro.

—Prefiero que siga siendo un misterio, aunque alguna idea tendrás.

—Pronto me lo dirás; pero no importa, para mí la edad es un número.

—Así es, no importa. Ni modo, tendré que prepararte un regalo para tu cumpleaños.

Después de comer, nos despedimos con un beso sabiendo que tal vez no nos volveríamos a ver. Alejada de la expectativa, recibí un mensaje suyo para reunirnos. Llegó a mi casa y volvimos a tener grandes conversaciones mientras bebíamos un té. Me animé a preguntarle:

—¿Por qué te interesa pasar tiempo conmigo, si pudieras estar con chavas de tu edad?

—No me interesan ellas. Contigo me sentí diferente, como si ya nos conociéramos. Me atrae tu experiencia y madurez, todos los intercambios que tenemos. Me gusta que entre nosotros no hay dramas, ni presiones para casarme, tener hijos o dedicar mucho tiempo a la relación. Las chavas de mi edad solo piensan en lo que les pide la sociedad y tú estás lejos de esa presión.

En nuestra relación trascendimos lo físico en unas cuantas exploraciones. Sin embargo, nuestra verdadera unión y atracción iba más allá de nuestros cuerpos. Fue una exploración de nuestras historias como dos grandes amigos, almas que se pueden enamorar intelectualmente. Hoy todavía somos grandes amigos.

* * *

Una mariposa me regresó al invernadero de cristal.

—¡Veo que has descubierto el elixir de la longevidad! —Terpsícore sonrió con una mirada alegre—. Qué lindo es ver cómo la inocencia regresa a tu cuerpo. Ya encontraste la dosis exacta. Te voy a contar una historia:

"En muchas filosofías y en los estudios de la alquimia, el elixir de la vida es la clave para descubrir el secreto de la inmortalidad. En nuestra biblioteca, Platón pasó muchos años investigando la naturaleza y la verdadera función de los seres vivos. Él ya entendía que las almas eran inmortales, pero que los cuerpos y la mente consciente no podrían recordar las memorias del pasado. Si existiera la posibilidad de una sustancia que pudiera prolongar la vida y otorgar la inmortalidad, podríamos recordar quiénes fuimos y ser eternos en esta misma vida.

"Al darnos cuenta de que las personalidades y cuerpos no definen nuestras interacciones podemos ser conscientes de nuestra esencia y reconocer nuestras almas. Desde esta visión descubrimos el espectro profundo de quiénes somos. Entendemos que la atracción no tiene edad, que nuestra alma es inmortal y que el amor es eterno.

"El elixir de la longevidad está en aquellos momentos en los que recordamos que la experiencia del ser es eterna, libre de limitaciones para encontrarnos con el otro. En el caso de las mujeres que no tienen miedos ni barreras, nos recuerda los sueños y las visiones de cuando aún éramos doncellas, de espíritu joven, curiosas, determinadas, que disfrutaban el juego y la exploración. Así, podemos olvidar las narrativas sociales de lo que implica crecer, madurar o ser una mujer responsable. Los estímulos que se activaron en esta historia te devolvieron las cualidades que necesitas para ser y amar en plenitud. El amor sin edad te ha dado grandes aprendizajes para recordar quién eres.

* * *

Abrí los ojos y vi la pantalla del avión frente a mí. Quedaban pocas horas para llegar. Me sentía reconciliada conmigo misma. Sin zapatos, descansada, saqué mi diario y escribí.

13 de febrero

Cuando era una niña sentía que estaba loca porque escuchaba la voz de la magia, hablaba conmigo misma, con las hadas y mis amigos imaginarios. No me sentí sola hasta que una voz me dijo: *Todo eso es irreal.* Así, en un respiro, perdí ese aspecto de mi inocencia. Años más tarde, en mi adolescencia escuchaba la voz de la razón, mi compás moral que me decía qué estaba bien y qué estaba mal. Cuestionaba el mundo, a mis padres, incluso a mi voz mágica; pero entonces la voz del sentido común me limitó y perdí otra parte de mi inocencia. Como joven, escuché la voz rebelde que quería terminar y deshacerse de las otras voces; pero apareció otra frecuencia, no sé de dónde provenía, no tenía sentido, me confundía y hacía dudar. Se trataba de la voz patriarcal y con ella terminó mi inocencia.

Hoy ya no me siento loca por escuchar todas estas voces. En realidad sí soy fuera de lo común, demente para algunos y desquiciada por decidir escuchar esas voces que a veces no me dejan ser yo. Ahora, oigo la voz de mi sabiduría y la dejo ser. Aprecio el silencio y la inocencia del viento.

Cuando veía a otros que conservaban su inocencia, me preguntaba: ¿cómo habrán logrado protegerla? La inocencia que me queda me ayuda a salvaguardar todo aquello que, por falta de madurez o por estar en el momento incorrecto, aún no debe manifestarse, verse, sentirse o experimentar. Forzar y manipular las situaciones y a las personas interfiere con la pureza de la verdadera conexión con mi ser. Mi inocencia terminó antes de tiempo, aún no estaba preparada para enfrentar algunas responsabilidades y consecuencias de mis acciones. Ver aquello para lo que no estaba lista, las programaciones, las historias, los pensamientos y las experiencias desataron un trauma que escondía bajo el cinismo o el sentido del humor.

La inocencia se tiene que proteger; de no hacerlo, se cubre con un caparazón como un sistema de defensa inconsciente. Eso provoca comportamientos más cínicos, indiferentes, el aislamiento o la desconexión. Mi inocencia, a pesar de mis traumas, no se ha perdido del todo, incluso con la mancha de la lujuria, la adicción al amor o el haber experimentado una doble vida. Mi inocencia amanece conmigo a pesar del sufrimiento por pretender ser una santa, el enojo por ser una perra y el duelo por ser una víctima. Mi inocencia sexual, la pureza de mi vulva, de mi corazón y de mi psique han sobrevivido a todo aquello que ha tratado de destruirlas.

12

AMOR CON BARRERAS

De regreso a casa, sentí la necesidad de vivir experiencias auténticas en mi propio país. Salí temprano y recorrí mercados y plazas públicas, disfrutando del sol y los sonidos urbanos. Por la tarde, decidí hacer lo evidente para reconectar con mis raíces: fui directo a una cantina tradicional, de esas que todavía conservan un letrero prohibiendo la entrada a mujeres, policías y sacerdotes. Siempre me ha parecido curioso que se coloque en la misma lista a quienes han sostenido el patriarcado y a quienes históricamente han sido sometidas por él.

El ambiente alegre seguía el ritmo de las canciones que todos coreaban al unísono. Aunque estaba disfrutando, sentía que algo no terminaba de encajar. Canté con los demás, pero rechacé todas las bebidas que me ofrecieron; cualquier gesto de cercanía, incluso amistoso, me resultó incómodo, y es que me resulta muy raro que la gente solo muestre afecto cuando está bajo la influencia del alcohol, así que me aparté. Terminé como espectadora en un rincón de la barra. Entonces sonó "Debo hacerlo" de Juan Gabriel. En sintonía con el Divo de Juárez, entoné: "Me ata, me araña, me muerde, / me daña, me hiere de más / me enferma, me hunde, me quema / me mata al final / y antes de que acabe con mi vida / debo hallar una salida". En ese instante entendí que la vida era demasiado retadora sin la experiencia del amor, pero también que la carencia de amor en mi vida no solo provenía de los demás, sino de mí misma. Comprendí con claridad que las barreras con las que protegí mi corazón también me impedían experimentar cualquier forma de romance.

Un poco mareada por tanta música y abrumada por mis amigos borrachos, regresé a casa. En el taxi me puse a pensar en qué momento los seres humanos nos empezamos a poner corazas. Al acostarme y recargar mi cabeza en mi almohada de plumas, sentí la paz del silencio. Cerré los ojos y le pedí a las musas que me mostraran con claridad de qué me estaba protegiendo.

* * *

Escuché un golpecito en la puerta de lo que parecía una celda. Comencé a sentir claustrofobia al notar, reflejado en un espejo del techo, que llevaba puesto un overol de prisionera. El naranja encendido me deslumbraba y no me dejaba distinguir con claridad las barreras color pastel que ondulaban a mi alrededor. No entendía cómo había terminado en la cárcel. En mi catre, lloré y lloré.

—¿Piensas quedarte aquí encerrada o salir de la celda? Sígueme al salón.

No había visto que la puerta estaba abierta, que yo misma me había encerrado. Caminé por los pasillos de la prisión detrás de Terpsícore hasta llegar a una pequeña sala de techos bajos, donde cientos de libros yacían esparcidos en el piso.

—Busca dónde sentarte, porque este archivo será largo.

Miré a mi alrededor.

—¡No hay muebles!

—Sé creativa.

Apilé varios tomos del mismo tamaño y me acomodé.

—Toma esta infusión de menta y romero. La llamo "la poción del buen ojo", porque a menudo necesitas refrescar tu visión. Dime, ¿qué se siente estar sentada sobre tantas historias?

No entendí a qué se refería y preferí guardar silencio.

—Lo que viviste hoy muestra que has hecho demasiadas deducciones sobre el amor. La cultura colectiva, las películas y la música han influido en tu creencia sobre el amor y sobre los hombres. Muchas de esas narrativas son positivas, pero la mayoría son relatos limitantes que distorsionan la realidad. Te contaré una historia mientras danzo.

"Desde tiempos antiguos, el miedo al amor era un tema común en el arte y la literatura. Las tragedias griegas exploraban el temor a amar y a ser amado, pues ello podía llevar a perder el control y a la vulnerabilidad emocional. Ese miedo se llamaba *phobos*. Entre las muchas formas de protegerse de las consecuencias del amor surgió la idea de *apatheia*. ¿Te suena? Esta palabra se traduce como "ausencia de pasión" o "impasibilidad" y era usada por Epicuro y los estoicos para describir un estado mental en el que las emociones intensas no dominaban y la calma reinaba incluso en situaciones difíciles. Hoy, el término suele asociarse a indiferencia o falta de interés, pero esa es una interpretación más moderna y superficial. ¿Estás lista?

Me tomó un momento responder.

—Perdón, estoy un poco desorientada viendo cómo bailas. No me siento presente. ¿Estoy en esta vida o en otra?

Terpsícore me arropó con un manto rosa.

—Estás protegida. Abre tu archivo tocando el anillo con forma de llave.

Coloqué mi dedo sobre el anillo y un estremecimiento recorrió mi cuerpo.

* * *

Me entusiasmaba conocerlo en persona, ver si realmente se parecía a su perfil en redes sociales y si su voz era tan cálida como en los mensajes de audio. Tenía una corazonada de confianza; me resultaba familiar, como si ya lo conociera de otra vida. Desde la primera vez que vi su foto, lo reconocí de manera inexplicable. Sentía la certeza de que juntos descubriríamos algo importante; había una atracción casi evolutiva. Tras el *match* y un breve intercambio de mensajes, acordamos vernos en un bar ecléctico del Barrio de Justicia.

En nuestra primera cita, me reía nerviosamente, como una adolescente con mariposas en el estómago. Se veía incluso más guapo que en sus fotos. Me saludó con cortesía, y pronto guio la conversación con soltura; disfrutaba hablar y compartió abiertamente detalles íntimos: historias sobre su padre, su madre, sus miedos e inquietudes. No era lo habitual para un primer encuentro. Me relajé y sentí cómo caía la primera barrera, cómo se abría sutilmente una de las capas de mi corazón.

Me llevó a mi casa; al despedirnos, accidentalmente nos besamos y el hasta luego se convirtió en un momento pasional que superó todos los límites. Nuestros labios tomaron el mando, nuestros cuerpos danzaron sin control, reconociéndose como almas viejas. Nos dejamos llevar hasta la habitación: sus manos marcaban el ritmo, su mirada nos guiaba al placer infinito. Nuestros cuerpos entrelazados parecían narrar historias de vidas compartidas: mi alma gemela, mi amo, mi rey, mi mendigo, mi esclavo. En este momento nos permitimos que el amor nos llevara a donde nos tenía que llevar. Es un gozo la primera vez que se hace el amor cuando una se rinde ante una fuerza más grande. ¿Sería el comienzo de algo o solo un encuentro momentáneo? Hacía tanto que no tenía un comienzo que no podía identificar de qué se trataba. Me desconcertó no recibir una invitación inmediatamente después de aquella noche y no supe si eso era natural.

No saber de él me produjo inseguridades. ¿Me correspondería a mí darle seguimiento? Le envié un mensaje para que me acompañara al mercado. Esa vez fue más tímido, parecía haber experimentado conmigo una emoción que no le fue placentera. Llevaba consigo su maleta de gimnasio, lo que me hizo pensar que nuestra reunión sería breve. Aunque se mostró cordial, divertido y conversador, evitó cualquier contacto físico. Aun así, la conexión intelectual y emocional era tan intensa como la sexual, y eso me tranquilizó. Nos besamos de despedida, pero él interrumpió rápidamente el momento y se fue.

En las semanas siguientes, nuestros intercambios fueron una especie de canal informativo con enlaces y conversaciones que saciaban mi mente. Construimos un lazo intelectual que derribó mis barreras mentales preparándome para compartir con él a nivel psicológico. Si bien me reconfortaba esa complicidad, añoraba volver a un encuentro carnal. Finalmente nos vimos de nuevo: reímos, caminamos sin rumbo, tomados de la mano. Tocarlo era como acercarme a un imán imposible de soltar.

En mi casa nos besamos y descubrimos el sabor de la infusión de cítricos, un poco agridulce, pues sentí algo de tristeza en mi corazón, como si este comienzo fuera ya un final. Fuimos a mi habitación, nuestra sintonía era tan fluida que nos entregamos al placer sin cuestionarnos. Nos desnudamos mirándonos a los ojos, confesándonos el placer de estar juntos sin tiempo ni palabras, como dos almas que se reconocen y que viven el placer.

Besó cada rincón de mi cuerpo, derrumbando mis barreras físicas y abrazando mi corazón con su calidez y pasión. Al penetrarme disolvió mis miedos y suavizó los caparazones con los que cubrí mi corazón. Lo miré con amor, ternura, aceptación y confianza mientras hacíamos el amor como dos fuerzas creativas que están concibiendo una nueva obra juntos. Al tener el corazón abierto, lo vi, sentí y escuché. Mi llanto soltó el miedo y recibió al amor en cada orgasmo. Volví a reconocer y sentir el amor, por tanto, lo pude dar. Nuestro beso de despedida provocó una vez más la sensación de que posiblemente no estaríamos juntos otra vez.

En las semanas siguientes estuvo distante, ocupado, y no podía verme. Me desconcertaba cómo era que, con tal conexión, a veces fuera frío y hostil. Era como vivir en un purgatorio emocional: momentos de gran cercanía seguidos por un alejamiento absoluto. Yo oscilaba entre ambos extremos; no me sentía ni segura ni insegura, ni fuerte ni vulnerable, tampoco poderosa o débil.

La distancia comenzó a desgastar nuestra comunicación. Dejamos de hablar de lo que sentíamos y no supimos honrar lo que compartimos. Su frialdad despertó la mía y emergió mi lado más tóxico. Me sentí incómoda e insegura. Elevé otra vez las barreras y me entristeció notar que no vivía el amor, sino el proceso de amar. Me pregunté si a los humanos nos gustaba vivir en la tibieza, tan cerca y lejos del amor. Saboreaba los momentos juntos y aborrecía los de separación. Con él, sentía que las barreras nos alejaban del amor puro y genuino. La verdadera tragedia sería vivir sin darnos la oportunidad de amar.

Afilé las garras al sentirme atacada, desconfiada y dubitativa. Sin embargo, por la distancia, como una enfermedad autoinmune, terminé atacándome a mí misma mientras él solo observaba. Me convertí en la única que sostenía el hilo de nuestra historia: yo organizaba los encuentros, enviaba mensajes cariñosos, presionaba para que nuestras conversaciones fueran sobre nosotros y no solo sobre el mundo. Este papel me dio una falsa sensación de control, pero pronto me agoté.

La dinámica se volvió un juego del gato y el ratón, un eterno samsara amoroso. Algo en mí sospechaba que él no estaba siendo auténtico. Y aunque no lo culpaba, por momentos deseaba gritarle lo inaccesible y egoísta que era. Su incapacidad para intimar se hizo evidente. Lo más complejo era que, cuando estábamos juntos, la conexión era tan intensa que sanaba mi corazón tras la distancia. Pero no podía sostener mucho más tiempo la tensión entre el amor que expande y la distancia que contrae, endurece y cierra. No nos permitíamos vivir el amor.

* * *

Me caí al piso cuando los libros que me sostenían desaparecieron. Terpsícore colocó nuevos volúmenes y me dijo:

—Ahora siéntate. Aún cargas demasiadas historias. ¿Recuerdas aquella vez que fuiste con él a la iglesia a ver el espectáculo de *El Génesis*? No fue casualidad; ahí ambos recordaron su existencia.

"Adán y Eva son un relato simbólico de la consciencia y del equilibrio entre lo masculino y lo femenino. Comprendieron la interdependencia de ambas energías y la profunda conexión que existía entre los dos. El jardín representa ese espacio puro y pleno: el estado original del ser humano en unidad con lo divino y consigo mismo.

"La serpiente y el fruto del árbol del conocimiento simbolizan la dualidad: todos los momentos en que pueden reencontrar la unidad y la armonía. Las relaciones amorosas son un reflejo de ese anhelo por recuperar la totalidad y el equilibrio interior. Cada vínculo que tenemos es una oportunidad para sanar y armonizar las energías masculina y femenina que llevamos dentro. Las dificultades y conflictos que surgen no son obstáculos, sino oportunidades para el crecimiento espiritual.

"El Génesis es también el samsara: ese círculo que atravesamos en una vida o en muchas, para aprender y evolucionar.

"Vamos a otro de tus archivos —dijo con calma.

* * *

Observé las luces de colores que iluminaban a los músicos que tocaban la *Séptima sinfonía* de Beethoven; al sentir su mano en mi pierna recordé que por algo nos habíamos encontrado. El dulce beso de despedida después del concierto me desconcertó frente a un sábado más en el que debía trabajar en lugar de hacer el amor. Habíamos estado juntos dos veces y mi deseo por él comenzaba a tornarse agridulce.

Pocos días después se presentó en mi casa, con el cabello rebelde y cano, lo que lo hacía lucir sabio a pesar de su inmadurez emocional. Mi intención de hablar se disolvió rápidamente cuando la electricidad entre nuestros cuerpos encendió la pasión. El sillón de terciopelo amarillo pasó de ser el soporte de mi llanto a sostener nuestro amor. Logramos una cadencia perfecta que, casi sin darnos cuenta, nos llevó de la sala a la recámara; me cargó hasta la cama. Nos desnudamos con prisa, como si quisiéramos desaparecer todas las barreras físicas. Mientras acariciaba mis pechos, vi dentro de él la constelación del universo en la que nos conocimos. Escapamos del ritmo, y los segundos se convirtieron en luz líquida y suspiros del cosmos al llegar al orgasmo. Juntos fuimos el Génesis.

Con prisa se levantó y vistió; su mirada se apagó. Lo tomé de la mano para evitar que se fuera.

—Tengo cosas que hacer.

—Anda, duerme conmigo… invítame a tus sueños. Despertemos en el amor.

Todo fue en vano, se fue y desapareció durante semanas.

Me habría gustado conocer la historia que lo alejaba de mí. Me pareció que le daba miedo amar o recibir amor. Activé mis barreras de inseguridad frente a las suyas, tan rígidas como siempre. Es posible que, por traumas, mi miedo al abandono y al rechazo exagerara la sensación de distancia. ¿Sería que yo también temía amar? El amor me abrió para ver el esplendor, mi poder, mi gozo… pero también mi trauma, mi vulnerabilidad y mi dolor. Me parecía que yo estaba dispuesta a derribar mis barreras y verme; él confirmó no estar listo para mirarse, sanarse y amarse.

La cama dejó de ser un lugar de descanso y se convirtió en el campo de batalla contra el insomnio. Recordaba el deleite y el placer que habíamos vivido juntos; me serenaba saber que en sus brazos podía encontrar el amor y, en su piel, sentir la realidad. Con él estaba dispuesta a romper el caparazón de mi corazón y mostrarme vulnerable. Sin embargo, al mismo tiempo experimentaba el miedo a perderlo.

Amanecía ansiosa, sentía cierta incertidumbre en aquellas mañanas en las que no sabía nada de él, cuando no respondía mis mensajes o tardaba días en hacerlo. Finalmente concretábamos un reencuentro, y escuchaba una y otra vez la misma justificación: "Estoy muy ocupado". Con él merecía la medalla a la paciencia. En un mensaje le escribí:

Me gustaría que me enviaras un mensaje después de que hacemos el amor, para que la energía que construimos no se rompa. La comunicación es importante para mí y me siento un poco abandonada cuando no sé nada de ti.

✓✓

Sus respuestas:

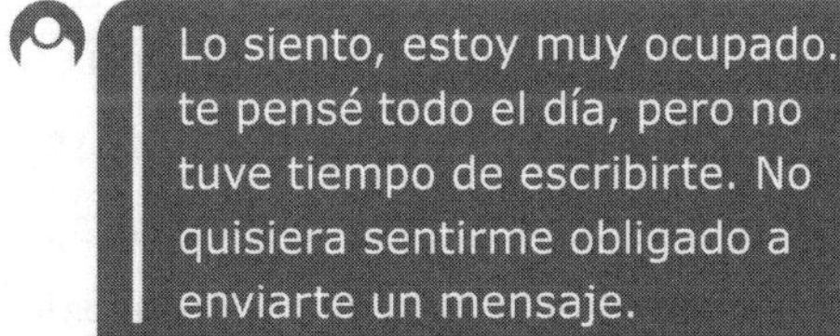

¿Obligado? No es lo mismo obligación que consideración. Era momento del adiós.

Fue una despedida triste y cargada de desilusión; me enfrenté a alguien con barreras más fuertes y altas que las mías. La mayor de las suyas era el egoísmo. Yo quería poder escuchar y ser escuchada. Si un mensaje ya era una "obligación", una comunicación más profunda sería imposible. Proyectó en mí sus problemas no resueltos y canceló cualquier forma de escucha. Solo me oía cuando no expresaba mis necesidades, porque entonces no se sentía atacado. No es que quisiera obligar a nadie, pero sí ofrecer una guía sobre lo que necesitaba para sentirme segura y mantener mis barreras bajas. En una pareja, los acuerdos son fundamentales para crear un espacio seguro y de conexión.

¿Por qué permanecí en esa relación? Nuestra última salida fue al cine. Iniciamos distantes, pero un toque suyo me electrificó; con él experimentaba un magnetismo que me hacía querer abrir mi herida del rechazo y buscar sanarla. En medio de esa apertura, al salir, se despidió porque se sentía un poco mal... y la herida se profundizó. Lo había elegido para sanar, pero se volvió imposible. En las escaleras del metro nos abrazamos, olvidando el tiempo; sentí que sería la última vez. Sin embargo, una semana después me envió un mensaje. Ya no esperaba saber de él; había pasado los días como una gatita lamiéndome las heridas.

No quería volver a tener una relación con él, pero la posibilidad de un encuentro sexual me animó a pedirle que nos viéramos, que hiciera un espacio en su "ocupada" agenda. No sé si era asexual, tenía otra pareja o simplemente no se sentía atraído hacia mí, pero siempre fue difícil concretar los encuentros sexuales. Me prometí que sería la última vez. Lo convencí de venir a mi casa, aunque me sentí culpable todo el tiempo pensando que solo lo deseaba por sexo. Pensé: *Soy demasiado sexual; debería conformarme con lo que tengo y no querer más.* Lo que no sabía era que el sexo me llevaba a un espacio donde podía sanar.

Nuestras sonrisas se encontraron, cínicas y llenas de pretensión. Volví a sentir que con él podía amar, abrir mi corazón y derrumbar mis barreras. En sus ojos veía la verdad, aunque no sabía si eso era recíproco. Percibí que, en mis ojos, él no podía verse: era como un reflejo empañado. Lo abracé con tristeza. Nos besamos y volvió la electricidad, pero esa vez, al tenerlo dentro, fue distinto. Sentí que el fuego kármico que habíamos compartido era enojo de otra vida, como si él estuviera pagando por algo que había hecho antes. El clímax llenó mis ojos de lágrimas; sentí pulsaciones intermitentes de dolor y placer. Sin separación, nuestras verdades debieron encontrarse y nuestras almas, conversar. Nos amamos sin notar que sería la última vez.

Me tiré a su lado, recuperando la coherencia. Finalmente logré contener las lágrimas. Lo miré con todo el amor que tenía y en silencio le dije: *Regresa a ti; aquí no hay reciprocidad. Guarda en tu corazón la belleza de la conexión y sepárate.*

Él pareció resentir mi retirada y me abrazó con fuerza, derribando sus barreras. Por primera vez hicimos el amor con total generosidad de ambas partes. Nos envolvimos en el infinito de la comunión, en el placer de la unión de nuestros cuerpos, activamos la fuerza de nuestras almas y el despertar de nuestra consciencia. Segundos, minutos u horas permanecimos abrazados, sin cuestionar nuestra existencia. Pero, al volverme consciente de mi cuerpo y mi corazón, recordé que merecía amor propio. Desde ese amor me separé de él. Aproveché ese momento sin barreras para decirle lo que sentía:

—Ahora te entiendo, pero el amor es encontrarte, conocerte a ti mismo. Todos sufrimos un duelo al dejar ir las partes de nosotros que tienen miedo. Al hacer el amor de forma generosa, dejas morir una parte de ti que debe transformarse. Tu ser parece decir "sí", pero tu mente te aleja del amor.

Mientras se vestía volvieron sus defensas. Ese adiós agridulce me llenó de claridad. Fue distinto a los anteriores; ya no venía de un purgatorio de incertidumbre. Todos los pequeños duelos que sentí en su cercanía y distancia abrieron un espacio en lo más profundo de mí en el que, en vez de perderme, comprendí el vacío que intentaba llenar. Era un vacío nacido del miedo. Sentí paz: en ese momento, mi amor hacia mí fue el más grande que había experimentado.

Esto me permitió que, cuando volvió a buscarme, pudiera salir a cenar con él, no perderme en sus ojos azules, evitar caer en su magnetismo y despedirme con un beso en la mejilla que anunció que no lo volvería a ver.

Al revisar este archivo y la dinámica de enviarnos mensajes con tanta distancia, de esperar meses para recibir una respuesta, reconocí que había sentido un dolor profundo. Él desaparecía de repente y yo me desilusionaba cada vez más; una sensación que luego generalizaba hacia todos los hombres. Asumía que él era cobarde y egoísta. No entendí que buscaba protegerse y que tampoco consideraba el sufrimiento que lo había llevado a levantar sus barreras.

Él fue mi espejo. Me permitió ver todas las relaciones en las que yo había actuado de forma similar. Entendí que no era fácil estar en una relación de almas con ese nivel de alquimia y querer mantenerla en la superficialidad. Comprendí que quería controlar el amor. Me volví consciente de mis propias defensas y barreras.

Al final, nuestra historia fue, en realidad, mi historia de amor: un encuentro con un alma que vino a enseñarme a amar y ser amada por mí misma. Le agradecí por ayudarme a recuperar mi capacidad de amar. Comprendí que me había enamorado de su alma, pero no de su personalidad.

* * *

Aparecí otra vez en la celda, pero esta vez llegó un guardia que me anunció que era libre. Vi las barreras disolverse y mi overol se convirtió en un sencillo vestido blanco. Afuera me esperaba un pasillo que conducía hacia la biblioteca. Allí estaba Terpsícore.

—Ven, baila conmigo, vamos a sentir la libertad en nuestros cuerpos, a relajar nuestro sistema nervioso y a expresar todo aquello que quieres decir.

* * *

Desperté en mi cama sintiéndome fresca. Salí al jardín y bailé de felicidad disfrutando el sol y el viento que tocaban mi piel. Sentí gratitud e, inmersa en ella, me senté sobre el pasto a escribir.

1 de marzo

Si alguien me hubiera preguntado por mi estado civil no sabría responder si estaba soltera, casada, en una relación abierta o en medio de un duelo. Estaba cerrada: ese era el verdadero estado de mi corazón. Me encontraba emocionalmente incapacitada, mentalmente inaccesible y sexualmente congelada. Experimentaba desconexión y una apatía profunda hacia los hombres. Fingía que en mi corazón no había vacío alguno, solo para sostener una fortaleza artificial que me mantenía erguida. En lugar de buscar derretir mi frialdad o derrumbar mis barreras, me refugié en estímulos pasajeros que me hicieran sentir, aunque fuera un poco, algo de calidez. Sin darme cuenta, en medio de todo aquello, me estaba impidiendo sentir amor propio.

Había negado mi fragilidad, mi vulnerabilidad. La sola idea del amor me llevaba a ponerme una armadura y a volverme cínica, lo que generaba un resentimiento que terminaba dirigiéndose contra mí misma. Mi corazón sufría detrás de tantas corazas: nadie lo hería, pero tampoco nadie lo amaba.

No me había dado cuenta de que mis protecciones solo me hacían sufrir más. Mi frialdad hacia los demás fue lo que me llevó a estar sola y a convertirme en servidora de la amargura y el resentimiento. Para evitar experimentar abandono, rechazo y dolor, me olvidé de quién era. Desnutrí mi corazón y lo volví inaccesible a través del cinismo y la incredulidad. Me transformé en una cabrona incapaz de empatizar. Me aterraba asumir mis miedos a quedarme sola y a no ser amada. Mis propias barreras provocaban el drama en el que vivía, pero debía reconocer que yo las había construido... y, por tanto, solo yo podía derribarlas.

Necesité comprender que el llanto, el duelo, el dolor de cabeza, la confusión y la duda no eran mis amigos: eran, otra vez, parte de esa voz perra que me alejaba del amor. Quería vivir el amor sin importar el precio: ese romance proyectado por Hollywood, narrado en novelas, inmortalizado en canciones. En mi cinismo no noté que, en realidad, ya había vivido muchos de esos romances, pero como esperaba que concluyeran en el "felices para siempre" no pude experimentarlos plenamente.

La promesa del final feliz fue el cimiento sobre el que comencé a construir mis barreras. Esa distorsión me enfermaba y me mantenía atrapada en el drama de las telenovelas con las que fui programada. Mi mente se atormentaba con preguntas sin respuesta, con cosas que no tenían sentido, porque los dramas no ofrecen contestaciones claras. Caí en un círculo vicioso: pensar en fatalidades, buscar en las personas equivocadas, engancharme con hombres tóxicos y proyectar mi propio drama en los inocentes. No me hacía responsable de mi parte y culpaba siempre al otro.

Mi tormento se alimentó de ese círculo infernal, endureciéndome aún más y manteniéndome prisionera en un castillo de hielo inaccesible e inalcanzable. Mi apellido oficial bien podría haber sido *Barreras*, por la cantidad que había erigido. Había creado una fuerza militar interna para "salirme con la mía" intacta emocionalmente, respaldada por excusas lógicas cada vez que me relacionaba. Pero mis sistemas de defensa ya me habían sobrepasado, llevándome a un aislamiento tan profundo que nunca me había sentido tan sola. Ahora entiendo que, cuanto más me escondo del amor, más difícil se vuelve llegar a él.

13

EL DESPERTADOR

La familiaridad de mi hogar me devolvía paz y serenidad. Me sentía en mi lugar seguro en donde yo era dueña de mi tiempo y mi espacio. Opté por tener una mañana lenta, con el ritmo marcado por los rayos del sol. Desayuné ligero, hice una práctica de yoga restauradora y dediqué un rato a la lectura. Noté que tanta exploración de mi sexualidad había despertado mi apetito. Busqué en mi clóset mis vibradores, pero ninguno me atrajo lo suficiente. Era momento de adquirir uno nuevo, además me daba el pretexto perfecto para salir a pasear. No hay mejor lugar en la Ciudad de México para encontrar estas cosas que la Zona Rosa.

Subí al coche mientras escuchaba un pódcast. Era una entrevista con un supuesto experto en sexualidad. El hombre hablaba con total autoridad, cada palabra suya parecía pesar; presumía de conocerlo todo sobre las mujeres gracias a su "amplia experiencia". Qué frustrante fue escucharlo: hablaba del cuerpo femenino como si fuera un objeto inanimado, dependiente únicamente de los estímulos brindados por el hombre. Según él, el placer femenino estaba condicionado y controlado por ellos. La distorsión es clara: muchos hombres aprenden de la pornografía que toman como su modelo de educación sexual: lo que no saben es que a las mujeres no nos gusta que nos traten así. Sentí unas ganas enormes de lanzar el celular por la ventana, pero afortunadamente llegué a mi destino antes de que la desesperación me llevara a la locura.

Caminé entre la gente que se movía con tanta libertad: algunos con indumentaria extravagante y llena de color, con maquillajes exagerados; otros mucho más casuales, incluso en pijama. Algunos con amigos en restaurantes y cafés, sin juzgar a nadie. Era un universo alternativo en medio de la ciudad. Los aparadores de las sex shops competían por obtener el título de la más estrafalaria, con más productos y mejor producción. A pesar de disfrutar el recorrido y dejarme seducir por los aromas a vainilla, chocolate y fresa, me molestó la cantidad de pornografía donde la mujer aparecía como un objeto más, nunca como sujeto activo. Los disfraces femeninos parecían pensados solo para atraer a los hombres, no para que nosotras nos descubriéramos atractivas y exploráramos nuestros cuerpos.

La frustración aumentó al escuchar a tantos varones vendiendo lubricantes y vibradores, hablando con toda autoridad cuando estaba claro que nuestros cuerpos les eran terrenos absolutamente desconocidos. Cada vez me sentía más desesperada. Al final, no compré nada.

Regresé a casa frustrada, pero más convencida que nunca de la importancia de mi misión. Me preparé un té para calmar mi enojo por lo absurda que se había vuelto la sexualidad. Me puse un camisón cómodo y sensual, me acosté en el sofá y me entregué a una siesta para viajar con las musas.

* * *

En la biblioteca entré en una sala que me recordó el cuarto rojo de *Cincuenta sombras de Grey*: al fondo había un sillón de cuero rojo y una cama grande con sábanas de satín moradas. En lugar de objetos kink, se encontraban artefactos de diferentes épocas y esculturas de hombres y mujeres desnudos en posturas sexuales. Las paredes estaban cubiertas de pinturas japonesas eróticas de la época Edo, ilustraciones del *Kama Sutra* original y otros textos sobre sexualidad.

Erato me recibió con un vestido rojo ajustado que revelaba su figura femenina con elegancia y belleza.

—Este salón es tan hermoso como temido. La mayoría de las fantasías lujuriosas son manifestaciones patriarcales que perpetúan el sometimiento y el dominio.

—¿Cómo se usaba el sexo en tu cultura? —pregunté.

—Los griegos fuimos pensadores del futuro; nuestra visión promovió la evolución del mundo y nuestros grandes filósofos se convirtieron en autoridades en diversas artes, incluida la sexualidad. El sexo era necesario para mantener la fertilidad y garantizar la continuidad de la descendencia. Pero también ampliamos la perspectiva sobre la sexualidad como puerta al placer, más allá de la biología o los imperativos genéticos. Se concebía como un medio para socializar y establecer relaciones, sobre todo en los ámbitos de los pensadores y artistas, quienes hallaban inspiración para sus obras en la energía erótica. Las prácticas sexuales se consideraban rituales para conectar con los dioses, incluso ejercicios de desarrollo espiritual.

"Lo mismo sucedió en otras culturas, donde existían sacerdotisas capaces de facilitar la magia, la adivinación y la sanación a través de la energía sexual. A las mujeres se les enseñaban las artes del amor como una fuerza para cocrear líderes, reyes y hombres que impactaran en las comunidades y sociedades. La mujer utilizaba su sexualidad para abrir corazones y potenciar el liderazgo.

"Mira este cuadro. Japón fue uno de los primeros lugares del mundo en crear estas instrucciones —me señaló una de las pinturas de Edo—. En India tenían el *Kama Sutra*. En Egipto cuidaban la fertilidad y la maternidad mediante rituales sexuales. Los dioses griegos cultivaban y practicaban su sexualidad a diario. Ese despertar sexual impulsó la evolución… hasta que en Occidente fue interrumpido por la muerte de Jesucristo y las imposiciones morales del Imperio romano, que redujeron la sexualidad a un simple acto reproductivo.

"La sexualidad ha atravesado muchos momentos en los que surgieron destellos para restaurar su potencial, pero el patriarcado ha distorsionado las antiguas instrucciones y ha ofrecido una falsa liberación sexual. En culturas ancestrales, las mujeres se instruían en el amor porque su sexualidad estaba diseñada para convivir amorosamente y expandir la consciencia. Ahora, sin embargo, se fomenta la lujuria como una fuerza desligada del amor y, paradójicamente, los "maestros" de la sexualidad sagrada femenina son, en su mayoría, hombres; y muchas mujeres que la enseñan tienen sus bases en la percepción patriarcal de una sexualidad que incentiva ser sensual y abierta sexualmente como un principio de la feminidad que es incorrecto. Promover la sexualidad para provocar al hombre mostrándote como objeto o demostrando tu ser sexual públicamente es un acto patriarcal, no un principio femenino.

"Parte de tu misión consiste en devolverle a la sexualidad su aspecto sagrado, reconectarla con el amor y promover la evolución planetaria y cósmica. Cuando despiertes todo tu poder sexual, podrás reconocer todos tus dones y regalos. Experimentarás esa energía como un vehículo para transformar y sanar. Por eso revisaremos la historia de la sexualidad en tus archivos.

* * *

Aparecí en el inframundo. No sé cómo llegué ahí, pero reconocí el lugar: ya había estado antes. Me perseguían risas maquiavélicas mientras atravesaba un turbio corredor. Algo era distinto respecto a la primera vez.

—Deja de cuestionar el proceso y simplemente camina —escuché de nuevo la voz de Erato.

A cada paso surgían memorias, tan rápidas que no lograba captarlas del todo, pero las sentía profundamente en la boca del estómago. A mi costado derecho apareció una puerta. La curiosidad fue más fuerte que el miedo; me acerqué, la abrí y, al asomarme, me vi a mí misma deslizándome entre sábanas blancas de satín en una habitación cuya decoración era una extensión del egoísmo y la arrogancia de mi amante. Besaba bien, pero solo pensaba en él; cada una de sus acciones celebraba su masculinidad tóxica. Era un narcisista fálico que únicamente recibía placer, pero jamás lo daba.

En pocas semanas de salir con él, ya me sentía enfadada y aburrida frente a su actitud ensimismada. Cada encuentro sexual terminaba con mi cabeza entre sus piernas; para él, la mujer solo estaba ahí para complacerlo, sin importar lo que ella pudiera sentir. Desarrollé aversión hacia su *narcifalo*. Un día le pregunté:

—¿Cómo es que tu lengua no ha explorado mis rincones más desconocidos?

—El sexo oral no es lo mío, me disgusta la textura de la vulva.

Me quedé desconcertada, pero antes de que pudiera replicar, buscó silenciarme con besos mecánicos en el mismo lugar de siempre, sin notar que ya no me excitaban. Con él me sentía frustrada: sus movimientos arrítmicos solo lograban lastimarme. Perdía la respiración antes incluso de empezar. Siempre terminaba insatisfecha. Claramente había sido formado por la pornografía, en la que el hombre es el centro del universo.

No era el primero que me tocaba el clítoris como si fuera una mesa de DJ. Los hombres que no escuchan ni se toman la molestia de aprender algo de anatomía son así. En mi desesperación, incluso lo monté con el falo flácido; por primera vez estaba a punto de llegar al orgasmo cuando él me detuvo. La relación era, sin duda, un vaso medio vacío. Cuando notó mi decepción, intentó cogerme para reafirmar su papel de macho alfa, pero todo lo hacía torpemente: besos insípidos, penetración sin la mínima humectación y un final abrupto por su rápida venida que me dejó completamente insatisfecha.

No podía hablarle de su evidente disfunción de eyaculación precoz, pero él tuvo el descaro de culparme a mí. Salió furioso, con el ego herido por la vergüenza. Pasaron días sin que supiera de él; yo le dejé claro que no lo esperaría, y menos si no era capaz de solucionar su disfunción.

* * *

El archivo se oscureció y caminé por el pasillo buscando una salida o alguna otra puerta. Finalmente, vi una. Al abrirla, encontré una habitación blanca con un escritorio y una silla.

—Siéntate. Voy a proyectar una imagen de él y quiero que escribas en esta libreta todo lo que le habrías querido decir.

> Me cansó esta rutina; me hizo sentir vacía. No escuché la voz de mi corazón que me hablaba con verdad y me dejé guiar por mi mente, que buscaba resolver una situación que me era ajena, pero por la que tú me culpabas. Estaba muy enojada contigo porque fuiste un verdadero cabrón al desquitar tu frustración sexual conmigo. Era extraño observar el terror en tu sistema nervioso cuando tus ojos me veían como a la leona que quería devorarte y que exigía placer. Esta situación recurrente que nos sucedía al hacer el amor te llevó a evitarme, a huir o a fingir estar cansado para no tener sexo. Además, nunca pudimos hablar de nuestra vida sexual; ni siquiera te diste cuenta de que yo no sentía placer.
>
> Acepto que te herí cuando te pregunté por tu disfunción, pero como no te había pasado antes, decidiste atribuírmelo a mí. Dañé tu

ego al llamarte precoz y descontrolado, porque para ti quien manda es el pene. En los momentos en que te daba placer, te enajenabas y seguías adorando a tu falo; lo único importante era lograr tu eyaculación. Reconozco ahora mi deseo de venganza y la amargura que me habitaba.

Escuché la voz de Perséfone, la reina del inframundo:

—El sexo muestra lo que hay que sanar porque involucra todas aquellas partes que jamás han sido tocadas. Las disfunciones son consecuencia de heridas emocionales y genéticas que necesitan ser atendidas. La única manera de sanar la disfunción derivada del narcisismo sexual es salir de la hipnosis del placer. El placer puede llevarte a un estado elevado de consciencia o puede alejarte de él. El sexo representa la vida y la creación; por tanto, disuelve el ego. El orgasmo no te llevará al placer expandido o elevado si no puedes soltar a quien crees que eres, porque esta es una energía transformadora. La falta de disponibilidad para hablar de sexualidad y la cerrazón ante lo que la interacción íntima descubre puede derivar en enajenamiento. Las mujeres que conocen las artes del amor despiertan la visión de lo que la sexualidad revela; por eso muchos hombres huyen en el momento en que algo así sucede en la intimidad, por más casual que sea la relación.

* * *

Toqué mi anillo y regresé a la biblioteca. Erato me esperaba con un aceite esencial de loto azul. Colocó un poco en la zona de mi sacro y aparecí en un limbo en el que flotaba, viendo únicamente montañas. En el aire escuché mi voz narrando mi momento:

—Aurora sueña con el beso que la despierte. Es la princesa del cuento, destinada a ser despertada para salir del encanto y descubrir a su mujer sexual.

* * *

Me transporté a Australia, frente a mí estaba el hombre de mirada turquesa. Nos calentábamos con una fogata en su jardín. A mi lado derecho, una escultura de Tara Blanca estaba rodeada de pequeños cuarzos y flores. Me levantó de la silla y me llevó a su casa, cargándome; sentía cómo me deseaba.

Era un espacio acogedor: las paredes blancas estaban decoradas con cuadros coloridos y había muebles de madera repletos de libros sobre distintas filosofías, junto a esculturas de lo que parecían ser diosas budistas e hinduistas. En su cocina me sorprendieron las repisas llenas de especias y hierbas; me sentí como en un centro herbolario. Me sirvió un té y se disculpó para darse un baño. Regresó aún mojado, cubierto apenas con un pareo; las gotas que resbalaban por su pecho me excitaron profundamente. Me llevó a su habitación, me desnudó y me pidió que me sentara en la cama. Sin tocarme ni decir una palabra, se sentó a mi lado y simplemente me observó.

Su mirada, que parecía transportar a otros mundos, me puso nerviosa y, para evitarla, giré la vista hacia la escultura de la diosa Quan Yin, de la compasión y del amor. Cuando el pareo cayó, me deleité en la perfección del altar de su masculinidad y me entregué al placer.

En absoluta sintonía, nuestras manos y lenguas exploraron los puntos de placer de nuestros cuerpos. Mientras sentía impulsos eléctricos recorriéndome, en su mirada encontré el infinito. Musicalizó la escena con tambores ancestrales. En medio del éxtasis, alguien más llegó y se sumó al acto. Me vi envuelta en dos fuerzas magnéticas que me amaban sin resistencia ni pertenencia. El placer era indescriptible; nunca había sentido a nadie tan profundo. Sus besos suavizaban mi corazón. Al cerrar los ojos, olvidé que éramos tres y nos convertimos en el infinito; en un acto alquímico nos hicimos oro puro. Así nos quedamos dormidos los tres, abrazados y desnudos, hasta que el sol acarició nuestros cuerpos.

Jamás imaginé tener un trío tan amoroso y romántico sin haberlo buscado. Los miré con amor y gratitud, los besé suavemente. Su amigo salió de la habitación y quedamos otra vez él y yo.

—Ahora quiero hacerte el amor a ti solo y sentir tu vigor.

Lo miré fijamente; el oleaje en su mirada me permitió descubrir sus secretos más profundos. Quería navegar su cuerpo y revelar cada rincón. Nuestros ritmos circadianos se sincronizaron, y caímos dormidos en el espacio armónico de la pureza del amor.

Aunque era australiano, nos habíamos conocido en Grecia. Me parecía un hombre de otro tiempo, incluso de otro planeta. Sus ojos hipnóticos y su cabello blanco me recordaban a los magos de las películas; sus orejas, ligeramente puntiagudas, evocaban a los elfos de *El Señor de los Anillos*. Con él experimenté una apertura sexual y romántica como jamás había vivido.

Aquella mañana hicimos el amor durante horas; la gratitud nos iluminaba con los tonos azules y blancos tradicionales de las islas griegas.

—Buenos días, es un deleite respirar tu belleza al amanecer.

Sin duda era un romántico. Salimos a caminar para darnos un baño de mar en el agua azul celeste. Nadamos hacia una cueva escondida en la pequeña bahía. La magia se apoderó de nosotros; los suspiros de placer se mezclaban con el movimiento del agua que nos envolvía en el lazo que estábamos creando. Paladeé sus besos con sabor a sal, llevándome a un microespacio de emociones. Recorrí con mi lengua la alegría, con mis manos la tristeza; lo hice mío con pasión y nos perdimos en el caos de la magnificencia que llevó a mi inteligencia a desafiar al mundo y a entregarme a él sin pensar en el futuro, pero con el corazón lleno de amor.

Me rendí ante su presencia seductora que me devolvió la vida. Disfrutábamos del momento cuando llegó la barca en la que partiría. Prometimos volvernos a ver pronto. Unos meses después viajé a su casa, y con un beso despertó mis sensaciones anestesiadas.

Al mirarlo con devoción, mis ojos se llenaron de lágrimas. Desvié mis ojos para que no notara mi vulnerabilidad al recibir su amor. Sin control de mis emociones, dejé que viera mi figura desnuda, expuesta fuera de las sábanas de seda moradas. Me pidió que lo montara y que no apartara la mirada de sus ojos, sin importar lo que sucediera. Me transporté a tantos tiempos con él, a esos lugares donde sus ojos ya me habían acompañado. No era solo deseo: era la alquimia de dos magos que habían compartido su tacto y su sexo en otros tiempos. Nos quedamos durante minutos eternos recorriendo nuestro pasado, hasta que volví al presente al sentir su falo reconociendo mi cuerpo. Su respiración me avisó que sellaríamos, otra vez, un acuerdo para estar juntos.

Pero sentir tanto amor me incomodó. Lo percibí demasiado cerca. Su sutileza, compromiso y devoción me abrían, pero mi resistencia lo impedía y no me permití entregarme por completo. Le dije que "no" y, segundos después, "sí". Me miró desconcertado, pero reconoció mi caos interno. Al no rendirme ante el amor, me subí sobre él, coloqué mis manos en las suyas y comencé a moverme descontrolada por el placer. Él me pidió que me detuviera:

—No te salgas de ti misma, no escapes de lo que está pasando entre nosotros. Respira, no tengas miedo.

Volví mi atención al cuerpo. Mis movimientos se suavizaron y lo miré a los ojos. Caí rendida ante el amor y nos movimos durante horas en distintas posiciones, explorando la consciencia de quiénes éramos en nuestra plenitud.

Cuando nuestro viaje de amor terminó, él me pidió una explicación. Le confesé que me estaba enamorando, pero tenía tanto miedo que buscaba alejarlo.

—Perdón, pero no puedo estar contigo. Queremos cosas muy distintas y nuestro estilo de vida es diferente.

La pinche excusa perfecta.

Nos despedimos dejando impresa en mi corazón una historia que pudo continuar y que elegí no prolongar. Aún lo aprecio y me pregunto qué habría pasado si le hubiera dado un "sí".

* * *

"El 'hubiera' no existe", escuché una voz que me transportó de nuevo al cuarto rojo. Curiosa, observé las esculturas y los manuales de los que me hablaba Erato. Una pintura japonesa me atrajo especialmente.

—Veo que tienes curiosidad sobre este tema. Solo una mujer visionaria puede comprender la importancia de la sexualidad para la evolución y el despertar del potencial humano. La pintura que te llamó la atención es parte del arte erótico japonés llamado *Shunga*. Usualmente se realizaba en grabados de madera y representaba situaciones sexuales de forma explícita y detallada. El *Shunga* surgió en el periodo Edo y se caracterizaba por su belleza y sensualidad. Entre sus temas destacaban la relación entre los seres humanos y la naturaleza, así como la idea de la "primavera" como metáfora de la renovación y la fertilidad. Estuvo prohibido durante más de un siglo.

Caminé hacia una mesita donde reposaba un libro rojo.

—Este es el *Kama Sutra* original, escrito por Vatsyayana Mallanaga. Es uno de los textos más antiguos y completos sobre la sexualidad y las relaciones humanas. Tiene treinta y seis capítulos y aborda temas como anatomía, fisiología, psicología y espiritualidad, además de consejos prácticos para mejorar la relación sexual y emocional entre parejas. Todas las clases sociales podían educarse con él. Incluye textos sobre la importancia de la comunicación y la intimidad en las relaciones, la variedad de posiciones y técnicas sexuales, la higiene personal, la forma de atraer y retener a una pareja, así como la resolución de conflictos.

"En Oriente, la sexualidad era vista con naturalidad y, por tanto, se instruía a las personas en su arte; en contraste con Occidente, que la redujo a cuestiones médicas y anatómicas. Estos son los primeros escritos que han evolucionado gracias al trabajo y la experiencia energética de trabajadores de luz, sacerdotisas y meigas.

"Los secretos místicos y esotéricos de la sexualidad solo se revelan a quien está listo para recibirlos, y eso requiere tiempo. La sexualidad también guarda información en tu ADN, parte de la genética colectiva. Al sensibilizarte puedes acceder a esa memoria y sentir el dolor de las narrativas que han sometido a las mujeres sexualmente. Puedes comenzar a sanar esta herida colectiva al sanar tu propia sexualidad. El sexo medicina puede llevarte a liberar la ira colectiva y a activar la energía sexual con consciencia. Cuando logras conectar con tu corazón, las emociones se liberan a través del sexo; la energía del amor disuelve el dolor y el placer transforma el sufrimiento.

Erato tomó una pluma de pavorreal y la deslizó delicadamente por mi espalda.

* * *

Entré a otro lugar, una especie de holograma, un sueño cósmico. Estaba entre sus brazos. Cómodo con su masculinidad, era dominante cuando lo necesitaba, pero también se rendía con facilidad ante mis órdenes de placer.

—Hoy quiero que hagamos el amor, hasta recibir todas las bendiciones.

Me tomó del cuello y me devoró con un feroz beso. Al desnudarse, descubrí que su falo tenía el tamaño perfecto para implantar la semilla de la consciencia en mí. Primero debía tocar el punto G en mi garganta para abrir mi cabeza a los deseos del corazón; después, pasar al punto G en mi cadera para conectar la creatividad con el amor. En esa unión fui toda suya. Con él practiqué el arte de la felación, que consiste en excitar con los labios y la lengua, saber jugar para controlar la eyaculación y permitir que el hombre se contenga, guardando su líquido para el momento necesario. Cuando llegó al punto máximo, lo monté y eso liberó a mi ser salvaje, que se entregó al sexo sin juicios ni la necesidad de ser domesticada; me sentí vista y amada.

Un torbellino de emociones me recorrió: una combinación de enojo acumulado por años de represión llenó mi cuerpo de fuego. Como una dragona, soplé el calor y lo transformé en libertad; así, mi cuerpo llegó al gozo absoluto. Antes de salir, el fuego convirtió mi enojo en duelo, mientras las oleadas de calor permitieron que mi llanto y los gritos de lamento por tantas injusticias fueran escuchados en el umbral del placer. A través de los orgasmos liberé toda la intensidad que había guardado en las paredes de mi útero: la furia sexual y el enojo coagulado me acercaron a un momento de paz. El encuentro con nuestro amor nos liberó y nos unió en el abismo de lo desconocido.

A este amante a veces lo quería suave y otras, intensamente. Él me deseaba en todas las formas: caliente, mojada, seca o fría. Había días en los que necesitaba tener sexo con él para liberarme. En otros, bastaba un encuentro sensorial con los aromas y sabores de nuestra piel. También sentía la necesidad de ofrecerle toda mi sensualidad.

Infinitas ráfagas de pasión se desprendían del fuego frente a nosotros. Lo hacíamos al ritmo de tambores que aceleraban nuestro pulso y estremecían nuestras almas. En un abrazo, derretíamos los caparazones, nos liberábamos del dolor y alcanzábamos el paraíso. En ese estado de paz nos desnudábamos para encontrarnos en nuestra esencia, en esa cualidad divina que compartíamos en nuestro erotismo, en la fusión sexual que nos llevó a refinar nuestra energía hasta ser un destello de consciencia divina.

Con él perdí mi otra virginidad. El miedo a lo desconocido me hizo tensar mis músculos. Primero necesité relajarme profundamente, como si estuviera a punto de entrar en un sueño, pero impedida por el placer. Su fuerza energética disolvió mis miedos y corazas. Fue necesario que jugueteara un poco con su falo en mis nalgas. No todo fue relajación: equilibró la delicadeza de sus caricias con la firmeza de su mano sosteniendo mi cuello. Sentí mi ego disolverse. Pude confiar y rendirme a él. Durante la penetración descargué todos los excesos y toxinas; fue el orgasmo más intenso de mi vida, una liberación total de todo lo que había guardado en mi suelo pélvico. Al terminar, nos abrazamos rendidos, soñamos juntos el mismo sueño: un viaje que nos mostró nuestro amor a través del tiempo. A pesar de la maravillosa experiencia, al día siguiente le confesé que lo nuestro debía terminar. Lamió mis lágrimas, probando la pena de mi corazón. Me miró intensamente, intentando entender.

—Te amo, eres el mejor amante y novio que he tenido en mi vida, pero lo nuestro no puede ser. No queremos lo mismo; nuestros estilos de vida y la visión de la vida son distintos.

—También te amo, aunque para mí no fue fácil hacerlo. Me tomó mucho tiempo que confiaras en mí, que abrieras tu corazón. Me duele que no quieras estar conmigo, aunque soy consciente de que nuestra conexión fue un karma que tal vez ya saldamos, una relación sublime a nivel sexual.

Él sabía tocarme para llevarme a experimentar orgasmos trascendentales y caóticos. Antes de él, no conocía mi poder en la quietud ni en el dinamismo. Detonó la plenitud sexual que ahora prevalece en mí. La precisión anatómica con la que recorrió mi cuerpo me ayudó a descubrir orgasmos lentos, dulces y suaves que me permitieron sanar. Vivimos juntos el placer de ser multiorgásmicos.

Respetó mis límites a pesar de la rudeza instintiva y, en la intensidad de la pasión, siempre me sentí segura y en contacto con su aspecto divino. Juntos demostramos que la pasión carnal puede vivirse sin culpa ni violencia; nos desenvolvimos en lo más rudimentario y primario, explorándonos sin miedo: la pantera con su intensidad y rudeza, y la serpiente con su suavidad y sutileza. En conexión con su sensualidad femenina, podía ser dulce y delicado; amarme con pasión y compasión aun sabiendo que no teníamos futuro. Fuimos la medicina que ambos necesitábamos.

Me besó al salir y, sin mirar atrás, se fue. Lloré mientras lo veía partir; a la larga me invadió el cansancio propio de las nostalgias profundas. Siempre lo amaré.

* * *

—Toma un poco de té —Erato se sentó en el sillón de cuero rojo, posando como una reina—. Hacer el amor es el espacio donde se revela la verdad innata de quiénes somos. Es un arte porque, dentro de ese movimiento de energía, puedes ver todo de ti y de la otra persona; además, reconoces tu potencial para intimar, conectar y amar. El descubrimiento y la percepción de ese potencial nos pueden unir o alejar, dependiendo de nuestras disfunciones.

"Los juegos sexuales, el kink y el sexo casual con fines recreativos son, en muchos casos, escapes de la verdadera intimidad. Hacer el amor es lo opuesto: es conexión genuina. El miedo a permitirnos ser auténticos en nuestra verdad nos aleja de tomarnos el tiempo necesario para vivir la sexualidad en toda su dimensión; al final, esto provoca una distorsión que nos desconecta.

"El sexo, a nivel físico, es un acto limitado que ofrece solo una experiencia momentánea de placer; lo que realmente nos une es la experiencia sensorial y sensual. Ahora bien, incluso el sexo casual y el kink pueden iniciarse desde un espacio de conexión auténtica. En nuestra cultura no hay tabúes: el sexo puede pasar de lo sagrado a lo profano según la intención con la que se conecta. Hacer el amor es, en realidad, el portal a la multidimensión de la energía sexual y orgásmica.

—Vamos a revisar otra memoria.

* * *

Estaba con un hombre que facilitaba la vida a la mujer con quien compartiera su tiempo. Era una delicia experimentar un romance armónico, unidos por el amor y con la claridad de que explorábamos juntos nuestra sexualidad. La combinación de amor y sexo sin compromiso resultaba novedosa: habíamos acordado estar juntos solo cuando ambos lo deseáramos. En nuestra historia no había dramas, únicamente la experiencia de ser nosotros mismos en un espacio de amistad y placer amoroso. Descubrimos que el gozo y el amor pueden expandirse cuando no hay distracciones que interfieran en nuestro potencial sexual.

Con delicadeza, me acompañó a visitar a mi yo interior, esa parte que aún cargaba la culpa y la vergüenza de las historias inscritas en mi vulva. Su gentileza al lamerme me llevó a experimentar un florecimiento dulce; sentía que alcanzaba a las diosas. Al hacer el amor con él me sentía cuerda y libre de sombras. Nuestros cuerpos se movían en la frecuencia del gozo absoluto, creando una alquimia que elevaba nuestro voltaje de placer hasta la ola expansiva del infinito. Amanecíamos iluminados por los rayos del sol que acompañaban nuestros orgasmos y nos llevaban a lo desconocido: una espiral de colores cósmicos, un canto de nuestro amor espiritual en el que vibrábamos juntos.

Con él, cada experiencia era distinta, pero todas compartían una ligereza iluminada. Entre risas y asombro expandimos nuestra sexualidad como una paleta de colores y energías. Fuera de la habitación también teníamos grandes aventuras. Juntos visitamos las pirámides de Teotihuacan; en la Pirámide del Sol sentimos el poder de nuestros antepasados astutos e ingeniosos, y en la de la Luna escuché la infinita sabiduría de las mujeres, su fuerza y creatividad. Comprendí entonces que eso era la devoción: experimentar un viaje energético que iba más allá de nosotros. Era una devoción transpersonal, donde hacer el amor suponía tocar los corazones de la humanidad y extender la sanación a todos.

Nos hospedamos en una cabaña frente al sitio prehispánico. Comencé con una felación que estimuló mi garganta y abrió un portal a lo desconocido; me rendí ante la luz que me llevó a un lugar completamente oscuro, donde permanecí durante unos segundos que parecieron eternos. En ese estado, un cosquilleo neuronal recorrió mi cuerpo. Durante la penetración, abrazados, encontramos el punto de unión: una luz blanca viajaba por cada célula y navegaba la corriente sanguínea hasta llevarnos al orgasmo. En medio del éxtasis, mis rugidos convirtieron las lágrimas contenidas en cicloramas de colores que formaron figuras y fractales en mi mente, en los cuales perdí la noción del tiempo y el espacio.

Nos detuvimos abruptamente cuando sonó la alarma de su celular. Volver a nuestros cuerpos después de descubrir el cosmos juntos resultó extraño. Colocó su mano sobre mi corazón y mis lágrimas, finalmente, fluyeron: eran de gratitud, éxtasis y tristeza. Me volvió a penetrar; esta vez fue sutil, liberando un espacio entre mi pelvis y la cadera donde había guardado el dolor físico de mi corazón. Sentí que la cadera se me partía en dos; respiré profundamente y escuché una voz: "Permite que el dolor haga un espacio en ti, permanece en él, no huyas más y úsalo para tu beneficio". Al rendirme ante él, el dolor se disolvió y se transformó en luz. La voz volvió: "Tus células y tejidos están abriendo espacio físico, emocional y energético. ¿De qué te quieres llenar?". Contesté en mi mente: *De amor*, y eso me llevó al último orgasmo. La experiencia fue tan poderosa que, al terminar, meditamos juntos.

* * *

Una vez más estaba en la biblioteca, luciendo un vestido traslúcido.

—Te estás convirtiendo en una inspiración —continúo Erato— al dejar ir y disolver aquello que ya no pertenece a tu presente. Ya no tienes necesidad de forzar las cosas. Los seres humanos intentan llenar esos espacios vacíos porque carecen de un punto de referencia. Ese vacío es el espacio universal donde todo es posible. Hoy lo alcanzaste con la medicina del orgasmo. Estás en la libertad de no entregar tu poder a la identidad de quien crees ser cuando estás con un hombre.

21 de marzo

Se dice que la ignorancia es gozo, pero en lo que respecta a la sexualidad no lo es. Como la mayoría de las mujeres carecemos de educación sexual, dejamos que los hombres guíen esos momentos; es otra de las creencias inculcadas por el patriarcado. Confiamos en ellos para que nos enseñen incluso sobre nosotras mismas, cuando ni siquiera tenemos una idea clara de nuestra anatomía o de la autoerotización. Hablo en plural porque no me canso de escuchar las insatisfacciones sexuales de mis amigas; algunas incluso han sido responsabilizadas por la disfunción sexual de sus parejas.

Es curioso que haya sexo por todos lados y que, sin embargo, con nuestra pareja no podamos hablar de ello. Yo no fui diferente: con mis primeras parejas, e incluso con mi esposo, evitaba hablar de sexo, no me permitía expresar lo que deseaba y no estaba abierta a explorar. Sin experiencia ni claridad sobre lo que realmente me gustaba, dejaba la responsabilidad de mi placer en manos de él. Les concedemos ese poder: solo ellos parecen dar o quitar placer. Por eso buscan vírgenes o santas, porque así creen tener más control. Al mismo tiempo, a una mujer con experiencia se la etiqueta como "medio puta", cuando en realidad el hombre siente que pierde poder al no ser necesario para que ella experimente placer y múltiples orgasmos.

Las mujeres que tenemos inteligencia y sabiduría sobre nuestra sexualidad somos incomprendidas; por eso, algunas escondemos esta parte de nosotras para evitar juicios. No sé por qué tantas veces que expresé mis necesidades y deseos fueron percibidos como perversiones o como señales de que vivía insatisfecha. Ahora entiendo que, ante esto, los hombres sienten que los estás considerando como ineptos sexuales. De ahí surge la necesidad de las máscaras. Al reprimir mi fuerza sexual, me llenaba de enojo e irritabilidad, con malos humores que no podía explicar. Ese estado de ánimo me llevó a sentir vergüenza por estar insatisfecha y culpa por ser una "mala pareja".

La doble moral resulta agotadora. La misma sociedad que consume pornografía como algo natural juzga a las mujeres que viven plenamente su sexualidad y se instruyen en las artes del amor. Pareciera que vivimos en una cultura liberal, pero seguimos rodeados de normas y juegos de poder que dictan qué está permitido. Es urgente reeducarnos desde un aspecto sagrado y amoroso, desde una sabiduría sexual y no un mero entretenimiento.

En mi vida sexual conviven dos voces: la de la santa, que procura ser dócil, y la de la salvaje, que se muestra sin tapujos. La segunda es feroz, pero fiel compañera de mi vagina, pues solo de ella sigue órdenes; para que se haga presente, es necesario conocer la vulva. El sexo tiene el potencial de sanarnos al permitirnos encontrarnos con nosotras mismas en el acto.

14

ESPEJITO ESPEJITO

“Espejito, espejito, dime: ¿quién es la mujer más linda del planeta?”. Siempre me ha llamado la atención esa escena de *Blancanieves* en la que la Reina, codependiente del dictado de un hombre que está dentro de un espejo, se obsesiona con su propio reflejo. El espejo es experto en jugar con la percepción, y muchas veces refleja la sombra, los miedos y los deseos más oscuros que viven en ella; en otras, le muestra la realidad a partir de su interpretación y verdad, y a veces disfruta diciéndole y mostrándole exactamente lo que ella quiere escuchar y ver. Así, la Reina lo siguió como guía y construyó su realidad a partir de lo que le mostraba.

Al igual que la Reina, también he experimentado confusión al querer distinguir entre el espejo que me muestra lo que necesito ver de mí misma y el reflejo que yo quiero mirar, como si tuviera que salir de una neurosis o psicosis. Además, como ella, yo también tengo mi propio espejo y todas las mañanas me veo de una manera distinta, dependiendo de la conversación interna que haya tenido conmigo, mis emociones y estados de ánimo. Algunas mañanas me habla la mujer sabia, la voz de la divinidad que puede verse en su realidad, sin juzgarse. En otras, escucho la voz patriarcal o a la perra que me critica, recordándome que no soy perfecta y que tengo muchas cosas que arreglar y cambiar en mi vida; curiosamente, estas dos me generan culpa o vergüenza. Son tan duras que no me permiten experimentar amor.

Ahora sé que se trata de una distorsión, y que muchas veces ha sido el resultado de los hombres con quienes he estado, que me han mostrado mi propia dualidad. Mi yo reflejado puede ser un cabrón que me dice muchas cosas que no quiero escuchar o aceptar de mí misma. También puede ser delicado al mostrarme mis vulnerabilidades. En él veo mi luz y mi sombra, las distorsiones y el potencial. Él puede enseñarme aquello que necesito ver para sanar, transformar, aceptar o amar. Mi reflejo es, o mi más querido aliado, o mi más temido enemigo, pero no hay escapatoria.

"Espejito, espejito", las palabras que me recuerdan que únicamente puedo verme más allá de mis programaciones, narrativas y limitaciones. Muchas veces es confuso que haya tantos espejos, no solo los inanimados, también existen los espejos humanos: hombres y mujeres.

Cuando identifiqué esto, pude distinguir a los hombres que me han mostrado lo que yo quiero ver y aquellos que han reflejado lo que necesito ver. La diferencia es sutil entre ambas caras del espejo: en una veo mis puntos ciegos y lo que detona mis reacciones inmediatas, las heridas del rechazo, el abandono y la indiferencia; en la otra, me encuentro con todo lo maravillosa que soy.

Una cara del espejo no refleja al otro, sino todo aquello que mi mente proyecta. Es la imagen de lo que imagino, idealizo, deseo o necesito. En ella vive mi fantasía. Lo que el otro hace, dice o piensa, muchas veces no lo percibo con objetividad: lo filtro, lo acomodo, lo interpreto según lo que yo quiero ver. Escucho lo que me conviene o lo que necesito oír, no siempre la verdad. La proyección es una distorsión sutil y poderosa. Y aunque la reconozco, no siempre puedo detenerla. Verme con honestidad requiere valentía. Ver al otro como espejo —y aceptar lo que refleja— exige humildad. He elegido hombres que, sin saberlo, me han enfrentado a mí misma. A veces he sido su pantalla, y otras, ellos han sido la mía.

Las relaciones más difíciles son aquellas en las que se confunden el espejo y la proyección: cuando ninguno logra ver al otro con nitidez y ambos se pierden en sus propias imágenes. En esa relación no fue fácil aceptar que los dos éramos espejos. Él me devolvía mis heridas, y yo me convertí en la imagen que él quería ver. Nos reflejamos el desamor, el dolor que cada uno cargaba en el corazón y las defensas que levantamos por miedo al rechazo. Nuestros egos, heridos, defendían con orgullo sus versiones de la verdad. Fuimos todo a la vez: amigos y enemigos, sanadores y destructores. La dualidad se manifestó en su forma más cruda. Fue una relación confusa, donde no supimos mirarnos desde el amor ni vernos tal como realmente éramos.

* * *

Aparecí en la biblioteca, un poco agitada por el recuerdo. Busqué a alguna de las musas, pero no había nadie. Continué mi camino hasta llegar a una habitación que parecía un salón de belleza. En un rincón había un tocador antiguo de madera con un taburete de lino color crudo. Sobre la mesa vi un cepillo de marfil, pequeños artefactos de madera para aplicar cremas y maquillajes, y varios espejos con marcos de cristal, entre los que sobresalía uno. Lo tomé: era ovalado, dorado y con dos caras. Me vi de un lado y del otro, sorprendida por cómo mi semblante cambiaba. No entendía lo que sucedía. Detrás de mí pasó una mujer con un impecable vestido y una capa estrellada; se paró detrás de mí y, maternalmente, empezó a peinarme con el cepillo. Inexplicablemente, me sentí protegida y acompañada.

—La tierra te da la sabiduría y te nutre. El cosmos te brinda la inteligencia necesaria para ver con claridad y no reproducir los programas que te alejan del amor. Esperaba tu visita, Aurora —me dijo Urania tiernamente.

"La paciencia te da excelencia. Los aprendizajes pueden ser vistos y entendidos en retrospectiva. El humano puede evolucionar al reflexionar y contemplar el pasado. Algunos pocos lo logran en la consciencia del momento presente, pero eso requiere de un alto nivel de entrenamiento, ya que muchas fuerzas externas interfieren en el presente, y no permiten ver a la persona, la situación o el momento en su realidad y verdad.

"Las palabras de la inteligencia cósmica no son fáciles de descifrar, ya que es un lenguaje que no está contaminado por la mente humana. Las palabras correctas llegarán a ti para que puedas entender los aprendizajes y puedas verte a ti misma, pero no serán las que usas con frecuencia ni las que provienen de tu mente racional. La sabiduría auténtica se manifiesta en un lenguaje distinto, uno que no siempre se alinea con tu nivel de consciencia habitual. Es el lenguaje del ser superior: más intuitivo, más sutil, profundamente verdadero y sencillo. Aprender a escucharlo precisa de apertura, presencia y humildad, pues no se comunica desde la lógica, sino desde la verdad interior. Estos archivos son múltiples espejos que revelan claves importantes de tu misión. Los libros en esta biblioteca contienen los secretos para que el humano aprenda a verse y a escucharse a sí mismo.

"En las culturas ancestrales, los espejos eran objetos poderosos. La idea de la evolución espiritual está conectada con la capacidad de verse a uno mismo y a aquellos que te rodean —tomó uno de los espejos del tocador.

"En las culturas del antiguo México se utilizaban espejos de obsidiana. Esta piedra tiene la función de revelar todo aquello que está escondido en la oscuridad: los aspectos por sanar y aquellos que son dones.

Observé el espejo con fascinación; entendí por qué durante años la obsidiana me ha llamado la atención. Incluso tenía algunos de esos espejos en casa.

—Mira este otro espejo. En el antiguo Egipto, Ma'at, la diosa de la verdad y la justicia poseía un espejo mágico que reflejaba la verdad de la persona que se acercaba a ella. Representaba la consciencia y la capacidad de autoevaluación y reflexión.

"Los espejos son indicadores de la honestidad y la distorsión, de nuestros pensamientos o idealizaciones sobre otras personas. Hoy en día el espejo solo es un objeto en el cual el hombre o la mujer se miran para identificar sus imperfecciones y alimentar sus delirios de perfección. Es pura vanidad, que impide un ejercicio honesto y empático, pues, ensimismados, únicamente ven su grandiosidad o sus defectos. La sociedad es un poco narcisista. ¿Quieres un poco de té?

—Sí, gracias.

Me sirvió un poco de té blanco.

—Te contaré una historia: nosotras conocimos a Narciso, un joven muy apuesto y muy vanidoso. Tras rechazar a la ninfa Eco, ella lo castigó de forma que solo pudiera verse a sí mismo. Al pasar tanto tiempo contemplando su reflejo, fue consciente de que no era una persona real y se sintió solo y decepcionado. Como Narciso, los humanos están ensimismados, pensando solo en lo que desean y sueñan, por lo que les es imposible ver al otro; entonces proyectan ideas en los demás. Ven su propio reflejo en otras personas.

"Una pareja con el síndrome de Narciso es complicada, ya que no tiene la capacidad de ver las necesidades del otro y ambos se vuelven insensibles. Los narcisos tienden a no responsabilizarse de sí mismos ni de sus acciones, pues están tan saturados por su propia imagen que no se ven con claridad. Su mirada, como la de Narciso, solo puede verse en el agua turbia.

"Una relación honesta de pareja se construye a partir de la capacidad de ver y escuchar al otro. En la construcción de acuerdos sencillos se pueden edificar sueños y navegar obstáculos con amor y compasión. Vamos a tu archivo. ¿Recuerdas a tu Narciso?

Me entregó una rosa blanca y su aroma me transportó a sus brazos.

* * *

Con el anillo en la mano y el contrato prenupcial firmado, algo se quebró dentro de mí. Estar comprometida con el hombre que siempre soñé no me trajo la felicidad que esperaba; al contrario, se despertaron en mí dudas profundas. En la fiesta de compromiso, mientras recibía aplausos al bajar las escaleras, percibí su mirada cargada de envidia: no soportaba no ser el centro de atención. Era encantador en público, elogiado por todos, pero incapaz de verme realmente; solo proyectaba en mí lo que necesitaba.

Su carisma escondía un temperamento controlador y una sensibilidad fingida. Me enseñó a reprimir mis emociones para evitar conflictos, a moldearme según sus expectativas. Cuando intentaba expresar necesidades o buscar cercanía, me avergonzaba y me acusaba de exagerar las cosas. Con el tiempo, mi deseo de agradarlo creó en mí una adicción a sus recompensas y un temor a sus castigos. Me amaba cuando era la mujer sumisa que él quería, pero me abandonaba cuando mostraba mi autenticidad.

La noche de la fiesta, en la suite del hotel, ensayamos lo que sería nuestra vida sexual: él tomó lo que quiso, sin ver mi cuerpo ni mi alma. Fingí placer para no herir su ego, pero dentro de mí supe que había sacrificado mi libertad. La mañana siguiente desperté con la certeza de que debía huir. Cuando intenté terminar, su reacción fue fría: me culpó, me llamó loca y me pidió que le regresara el anillo. En ese instante comprendí que nunca me había visto, solo se había visto a sí mismo a través de mí.

Tomé el silbato y soplé, lista para abandonar no solo a ese hombre, sino también la versión de mí que se había doblegado a su poder en aquella vida pasada.

* * *

Regresé a la biblioteca. Urania me esperaba con una crema para la piel.

—Este bálsamo, hecho de mantequilla de cacao, un poco de rosa, canela y albahaca, te ayudará a humectar y nutrir la piel, el órgano que representa nuestros límites, pues divide nuestro mundo interno del externo. La resequedad en tus manos me indica que tal vez no has definido tus propios límites correctamente en tu vida. La presencia de los límites es lo que nos permite diferenciar todos los reflejos que vemos en el espejo. Los límites nos permiten ver las cosas y a las personas como son.

"En la tradición esotérica, el espejo es un símbolo del reflejo del alma, en él se ve nuestra esencia espiritual y personalidad —Urania caminó hacia una repisa y tomó un libro amarillo cuyas letras del título iban cambiando de tipografía: *Los espejos del mundo.*

"Este libro contiene la sabiduría y el simbolismo del espejo en cientos de culturas. En las filosofías orientales, como la budista, los seres humanos pueden ser espejos unos para otros: al interactuar con los demás, podemos ver reflejadas nuestras propias cualidades y defectos. En nuestros amigos miramos nuestra generosidad o codicia y aprendemos de sus fortalezas y debilidades. En la mitología de África occidental, Anansi representa a los *tricksters* o *shapeshifters*, quienes se transforman en diferentes personas y animales para enseñar lecciones a los humanos. En una de sus historias, Anansi se disfraza de un anciano sabio y enseña a un joven a ver su propio reflejo en los demás y al hacerlo obtiene grandes verdades y aprendizajes de él mismo.

"En China se cuenta la historia del espejo de la verdad que mostraba la auténtica naturaleza de una persona. Según la leyenda, el espejo de la verdad fue creado por los dioses para ayudar a los humanos a descubrir sus propias debilidades y fortalezas.

"Desde mi sabiduría, quiero compartirte que solo algunas almas en tu camino serán espejos.

Tomó un poco de té y colocó frente a mí un espejo ovalado enmarcado en bronce con pequeñas piedras semipreciosas en tonos azules, verdes y naranjas.

—¡Qué belleza!

—¿El espejo o tú? —tronó los dedos y mi silla comenzó a dar vueltas hacia la derecha.

* * *

Aparecí en mi habitación minutos antes de recibir su llamada, con la lluvia dibujando su silueta en la ventana. Nuestra historia siempre fue un contraste entre amor y rechazo: lo quise y lo aborrecí, me fascinaba y me repelía. Él fue mi hombre espejo, quien reflejaba mi luz y mi sombra, mi potencial y mis miedos. Su dualidad me atraía y me aterraba: podía ser cálido y comunicativo, pero también frío y evasivo. Aun así, le di un "sí" sin reservas, creyendo que, tras años de separación, podríamos transformar los patrones tóxicos que antes nos habían llevado a alejarnos y a romper.

En ese viaje, la esperanza de reconectar se mezcló con la herida del rechazo: él se negó a intimar conmigo varias veces, alegando procesos personales, celibato o sanación. Cada negativa apagaba mi deseo y endurecía mi corazón. Quería acercarme, pero cualquier intento lo distorsionaba: me acusaba de ser insensible o de exigir demasiado, se colocaba en el papel de víctima mientras me hacía sentir culpable. Cuanto más amor y comprensión le ofrecía, más buscaba el conflicto. Esa dinámica me mantenía atrapada, sin poder estar con él ni dejarlo, pues seguía viendo en sus ojos al hombre sabio que también era.

Reconozco que yo también convertí el espejo en un espejismo. Proyecté en él un ideal imposible, lo presioné con mis expectativas y reaccioné con indiferencia o con desbordamientos emocionales para protegerme. Exigí comunicación y presencia, sin darle espacio a su proceso. Pero a diferencia de él, yo estaba dispuesta a mirar mis proyecciones y a distinguir entre lo que era suyo y lo que era mío. Entendí que no podía cambiarlo y que él solo reflejaba lo que debía sanar en mí: mi herida de rechazo, mi miedo a no ser vista y mi tendencia a perderme en la validación masculina.

A veces me pregunté si había perdido el tiempo con él. Pero al mirar desde la perspectiva del espejo, comprendí que me enseñó lo que aún necesitaba ver de mí misma. Su rechazo sexual y sus mensajes contradictorios fueron dolorosos, pero también me dieron la claridad para distinguir entre el amor real y las proyecciones que ambos construimos. Aunque nuestra historia fue caótica y ambigua, fue también un profundo aprendizaje sobre la intimidad, el ego y la capacidad de amar sin perderme.

* * *

Al regresar a la biblioteca, me solté a llorar como una niña. Urania tomó con ternura mi mano.

—Permite que las lágrimas limpien tu alma, que se liberen todas esas emociones guardadas que no pudiste expresarle a tu hombre hasta ahora. Al regresar a nuestras memorias, tenemos la habilidad de cambiar la historia: no necesariamente lo que pasó, pero sí podemos permitir que todo lo no dicho se diga, y que todo lo no sentido finalmente se sienta. Esto mueve muchas emociones en tu cuerpo que necesitan purificarse. Es muy hermoso llorar desde el espacio del amor.

"Si el ser humano supiera que la comunicación es sencilla cuando se expresa desde el corazón, probablemente las cosas serían distintas. El lenguaje del alma es simple y profundamente bello. Las interferencias surgen de los juegos psicológicos y de las mentes programadas. Las dinámicas tóxicas son consecuencia de una psicología dañada y de un cuerpo emocional carente de inteligencia. Los hombres y las mujeres no son enemigos: son sus mentes y emociones las que construyen fortalezas e inician las guerras. Sus cuerpos son únicamente quienes reciben el golpe de todo lo que crean con la mente, con sus historias y narrativas. El amor no se vive en la mente ni en la emoción. El amor es un estado del ser en el que dejan de existir los espejos. Cuando eres tú misma en libertad, ya no es necesario mirarte en el otro.

* * *

Al despertar, sentí el cansancio en mi cuerpo adolorido de tanto llanto. Solo quería quedarme en la cama, abrazar mi almohada y llorar, llorar sin parar. Escuché una voz: "No hay que forzar. Permanece donde tienes que estar el tiempo necesario; al liberar, podrás seguir tu camino".

Durante una hora, las lágrimas brotaron con facilidad, y al levantarme sentí una ligereza que me dio la energía necesaria para continuar con mi misión.

7 de abril

Espejito, espejito... ¿quién soy cuando nadie me mira?

Hoy entendí que no hay un solo espejo, sino muchos. Algunos son inofensivos: reflejan mi rostro, el paso del tiempo, las ojeras o la sonrisa. Pero los más poderosos son los que me devuelven lo invisible: los que me muestran mi alma, mi sombra, mis heridas, mis máscaras. Esos espejos —los verdaderos— no son de cristal. Son personas. Relaciones. Encuentros.

Mi reflejo no siempre es fiel. A veces veo lo que quiero ver. A veces escucho lo que necesito oír para sostener una ilusión. Y, lo sé ahora, eso también es una forma de engañarme. Me he proyectado en otros, los he proyectado en mí. He confundido el amor con la necesidad, la conexión con el miedo al abandono. Y he llamado "verdad" a la imagen que más me convenía mirar.

El espejo más cruel no es el que me critica, sino el que me adula con lo que quiero escuchar. Y el más sabio no es el que me halaga, sino el que me confronta con lo que aún no puedo aceptar.

Hoy recordé a la Reina del cuento, esa que preguntaba al espejo si era la más hermosa. Qué ironía: su belleza dependía de la voz de otro, encerrada en un reflejo masculino. Como ella, yo también me he perdido en la mirada ajena, esperando aprobación, negándome a ver mis luces y sombras con mis propios ojos. He estado a merced del juicio de espejos rotos, de hombres que no podían verme... porque tampoco se veían a sí mismos.

Pero también reconocí mi parte. Yo he sido espejo y pantalla. He reflejado heridas ajenas y he distorsionado mi verdad para complacer. En esa confusión, he creado relaciones donde ambos nos mirábamos a través del filtro de nuestras carencias. Ni él era mi enemigo ni yo su salvadora. Éramos dos imágenes buscando verse sin saber cómo sostener la mirada.

Hoy, con el corazón aún dolido con mayor claridad, reconozco que esas relaciones me enseñaron lo más difícil: verme a mí misma sin velos. Me mostraron dónde no tengo límites, dónde dejo de ser por agradar, dónde olvido mi verdad por miedo al rechazo.

La sabiduría no me llega con palabras bonitas. Llega en susurros que no se parecen a lo que mi mente racional espera. Es un lenguaje distinto, el del alma. Y para escucharlo tengo que callar el ruido de afuera, apagar la voz de la crítica interna y mirar con ternura.

A veces el espejo me muestra a la mujer rota, otras veces a la que renace. Pero hoy, solo por hoy, me miro con compasión. Y en ese reflejo, empiezo a reconocerme.

15

AMOR DE ALMAS

Despertar bajo el sol de Egipto es la luz que me recuerda quién soy. Desde niña he tenido una fascinación con este país y su cultura ancestral. Durante los últimos años lo visito con frecuencia y recorro los templos con el mismo asombro con el que leía sobre ellos en mis libros a los once años. El legado de los faraones y las reinas de aquellos tiempos es un punto de referencia en mi vida: como mujeres, podemos encontrar solidez en nuestro propio reino. Podemos usar la inteligencia y la sabiduría, como ellas lo hicieron, de una manera tan correcta que su historia sigue intacta para quienes queremos descubrirla y estudiarla. Hoy, en el Templo de Filae en Asuán, recorro los pasillos del templo de la diosa Isis, en devoción a la feminidad. Pasear por los templos te llena de una energía inexplicable que mueve y remueve todo tu ser. Por la tarde, un merecido descanso me lleva a mi mundo de los sueños, que se hace más profundo en este lugar del mundo.

* * *

Aparecí sentada en una nube que parecía de algodón de dulce. Se sentía un poco pegajosa y se me adhirió al dedo; por curiosidad, la probé: era de azúcar. Me inquietó estar ahí, me empalagó tanto rosa y tanto dulce. Me paré, buscando agua o algún otro sabor, pero mi apetito se hizo más feroz y le di otra oportunidad al caramelo; era tan dulce que mi lengua se volvió pastosa. Caminé en dirección opuesta, di cinco pasos y noté que terminaba la nube. Estaba en el cielo, rodeada de otras nubes blancas, grises y rosas. Medí cuántos pasos necesitaría para tomar vuelo y brincar a otra nube; ya no podía permanecer ahí.

No había considerado que la gravedad era distinta, y me quedé flotando en cámara lenta. Comencé a moverme como si nadara, intentando llegar a la nube más cercana. Otra vez era rosa. Quise llorar. Sin embargo, recordé que estaba flotando y me moví hacia una nube blanca, donde finalmente alcancé la paz. Esa emoción me llevó al corazón, y percibí su aroma, que se materializó en un polvo dorado que me transportó hasta tocar tierra. La arena me indicó que estaba en el desierto; en el aire se dibujó el jeroglífico de Ankh, la llave de la vida egipcia, del que emanaban destellos de oro que formaban palabras suspendidas. Mientras intentaba descifrarlas, a mi alrededor se erigió el templo de la diosa Hathor. Escuché un sonido y, sin notarlo, había soplado el silbato. Llegué a una sala en la que no podía ver nada; solo escuchaba un latido. Apareció Euterpe, cargando una charola de plata y dos vasos de cobre; la seguía una luz.

—Toma un poco de shai, con mucha azúcar. El té negro te va a mantener despierta y en el lugar donde tienes que estar. Tu propio inconsciente te llevó a un templo para el que aún no estás lista.

Con el impulso que me dio el té, me tallé los ojos, intentando ver algo más, además de Euterpe.

—No trates de ver —dijo—, espera a que la visión llegue a ti.

Me dio un espejo y, en medio de la oscuridad, comencé a ver mi reflejo: llevaba un hermoso collar de coralinas y turquesas, y un delineado que destacaba mis ojos. Cada vez podía ver más; mi cabello negro contrastaba con el vestido de algodón color aguamarina. Parecía una sacerdotisa egipcia.

Euterpe soltó unas notas de una flauta de laca blanca que formaron las palabras que había visto en el templo. Aunque no era un lenguaje que reconociera, podía entenderlo.

—Aurora, dime qué lees.

—"Las diosas egipcias", es el título. "Las historias de la feminidad", el subtítulo. El templo que visité fue construido para Hathor, la diosa madre del amor y la fertilidad. Era muy poderosa.

Euterpe movió las manos y apareció el dibujo de una vaca; a su lado, una mujer de rostro ovalado y semblante compasivo. Entré al templo.

—Estos dibujos pueden ser la clave para entender la naturaleza femenina guiada por Hathor.

—¡Quiero saber más sobre la naturaleza femenina y aprender de Hathor!

—La diosa trabaja de formas misteriosas y se revela cuando estés lista. Ya vendrá tu tiempo. Para llegar a los lugares en los cuales necesitamos estar, recorremos un camino que nos muestra las riquezas internas y las cualidades de nuestra consciencia. Son aquellos que te muestran de qué estás hecha. No te resistas y espera a que la ayuda llegue.

—No puedes esperar aquí colgada toda la vida —dijo una voz interna.

—Estás aquí para ingeniártelas y salir de esta —susurró otra voz.

Tomé un respiro, me permití sentir y caí en otra nube blanca sin esfuerzo. Escuché una combinación de sonidos: un arpa y una sonata de piano. En esta paz, la nube se convirtió en una espiral que giró hacia abajo y me succionó, hasta lanzarme a un salón con una cúpula de cristal que filtraba las luces del atardecer, coloreando el piano blanco de morado y rosa brillantes. Aterricé en un sillón lila tornasol, con perlas en sus patas, que se movía ligeramente de un lado a otro siguiendo la música. Las paredes eran libreros en forma circular, repletos de libros blancos y algunos morados, azules y verdes pastel. Me pareció un recinto celestial.

Euterpe apareció en el piano:

—Estás aquí para abrir los portales del alma. Permite que la música te guíe hacia los archivos que te muestran lo que tienes que entender. Hoy vas a visitar historias con tus almas gemelas.

—¿¡Almas gemelas!? ¿Entonces sí son muchas almas gemelas y no solo una?

—Son cinco mil almas las que forman parte del grupo al cual perteneces y con las que has tenido vivencias en otras vidas. Los encuentros suceden con aquellas con las que tienes un contrato, karma o es el simple destino.

—¿Qué es un alma gemela?

—Las musas, por milenios, fuimos las intermediarias entre la divinidad y los humanos. La inspiración es el canal en el cual se entabla la conexión con la fuente de sabiduría de los archivos de la inteligencia cósmica y de las semillas terrenales. En uno de estos salones de la gran librería se encuentran todos los archivos de nuestros grandes filósofos. Uno de mis consentidos era Platón. En *El banquete* relata el mito sobre los humanos primitivos, seres perfectos y completos, con cuatro brazos, cuatro piernas y una cabeza. A estos seres los llamaba "andróginos": combinaban tanto características masculinas como femeninas. Debido a su soberbia y su deseo de desafiar a los dioses, Zeus decidió castigarlos, dividiéndolos en dos mitades. Cada mitad se convirtió en un ser femenino o masculino, con dos brazos, dos piernas y una cabeza. Desde entonces, han estado buscando su otra mitad para restaurar su unidad original.

"Cada persona tiene un 'alma gemela' con la que siente afinidad profunda y natural. Su encuentro es clave para alcanzar la felicidad y la realización personal. Se trata de encontrar la unidad original para restaurar la perfección y el complemento.

"Esta filosofía de Platón ha sido desafiada y cuestionada. Hemos entendido que el alma gemela no es solo una persona: es un fractal de una configuración de almas que, al estar en plenitud, pueden completar su parte en la evolución del planeta.

—¿Cómo puedo saber si las personas pertenecen a mi grupo de almas?

—La respuesta es compleja. La manera sencilla de explicarlo es que el reconocimiento de las almas depende de tu autoconocimiento, de tu capacidad de ver más allá de lo evidente, de sentir cierta familiaridad en presencia de otra persona. No necesariamente tendrás contacto con cinco mil almas en esta vida, ya que los humanos no tienen suficientes años para aprender y evolucionar a través de su alquimia o contratos con otras almas.

"Para muchos humanos, esta conversación puede ser incómoda, pues aún viven en una etapa en la que necesitan probar, medir y demostrar la existencia de todo aquello que no tiene una explicación satisfactoria para la mente crítica. Quienes aún se cuestionan sobre la vida en otros planetas, la encarnación o la presencia divina en lo cotidiano, no están listos para el despertar que los lleve a evolucionar. Se requiere ser consciente al interactuar, para trascender estos aprendizajes, saldar las deudas kármicas y evolucionar.

"Lo importante es que la humanidad aprenda que las relaciones apoyan la transformación y deben acercarte más a quien eres. Las almas quieren brillar, vibrar, ser, mostrarse y dejar de ser escondidas por las personalidades y las máscaras.

"La corrupción humana los aleja de sus almas, pues convierte las relaciones, la intimidad y la sexualidad en una transacción que desvaloriza el espíritu y lo lleva a la decadencia. Los seres humanos están programados para querer estatus social, dinero y fama, y con tal de conseguirlos toleran malos tratos, compañías y relaciones no afines. Esta corrupción provoca un estado artificial de consciencia en la búsqueda de la realización personal en lo externo, en aquellas distracciones que terminan siendo lo que los hace evadir la reconciliación con su esencia y sus relaciones.

Es tiempo de viajar en el tiempo e ir a otra memoria.

* * *

Estaba en mi cama; las sábanas teñidas de rojo intenso acompañaron el grito de terror que hizo temblar las paredes de nuestro hogar. Me sentía incapacitada y congelada ante la idea de que la muerte llegara antes que la vida y no pudiera darle el hijo que tanto deseaba. Escapé del duelo al ser arrastrada por el horror, la culpa, la vergüenza y el miedo, cuando vi su diminuto cuerpecito entre mis piernas. El amor maternal que llenaba mi corazón dejó un vacío imposible de asimilar; allí escondí el sueño de ser madre. El duelo me superó tanto que llegué a decir que había sido una bendición perderlo, pues así podía ser libre.

Tomé el silbato y regresé a la biblioteca, bañada en lágrimas.

* * *

—Una de las parejas que más conmovían a los dioses por su amor apasionado y profundo era la formada por Isis y Osiris. Una mañana, Isis se enteró de que Seth, el hermano de Osiris, había asesinado a su amado. En su duelo, recorrió Egipto buscando los catorce fragmentos en los que había sido despedazado Osiris. Mientras cumplía esta hazaña, lloró tanto que sus lágrimas se convirtieron en el Nilo, símbolo y fuente de fertilidad. Ella logró encontrar todas las piezas menos el falo. Después de un ritual, le devolvió la vida y juntos concibieron a

Horus, el heredero al trono. Isis halló su poder en medio del duelo y los lamentos.

"El duelo es una emoción poderosa en las mujeres, que muchas veces se derrumban para poder resurgir con más fuerza. Puede ser un portal a la medicina para recordar quiénes somos en presencia de otra persona o frente a la pérdida de un ser querido. El duelo es una experiencia del amor eterno, por la que reencarnamos de diferentes formas dentro de nuestro grupo de almas. Tu esposo en esta vida pudo haber sido tu hijo o tu verdugo en otra. Muchos sentimientos o sensaciones que surgen en presencia de las almas gemelas pueden no tener explicación racional, pero sí una impronta genética que recuerda aquello de otras vidas.

"Como lo hacen los humanos, la idea del alma gemela ha sido distorsionada con la narrativa de que es una historia bella, sin retos ni obstáculos. Las almas nos recuerdan las partes que uno pierde en el camino y que requerimos recuperar.

"Las lágrimas purifican el corazón y el alma; los lamentos muestran la devoción y el amor. Las mujeres egipcias entendían los ciclos de la vida y sabían cuándo era momento de dejar ir o de luchar por algo. ¿Has sentido en tu vida un duelo tan potente como el de Isis?

Euterpe dejó la flauta en la mesa y me colocó una charola sobre las piernas con mi diario y mi pluma.

—El duelo necesita que le escribas.

Querido Duelo:

Dentro de los archivos del vacío, mi derrota se guarda en saber que no soy creadora, que jamás podré conocer el amor incondicional y que moriré sola. El duelo no me permite crear, porque renuncié a la creación. Durante muchas vidas me he impuesto el dolor como castigo a mi naturaleza creadora. La pérdida fue un momento significativo que me desconectó de mi cuerpo; evadí mis emociones y levanté una fortaleza. En el dolor de mis muslos, en los quistes de mis ovarios y en la endometriosis de mi útero oculté el silencio del duelo y agrandé el vacío en mi corazón roto. En las tardes tristes disfrazadas de risas escondí la renuncia a la maternidad y a todo aquello a lo que he renunciado por decisión propia.

La voz de la renuncia surgió de ti. Me produjo la impotencia de creer en mí misma; abandoné la lucha por mi existencia. Desde hace milenios es la voz que me acompaña, la de todas las mujeres que se sacrifican y renuncian a la maternidad, al trabajo o a los sueños cuando no son compartidos por otro.

Me he resistido a sentirte cuando dilapidé mis sueños, los ideales, las oportunidades, a las personas. La renuncia me lleva a la pérdida y entonces eres más profundo y agrandas el vacío por el que veo la vida desde lo que me falta y no desde lo que tengo. Desconfío de la abundancia.

El duelo por la carencia resulta en tristeza, y esta, en resistencia. Los ciclos emocionales derivados de mi incapacidad de sentirte me hacen permanecer en el lugar en el que me congelo y en donde los sueños ya no son míos. Soñar me permite volar y yo misma me he cortado las alas, apagué a la soñadora. Lamento que mi desconexión con mi responsabilidad me esté apagando. Escapar del duelo me hace negar mi humanidad, lo que distancia los latidos de mi corazón de la memoria; entonces olvido llorar y no puedo aceptar mi historia.

Duelo, puedes ser tan profundo y yo no quiero visitar los rincones del inframundo. El no aceptarte me ha hecho desconfiar y nublar mi capacidad de ver mi potencial. Negarte me aleja del amor, de la belleza y de tu poder. El dolor, al no sentirte, me hace cuestionar todo lo que tengo en mi vida y si soy merecedora de ello; si estoy capacitada para vivir en amor, dicha y abundancia. Te

> pido perdón por no sentirte. Confío en que, en mi merecimiento, el destino me lleve a vivir aquello que tengo que aprender y que, al sentirte, el renacimiento pueda ser el milagro que devuelva la magia a mi ser.

Me lamenté y lloré al ver cómo mis lágrimas caían al río sagrado que apareció frente a mí en otra memoria: el duelo se mezcló con la pureza del agua; permití que tocara mis pantorrillas y pies, liberando así las cargas del dolor. En la liberación, dejé ir el cansancio de tanto tiempo siendo la víctima, junto con las historias de fracaso. Se fueron los líquidos retenidos que no me había permitido soltar. Se disolvió el exceso de grasa en mi cuerpo al comprender que ya no debía seguir defendiéndome ante la pérdida y que podía acoger el duelo. El agua fue testigo de la liberación de tantos años en los que me engañé.

—Aurora, sigue tu destino, confía en tu intuición, permítete oír la guía de tu sabiduría y de tu corazón. La razón no es el bálsamo que suaviza el duelo y la pérdida. Exponer tu herida es lo que permite que sane. La confianza en ti misma es necesaria para poder sentir sin perderte en la emoción. Es la capacidad de observarte en el ritual del duelo, la llave de liberación que tu alma necesita para revelarse y expresarse en el mundo. Todos los caminos se entrelazan en el brillo de la luz, en la aceptación de la existencia.

Tronó de nuevo los dedos, y ahora caminaba cerca de mi departamento en la Condesa.

* * *

La Ciudad de México es un lugar con millones de mexicanos que ahora reciben a miles de extranjeros. Al ver las miradas curiosas que se cruzaban en mi caminata mañanera por la rotonda de Ámsterdam, reconocí aquellas que parecían buscar a su alma gemela. Yo era una más de esas miradas, no en la búsqueda, pero sí en la espera del encuentro que me llevara hacia mi alma gemela.

Al ver sus ojos, lo reconocí. La primera vez que lo vi, pasó desapercibido ante mí; en ese momento, mi mente y corazón estaban ocupados en otro. A pesar de que no me interesé, un destello de familiaridad se asomó la segunda vez que nos dimos la mano y nos saludamos. No podía recordar su nombre ni quién era.

Una década más tarde, estaba en un restaurante con varios amigos y se sentó a mi lado. Al ver sus ojos expresivos, mis pupilas se dilataron y el pulso de mi corazón palpitó tan rápido como los platillos que llegaban a la mesa. Mi atención estaba tan fija en él que las risas, la comida y las conversaciones desaparecieron. Al tocar su mano, reconocí una vibración: habíamos paseado tantas veces tomados de la mano junto al río y a caballo por las montañas galesas. Con mi tacto rememoraba, pero no con la mirada. Emocionados, quedamos en volver a vernos como dos almas que finalmente se encuentran.

Esa noche mis sueños me llevaron a su lado; la pureza de su corazón palpitaba en una secuencia musical que hacía vibrar mis células, recordando mi historia con él. Era mi alma gemela, el amor de mi vida; con él me sentí en casa. Exploramos juntos conversaciones existenciales y misterios esotéricos, navegamos la emocionalidad a través de los *beats* y tonos de la música electrónica que nos apasionaba. Examinamos sin límites nuestros mundos internos y los secretos que nos habían llevado al camino del despertar. Ambos compartíamos el sentido de curiosidad, la aventura, la pasión por la vida, la naturaleza y el planeta. Finalmente, un hombre que me atraía y me gustaba, con las cualidades que quería y que era mi alma gemela. Sabía que la vida me lo presentaría.

Salimos durante unos meses en los que viví en las nubes, brincando de una a otra y recibiendo las lanzas de Cupido. El erotismo se construyó poco a poco, ya que no era sexual conmigo; no era la esencia de nuestra relación y lo tomé como una muestra de interés genuino en construir algo juntos.

La primera vez que me invitó a pasar juntos un fin de semana viajamos en coche y tuve que poner las manos debajo de las piernas para ocultar mi deseo de hacer el amor. Los días juntos fluyeron; el tiempo se detuvo mientras abríamos portales para explorar nuevas posibilidades de ser y vivir. Los dos éramos curiosos, creadores de vida, y en nuestros encuentros construimos un mundo. Nuestro acuerdo nos llevó a descubrir más de nosotros mismos y nos apoyamos para abrir caminos evolutivos. Compartimos momentos creativos y muy profundos que nos llevaron a contemplar la vida existencial con ojos curiosos. Nuestras conversaciones y el intelecto nos estimulaban tanto que nos saciaban el deseo.

Un día algo cambió: sus besos sabían un poco a resentimiento. Notó mi experiencia y me confesó:

—Aurora, me acabo de acordar de que te conocí hace años. Nos presentaron y ni te inmutaste por mí. Fue en un antro; iba con mi novia, con la que estabas platicando. Solo pensé que eras una pesada.

Me sonrojé al recordar ese momento.

—Ya me acordé. No te pude ver porque mis ojos estaban ocupados en otro.

Eso nos llevó a desentramar otras memorias que me hubiera gustado que quedaran cerradas. En los meses que estuvimos juntos viajábamos mucho, nos abrazábamos al dormir y, por momentos, nos besábamos. Me trató como su novia, incluso me llevó con su familia un par de ocasiones, pero no era sexual conmigo. No entendía por qué no se sentía atraído. Tuvimos experiencias estimulantes; vivimos experiencias extremas, desde eventualidades fuertes y poderosas hasta momentos de diversión ligeros y amables. Con el tiempo, me pidió que fuéramos solo amigos porque había conocido a una mujer.

Me desgarró el corazón; mi deseo, necesidad e idea de él se pulverizaron. Pretendí ser fuerte ante él y le dije, enojada:

—Llevamos meses saliendo, estoy enamorada de ti, quiero estar contigo. Lo único que no entiendo es por qué no quieres estar sexualmente conmigo. ¿No te intereso?

—No, no es eso.

—Entonces, ¿qué es?

—¡Es que me recuerdas a mi mamá!

El silencio nos acompañó hasta mi casa y nos despedimos sin decir palabra. Su respuesta fue una bomba, aunque aprecié su honestidad y entendí todo. Estábamos destinados a caminar juntos, pero no como yo lo había pensado. Nos fuimos a tomar un café y me pidió que siguiera en su vida porque yo era importante para él. Con lágrimas le confesé que también lo quería en mi vida, que estábamos destinados a estar juntos como amigos. La herida de no ser correspondida y de que hubiera elegido a otra mujer me dolía. Sentí su rechazo y la voz de la mujer abandonada surgió con fuerza. Pero mi alma me pidió que me adaptara a nuestra nueva relación como amigos cercanos. Le tomó tiempo a mi corazón ser compasiva conmigo misma y soltar a mi alma gemela en el formato que yo quería.

Una década más tarde experimenté una travesía desértica intensa, mística y reveladora. Iba en un autobús hacia Abu Simbel, recordando mi historia con él y pensando qué habría sido de su vida durante estos años, en los que ninguno de los dos se había casado. ¿Sería que sí estábamos destinados a estar juntos y debíamos cambiar otra vez la naturaleza de nuestra relación? Al imaginarme casándome con él, noté que llevaba años comparando a otros con él; ninguno se acercaba siquiera. Una voz interrumpió mis pensamientos: "La vida te da lo que necesitas, no lo que quieres. El poder de tu mente no lo es todo; es solo una pequeña parte de la creación. El destino ya está escrito".

Me sorprendió escuchar una voz masculina pidiéndome que lo liberara: "La libertad de su karma y de su lazo los llevaría a ambos a comprometerse con el amor que les corresponde". Al llegar al templo caminé sin distracción hasta el lugar de Hathor. Me senté en el piso, en un pequeño rincón donde nadie podría verme, y agradecí nuestra historia. Escuché un eco.

* * *

—Euterpe, ¿qué haces aquí?

—La música nos permite viajar en el tiempo y me has llamado para guiarte en esta liberación. No estamos solos en los procesos ni en los cierres de ciclos. Las almas gemelas pueden ir cambiando de forma en cada vida; tuve que entrar a tu archivo con el hombre de esta historia para poder revelarte un dato que podría ayudarte. Este hombre ha compartido contigo muchas vidas, de las cuales solo tres son relevantes para esta reencarnación. En la primera vida, este hombre fue tu hermano: en ella se apoyaron, se protegieron y fueron leales. Por eso sintieron familiaridad, lealtad y seguridad.

"En la segunda vida fuiste su maestra espiritual y lo iniciaste en los portales del tiempo aquí, en Egipto. Fue tu discípulo más leal y tu aprendiz predilecto. Ahora entiendes cómo pudiste abrirle mundos y guiarlo por nuevos caminos que apoyaran su evolución. Por eso es aquí donde cerrarás el ciclo.

"La tercera vida es la que abriste en estos archivos: el bebé que perdiste. Aunque no llegaste a ser su madre en vida, la impronta genética tan poderosa y traumática sigue en esta vida. ¿Entiendes ahora por qué no podía ser sexual contigo? Esta es la historia que ambos tenían que sanar y alinear sus almas al destino que les presenta esta encarnación.

—¿Y la voz que se me apareció?

—Muchas veces, en esta liberación hay un guardián que está en otro plano, pero pertenece al grupo de almas que te apoyan en este proceso.

Euterpe desapareció cuando el guardia del templo me pidió retirarme de ese lugar. Con profunda gratitud salí de ese espacio sagrado y, a lo lejos, aprecié la magnificencia de las estatuas que me activaron memorias que aún no puedo describir.

* * *

Nos volvimos a ver. Fuimos por un helado de cacao y le confesé todo lo que me pasó en Egipto. Le compartí cómo vi su potencial y cómo, como una guía, sabía lo que soñaba. Acepté que me había involucrado demasiado con la visión que tenía de nosotros, de su vida y que los sueños compartidos no eran para vivir juntos. No fue fácil dejar de imaginar una vida a su lado como yo la tenía en mente. No fui totalmente consciente de todas las capas que nuestra relación tenía ni de la complejidad de nuestra historia pasada. Hasta el día que lo liberé, fue el amor de mi vida.

Fue difícil dejarlo ir; tuve que traer el amor incondicional que le tuve como madre, la guía que le di como maestra y la lealtad de hermana. Mi historia lo sorprendió. Me escuchó y creyó en mí. Me tomó de la mano y dijo:

—¡Qué honor!

Mis lágrimas desaparecieron y se asomó un rayo de luz, anunciándome que nuestro amor era eterno.

Un año después fui a su boda, aquella que había visto en mi imaginación, pero en esta ocasión era con la mujer que le estaba destinada en esta vida. Como testigo de su mirada de amor divino, lo celebré con orgullo. Mi corazón se nutrió de ese amor y reconocí su historia como su amiga del alma.

* * *

Caí en una nube blanca. Cupido estaba listo para flecharme otra vez.

—¿Estás lista para recibir el amor o seguirás buscando?

Abrí los brazos y extendí mi corazón, que recibió directamente la flecha. Esta se convirtió en un polvo rosa que me hizo sentir la pureza e inocencia de mi amor. Estaba lista para llegar a los brazos donde viviría mi destino. Me sentí plena y agradecida, y en ese estado me entregué a escribir en mi diario.

1 de mayo

Cómo sufro los finales, a pesar de saber que el amor es eterno, que somos seres infinitos que nos encontramos múltiples veces en el camino. Muchas veces olvido que soy una humana con un alma que vive en un cuerpo físico; por algo mis amigos me llaman el alma de la fiesta. Aunque no soy religiosa, siempre he tenido fe en que hay una divinidad y que nosotros somos seres que continúan viviendo después de la muerte, que nuestra consciencia y nuestra alma son eternas.

Ahora sé que estoy viendo memorias que no son mías en esta vida; he repetido la misma historia varias veces. No es fácil escribir esto, pues supone un reto para la mente obsesionada con creer solo lo que está avalado por la ciencia. Pero la sabiduría no se cuestiona: queda impresa en mis células y en mi energía.

Por las noches, antes de dormir, muchas veces pienso en todos los destellos y recuerdos, en la familiaridad y la resonancia que puedo sentir cada día cuando estoy en presencia de otras personas. Me da un poco de tristeza que mi voz cínica aún cuestione lo que es real, aquello que no pertenece al mundo material, pero que le da significado a mi vida. La confirmación de que la existencia va más allá de esta vida —que podría durar cien años— me reconforta; si en esta no tengo una relación estable, en la próxima será posible.

Sí, es un anhelo, un deseo: quiero compartir mi vida con un hombre. Pero si no es posible, empiezo a sentirme plena, capaz de sublimar ese afán. Si veo mi vida romántica desde esta perspectiva, puedo entender que muchas de mis relaciones aparecieron para ser completadas y cerradas, y otras para aprender y explorar nuevas formas de amar... y de sufrir. Sí, sufrir.

El sufrimiento me ha llevado a explorar mi sombra y a aprender de cada relación. Aunque confieso que no me gusta sufrir, reconozco que le ha dado una sazón a mi existencia. Siempre fui una niña curiosa, capaz de percibir la vida más allá de los confines de lo establecido. A los diez años me fascinaba leer sobre las transiciones de la vida en libros de cosmología egipcia, cultura celta y mitología griega. Los mitos de los dioses y las teorías de los grandes pensadores me abrieron la mente y me llevaron a cuestionar la idea del alma gemela.

En mis ideas, la noción de que solo fuéramos un cuerpo que come, duerme, trabaja y se divierte me parecía limitada. Mi curiosidad me llevó a ser existencialista, a hacerme preguntas que expandieran mi percepción y mi consciencia. El latido de mi corazón me demostraba una fuerza que trascendía cualquier idea del ser humano, más allá de casarse, tener hijos, crecer y morir.

Mi corazón ya sentía la existencia de la energía del amor, a la cual jamás pude darle sentido. Podía ver la esencia de las personas, su energía, e incluso conversar con sus almas. ¿Qué es lo que anima y da vitalidad a nuestro ser? ¿Nuestra mente, la emoción o el alma? Mi respuesta es: el amor eterno.

Al principio buscaba en un hombre aspectos de su personalidad: qué hacía, dónde trabajaba, dónde vivía, si había viajado, si era culto, cómo se vestía, si provenía de buena familia, si era trabajador, si sabía ahorrar. Muchos cumplían estas categorías, pero resultaron superficiales. Luego me fijé en la atracción física: su simetría, sus besos, su capacidad como amante y su aspecto. Después de estar con el más guapo, me di cuenta de que lo físico no lo es todo.

Para enamorar a alguien, suele recurrirse a mentiras y a exagerar aspectos de la personalidad, pero el contenido de la mente puede fascinar o dar miedo. La compatibilidad es importante, sin embargo, no es lo único. El verbo mata carita, pero no basta para sentir la plenitud del amor. La emoción mata al verbo y a la carita.

Busqué hombres que comunicaran sus emociones —las reales— y otros que las fabricaran como estrategia de conquista. La emoción nos da un entendimiento más profundo, puede unirnos en la empatía... y la vulnerabilidad. Aun así, tampoco fue suficiente.

Al darme cuenta de que el físico, la mente, la emoción y la personalidad no bastaban, comencé a preguntarme qué más hay para poder sentir la plenitud en pareja. Hay un saber interno que no tiene explicación. Intuitivamente percibimos, en las entrañas y en el corazón, una conexión.

Gracias a las musas, ahora comprendo que se debe a habernos conocido en otras vidas. El tiempo no existe en las almas ni en el amor. Ahora me siento acompañada al saber que pertenezco a un grupo de almas.

Un amor de alma que despierte mis sentidos, aquellos que no están definidos por la mente humana, los que me permitan experimentar la frecuencia del placer en tierras de éxtasis. En la frecuencia del amor encuentro la paz infinita y siento la divinidad en la que nuestras almas se descubren. Almas que son generosas, en las que no hay cabida para las reglas, el miedo, las restricciones o las narrativas sociales. Al danzar en lo divino, el amor trasciende aquello que es interesante y curioso, derrumba las atracciones iniciales y nos lleva a un lugar en el que la identidad desaparece y solo permanece la esencia.

La devoción interior se enciende al pensar en el amor eterno, en aquella alma que está aquí para acompañarme en mi camino del despertar. Aún una voz me interrumpe cuestionando la certeza y confianza de que llegará en su tiempo perfecto. Acepto que mi corazón es muy grande y puede dar mucho, pero también ha sido herido.

Sin embargo, me pregunto si mis relaciones han durado poco porque solo he estado con quienes me preparan para recibir al hombre que caminará a mi lado. Tengo claridad de que me he relacionado con un espectro muy amplio de hombres de distintos tipos, psicologías y culturas para aprender más de mí misma, y del amor. Mi propia sabiduría me dice que todos estos hombres han sido almas que me han puesto a prueba, algunos que han tratado de destruirme, y otros que me han enseñado y ayudado a evolucionar.

Mis preguntas han cambiado: ya no me interesa saber por qué me ha dejado, por qué hizo lo que hizo, por qué no le atraje, por qué no buscó estar conmigo o por qué es como es. Ahora me interesa saber qué he aprendido, lo que me han mostrado y lo que he transformado a través de ellos.

El amor es un misterio en el que sientes que te pierdes, cuando en realidad te encuentras; lo que pierdes es tu mente, tus miedos, tus dinámicas, tu ego. El amor es una gota de agua en el océano que no puedes encontrar porque, al caer, se une con lo demás. El amor es un rayo de luz que nos despierta sin saber cómo despertamos. Estoy lista para amar y no darle poder a todas las voces que aún me hablan, ni a las ideas patriarcales de que solo hay ese único hombre en el mundo para mí. Decido vivir el amor y la confianza sin límites, en la espera del encuentro necesario para completar mi existencia y aprendizaje en este planeta, si es que lo hay.

16

GALAXIA

Recibí una llamada de una amiga, entre lágrimas me contó que había terminado su larga relación. Confesó que temía estar sola y me pidió que la acompañara fuera de la ciudad. Era algo improvisado, pero me encanta la aventura. Tomé mi mochila de acampar, eché algunas cosas y pasé por ella. Estaba destrozada; le di ánimo y le propuse:

—Se me ocurrió que podríamos ir al Iztaccíhuatl, ¿qué te parece? No está lejos, pero es muy diferente del entorno urbano.

Ella solo asintió con la cabeza. Le di tiempo para empacar lo necesario para hacer una caminata en el volcán. Organicé la expedición de senderismo con mis amigos. Algo en mí me decía que este lugar natural era el indicado para que aliviara su sufrimiento.

Salimos al cabo de unas horas. Como las musas, había preparado una infusión para ella: mezclé rooibos con cáscara de cacao y regaliz, y la puse en un termo. Después de un par de sorbos, se quedó dormida en la comodidad del asiento del coche. Era evidente que no había podido descansar en días; su rostro mostraba el rastro de muchas horas de llanto.

Al llegar al Izta, caminamos entre los manantiales, pequeñas cascadas, pinos y cactus. Al llegar a una de las cimas del sendero escuché una voz: "Es tiempo de sentarse a escuchar el silencio". Nos sentamos una frente a la otra y le propuse hacer una meditación. Juntas exploramos el silencio y la conexión con la tierra; y como hicieron las musas, pude escuchar a la Mujer dormida darle luz a mi amiga y remendar su corazón con gracia. Al abrir los ojos pude ver paz en su mirada.

—Los rompimientos son las oportunidades para transformarnos y reinventarnos. Sanar es aceptar, soltar la historia y el sufrimiento con amor y gentileza. Ten paciencia en tu proceso. No estás sola.

La tomé de la mano y, volví a escuchar la voz: "La mujer dormida está destinada a despertar, mis senderos son los caminos de la consciencia de la fortaleza y el amor de la mujer. En cada paso en el silencio aprenderás a escuchar la voz que te acompaña en tu viaje de poder".

Al abrir los ojos en gratitud por escuchar a Itza el cielo se desplegó como un edredón cuyos tonos naranjas dieron paso a violetas y azules profundos; la luna, tímida, nos permitió ver centenares de estrellas. Ella se durmió primero, con la cabeza apoyada en mis piernas. Yo fijé la vista en Venus, esa estrella brillante que parecía parpadear como si me llamara, y me dejé hipnotizar hasta caer dormida bajo la protección de la princesa.

* * *

Ese día los cuerpos celestes parecían más cercanos: las estrellas, suspiros del pasado, nos recordaban que estaban ahí para ser contempladas, como espejos de nuestras propias vidas. Al ver a Orión, me encontré con sus ojos azules. Me cubrió del frío rodeándome con su capa verde, y en el calor de sus manos sentí una sabiduría serena.

—Hay movimientos tan sutiles en la galaxia que no somos conscientes de ellos, pero nos afectan —dijo.

Ese instante de lucidez cósmica se desvaneció cuando una varita tocó mi hombro, señalando un espejo redondo frente a mí.

—Recuerda tu acercamiento con el Cosmos. Deja que Urania te lleve a la sabiduría de los astros.

Atravesé el espejo y llegué a un salón iluminado por la luz de las estrellas. Había un telescopio y estanterías llenas de libros sobre el universo escritos por grandes pensadores como Galileo y Da Vinci.

—¡Es un templo dedicado a los astros! —exclamé.

—Veo que ahora percibes con más claridad —respondió Urania—. Todos los salones existen para inspirar a los humanos. La devoción hacia el macrocosmos es tan importante como la dirigida a la Tierra: ambos mundos mantienen el equilibrio, activan la inteligencia y la inspiración.

"La astronomía, ciencia sagrada durante milenios, estudia los elementos y movimientos del universo. La astrología, por su parte, con su base filosófica y espiritual, ha influido profundamente en el pensamiento humano. Los astros afectan a las personas, aunque no lo perciban por estar desconectadas de los ritmos universales y olvidan que son un fractal de un todo que permea la existencia.

"Sin embargo, en tiempos recientes la astrología se ha popularizado como método de adivinación, distorsionando su sentido. El Universo no es un hada madrina a la que pedir deseos; funciona bajo leyes universales que la mayoría desconoce. La conexión con la energía cósmica surge con entrenamiento o espontáneamente cuando estás en sintonía contigo misma.

—Urania, ¿cuál es la diferencia entre el Cosmos y el Universo? —pregunté, intrigada.

—Tu curiosidad es una virtud esencial para tu misión —respondió con una sonrisa—. El cuestionamiento abre el despertar a nivel universal, cósmico, terrenal y personal. *Universo* proviene del latín *universus* y alude a la totalidad de la realidad: materia, energía, espacio y tiempo. *Cosmos*, del griego, añade un sentido de orden y armonía, integrando tanto lo animado como lo inanimado.

"El Cosmos está tejido de energía que contiene información; trae al ser humano la inteligencia y a la Tierra, sabiduría. Cuando entiendes que formas parte de ese todo, comprendes tu capacidad de impactar en la energía de otros: sintonizar, resonar o crear.

"Mira por el telescopio. Eso que ves es la Vía Láctea.

Me incliné y, al ver con claridad sus incontables estrellas, solo pude susurrar:

—Es una belleza.

* * *

Regresé a sus brazos después de que una tormenta de arena, tan densa que apenas podíamos ver a cinco metros de distancia, nos sorprendió. Me protegió con su capa y, cuando el viento se calmó, buscamos refugio. El sitio parecía una nave espacial con asientos dispuestos en círculo y un volante al centro. Nos quitamos las gafas y las máscaras para sacudirnos el polvo. Durante el Burning Man, estas tormentas son comunes y hasta divertidas, pero ese momento había algo distinto: entre el ambiente y el lugar, él parecía de otro planeta, frío, con ideas que no encajaban del todo en este mundo. Sin embargo, al sentir su boca en mis labios, descubrí la calidez de su humanidad. Tenía lo mejor de dos universos.

Sin palabras, nos entendimos: estábamos a punto de vivir un instante mágico. Me quité los shorts, pero me dejé el tutú y lo monté. El sexo con la posibilidad de ser descubiertos siempre tiene un filo excitante. Sus manos recorrían mi espalda con agilidad, masajeando los músculos cansados de tantas noches de baile. Me sentó a su lado con una mirada traviesa, anunciando que su lengua visitaría mi lugar de gozo. Una ráfaga de calor nos atrapó; su boca succionó la intensidad de mi placer hasta que mis piernas se estremecieron. Nos reímos juntos, cómplices de buenos orgasmos. Luego lo guie con mi mano y, en sincronía, nuestros cuerpos danzaron hasta que los espasmos y destellos nos abrieron un portal hacia el placer cósmico.

—Respira y siente cómo la energía sube hasta tu coronilla —susurró—. Ahora exhala y visualiza que baja por tus piernas hacia la Tierra.

Seguí sus indicaciones y una fusión de colores recorrió mi espina dorsal, llevándome a un ciclorama eterno, como un llamado a la luz de la luna. Al ver sus ojos, supe que sí era de otra estrella. Nos vestimos rápido y al salir descubrimos que el refugio era una instalación artística llamada *OVNI*, firmada por Sirius.

—Me temo que sí es tu nave —bromeé.

Después de pedalear unos metros, dejamos las bicicletas y caminamos entre cientos de personas sentadas alrededor de la gran estructura de madera que ardería en minutos. Por arte de magia llegamos a la tercera fila y, tomados de la mano, como cada año, vimos consumirse al hombre en llamas. Este era nuestro espacio: aquí nos encontrábamos, nos amábamos y jugábamos a ser humanos en otro planeta, sin dinero ni trabajo, celebrando la creatividad pura para levantar una ciudad en medio del desierto y devolverla al vacío como si nada hubiera pasado. Una belleza efímera.

Un torbellino me devolvió a la biblioteca. Urania me ofreció un vaso con polvo blanco brillante.

* * *

—Toma un poco de magnesio —dijo—. El mundo mineral nos recuerda nuestra conexión con el polvo de estrellas; te ayudará a descansar. He notado que tus sueños han sido intensos y que necesitas un respiro.

Bebí y sentí mis músculos relajarse.

—Es importante visitar las memorias hermosas y excepcionales para recordar el camino recorrido y cómo te acercas cada vez más a tu esencia —continuó—. En esta memoria recuerdas que existen hombres que con su energía masculina divina tratan a la mujer con reverencia y honran la feminidad. Estos hombres evolucionados tienen una comunión con el planeta y entienden que solo son una parte del todo. Desde la humanidad pueden soltar el ego y sus programaciones para convivir armónicamente con la mujer.

La vi caminar inquieta, a pesar de su elegante calma.

—Hoy más que nunca, los humanos viven una decadencia en sus conexiones y una distorsión del amor. Tu misión es inspirar a las personas para restablecer la capacidad de crear vínculos significativos y profundos. Escucha con atención: por milenios, los humanos vivieron en tribus, con núcleos familiares que sostenían a la comunidad. Esa interdependencia era necesaria para la supervivencia de la especie. Pero tu memoria en el desierto te muestra lo que se ha perdido: el espíritu tribal.

”Hoy los seres humanos han desvirtuado el valor de la familia y la comunidad. La tecnología, la propaganda, las narrativas culturales y las nuevas tendencias de "liberación" los han llevado a un individualismo extremo disfrazado de libertad. Esta falsa autonomía es un producto de luchas mal entendidas que los mantienen sometidos a un sistema de opresión, homogeneizando las creencias sobre el amor y la sexualidad.

”Es como un enfrentamiento entre la verdad y la *Matrix*. La sociedad piensa que ha modernizado el amor al aceptar la llamada liberación sexual y amorosa que ha sido la que normaliza la distorsión de los vínculos y que los aleja del aspecto sexual sagrado de los humanos, pero esto no es una evolución, es una postergación de los contratos sociales y culturales a los cuales hemos sido sometidas por milenios.

"Si estudiamos la historia, vemos todos los patrones que nos han acompañado hasta hoy y entendemos nuestra imperativa genética y los mitos que han afectado cómo nos relacionamos. Desde el tiempo de las cavernas, el fin del vínculo entre el hombre y la mujer era procrear para poblar el planeta. En la antigua Grecia se establecieron los vínculos por placer y hedonismo. En Roma se institucionalizó el contrato matrimonial para crear lazos más sólidos entre las familias de poder y dinero. Durante la Revolución francesa se descubrió que casarse es solamente una prueba de amor y un deseo de estar con el otro. En los últimos cien años hemos visto estos mismos patrones dentro de una fórmula de engaños y apariencias que llaman amor a los matrimonios por conveniencia, estatus social y dinero. Los noviazgos son pasatiempos para sustituir la falta de conexión con nosotros mismos y la carencia de recursos para vivir en solitud. La aceptación de los divorcios está destruyendo los núcleos familiares, ya que las parejas ya no tienen el mismo compromiso y no aceptan su responsabilidad. Ya no hay resiliencia ni compasión, paciencia y aceptación en las tribus familiares. En cuanto aparece un reto, se disuelven las parejas. La dificultad, la falta de comunicación, los deseos, las infidelidades alejan a las personas del amor y la idea de que en el mundo hay alguien mejor para ti destruye la capacidad evolutiva de vivir en una relación beneficiosa y de crecimiento espiritual.

"Aurora, tu misión es regresar el balance —concluyó Urania—. Es momento de viajar a otra memoria.

Chasqueó los dedos, y la luz me envolvió.

* * *

Aquella mañana de verano sentía en la piel un calor sofocante, como un fuego interior que me atravesaba. Finalmente ponía fin a un periodo en el que había sanado mi corazón, templado mis emociones y purificado mi historia. Una punzada de inquietud surgió al pensar en reanudar mi vida romántica; en lo más profundo de mi memoria celular aún habitaba un trauma. Sin embargo, mi corazón latía con tanta fuerza que me cobijó con la esperanza de una nueva y hermosa historia de amor en el horizonte.

Desde las formaciones rocosas del Joshua Tree National Park, el atardecer teñía el cielo de tonos intensos. Era como estar en otro planeta, en un lugar con una energía distinta. Sin señal de celular y rodeada de aquella tierra sagrada, pude conectar con la pureza del entorno. Mientras caminaba por los senderos arenosos, sentí la presencia de los Josués como una bienvenida a casa. Una vez más, me reconocí bendecida con una sabiduría infinita.

Me hospedé en un retiro a las afueras del parque. Esa noche me invitaron a un círculo de fuego y tambores. Éramos unas veinte personas, sincronizando nuestros instrumentos con el ritmo del corazón, entrando en un trance que nos hacía vibrar y movernos apenas, como acariciados por la tierra. Al terminar, el silencio nos unió y, al alzar la vista, las estrellas parecían mirarnos de vuelta. Fue entonces cuando vi sus ojos: oscuros, profundos, como la tierra fértil. Su larga cabellera negra me recordó a un caballo salvaje, y sus brazos, marcados por el trabajo, se iluminaban con la luz del fuego. Mientras guardaba los tambores, nuestras miradas se cruzaron; él sonrió y se acercó.

—Hola, soy Hania. ¿Y tú eres...?

—Hoy soy Galaxia; soy parte del todo.

—Los dos somos parte del todo.

—¿Qué significa tu nombre?

—En la tradición hopi significa "espíritu del guerrero".

—¿Caminamos juntos?

Me tomó de la mano y nos alejamos para contemplar el cielo. Mi cuerpo vibraba con su cercanía; me sentía segura y a la vez intrigada por su aire de misterio. En sus palabras había calma y desapego. Era de Arizona, descendiente de los hopi. Carismático, atractivo, con un cuerpo atlético y un rostro apenas marcado por los años. Su mirada hablaba de muchas vidas recorridas. No parecía interesado en compartir mucho de sí mismo, pero cada frase suya despertaba más curiosidad en mí.

—Si no quieres hablar de ti, solo dime: ¿qué haces todo el día? ¿Tienes un trabajo real?

—¿Real? —rio—. No sé cómo responderte eso. Si te refieres a cómo gano dinero… con mi hobby. Soy fanático de los autos; tengo un taller donde me divierto y gano lo suficiente.

—¿Tienes familia?

—El mundo es mi familia, vivo una vida muy simple fluyendo con lo que llegue a mí en su momento.

—¿Tienes hijos?

—El mundo ya está muy sobrepoblado. Mis hijos son todo lo que me rodea, a todos los seres vivos los trato como si tratara a un hijo.

Sus respuestas me intrigaban mucho, pero yo debía volver al hotel. Me acompañó y se despidió con un dulce beso.

—Si está en nuestro destino, nos volveremos a ver.

—¡Nos volveremos a ver!

Mi corazón, cerrado por tanto tiempo, comenzaba a latir de nuevo. Caminaba sola por las montañas conectando conmigo misma y esperando que, en un pueblo tan pequeño, nuestros caminos se cruzaran. Entre dos rocas, contemplando la infinidad de un cactus frente a mí, sentí un cosquilleo en mi sexo que me recordó que mi libido estaba muy despierta después de meses sin actividad. Entonces descubrí una cueva en forma de vulva, incluso la entrada se parecía a los labios menores y mayores. Cuidando que no hubiera serpientes, me deslicé hacia su interior.

Me acosté sobre la tierra, cerré los ojos y sentí una energía femenina que me erizó la piel. Respiré profundamente, bajé mis pantalones y ropa interior. Mi cadera y pelvis se conectaron con la tierra cuya textura aliviaba mi cuerpo. El aroma húmedo tocó mi corazón. Acaricié mis piernas, seguí hacia el abdomen, mis senos y mi cuello. Profundicé mi respiración mientras se despertaban las sensaciones en mi cuerpo y el ritmo de mi corazón aumentaba poco a poco. Mi temperatura subió mientras mis dedos circularon suavemente por mi punto de placer; al aumentar la velocidad, perdí el ritmo y me dejé llevar por una oleada de calor intensa que culminó en la pequeña muerte.

No imaginé a ningún hombre ni a ninguna situación; simplemente me absorbió mi propio placer, sin necesidad de identificarlo con nada externo. Mi cuerpo fue mi guía para seguir disfrutando de la paz, la tranquilidad, mi sensualidad y mi energía orgásmica. Me quedé unos minutos disfrutando de mí misma. Era la primera vez desde adolescente que regresaba a la pureza de mi sexualidad, a la capacidad innata de darme placer y explorarme sin necesidad de nada externo. Era una iniciación a mi sexualidad autónoma, que me procuró bienestar y salud. Había algo muy liberador en sentir que no necesitaba de un hombre para darme placer y orgasmos, que yo misma era la creadora de mi experiencia de conexión y éxtasis.

Al terminar mi experiencia de liberación, salí de la cueva con gratitud y me senté sobre una roca para meditar, celebrar y reconocerme a mí misma.

Aunque sexualmente satisfecha, deseaba haber visto a Hania para despedirme antes de regresar a Los Ángeles. Al salir del parque, llevé mi coche a la gasolinera más cercana y me detuve para que inflaran las llantas. No recordaba que Hania tenía un taller hasta que lo vi allí, de pie junto a un Boxer en restauración, opacado por un Thunderbird 69, un Jaguar Mark I y un Buick Super.

—Bueno, bueno, Galaxia, te tardaste en llegar. Te esperaba antes.

Se veía tan enigmático con su cabello trenzado y una camisa que dejaba al descubierto sus brazos. Me tomó de la mano y besó mi mejilla.

—¿Qué puedo hacer por ti?

Me reí un poco nerviosa: *Si supieras lo que podrías hacer por mí…*

—Mis llantas necesitan aire.

—¿Quieres lavarlo también?

—Pues sí, no estaría mal.

—¡Vamos!

Se subió conmigo al coche y entramos al lavacoches automático. Me miró intensamente.

—Tenemos cuatro minutos para conocer todo lo que debo saber de ti en este momento.

No sabía a qué se refería.

—Cierra tu ventana, querida.

Los sonidos del agua y el jabón ocultaron la pasión con la que me besó, devorándome como un lobo en luna llena.

—Galaxia, ven aquí arriba.

Me subí sobre él. Me abrazó fuerte y sentí cómo su corazón, caliente, se fundía con el mío. La intensidad del momento casi me hizo escapar.

—Mírame a los ojos. ¿Sientes mi corazón?

—Sí, lo siento.

Me recorrió con sus labios, dejando una estela húmeda sobre mi piel. En tres minutos descubrí lo que provoca el deseo. Volví a mi asiento.

—Galaxia, ¿me sientes?

—Sí, Hania, te siento.

—¿Me sientes o sientes tu deseo?

Me tomé un momento para responder.

—Pensé que era deseo… pero en realidad sentí tu presencia.

Nos despedimos con un beso que selló un hasta luego.

En el hotel me informaron que, por mal clima, mi vuelo se había cancelado y debía quedarme una noche más. Fui al taller a buscarlo.

—¡Hola! Es curioso cómo la vida te da lo que necesitas sin forzarlo —dijo, sonriendo de un modo que me quitó el aliento.

—Ven, vamos a mi casa. ¿Me permites manejar? —se subió a mi coche y vio mi maleta—. Veo que vienes preparada.

—Cancelaron mi vuelo, tuve que reprogramarlo.

—¿Ya lo hiciste?

—Aún no.

—Regálame dos noches de tu presencia. Cambia tu vuelo ahora, así no te preocupas de nada.

Me gustaba su masculinidad sana, esa que me ayudaba a estar más en mí misma, sin miedo a expresarme ni a decir lo que pienso.

Su casa era sencilla: una sala de estar con vistas a las montañas y muebles blancos de madera. La cocina, con una isla de granito rosa, unía la sala y el comedor. Las paredes estaban cubiertas con pinturas de animales, cactus y atardeceres de artistas locales. En su habitación, una cama pequeña y un librero, cuyos títulos me sorprendieron.

Me tiró en la cama y comenzó a quitarme la ropa lentamente, me emocioné como una colegiala. Besó cada rincón de mi cuerpo, incluso lugares nunca antes tocados: muñecas, codos, dedos, rodillas, ingles… recorrió todos mis meridianos, despertando mi energía vital. Cuando el deseo me desbordó, le pedí que me hiciera el amor, pero él se apartó.

—No dejes que el deseo te robe lo que estás sintiendo ahora. No necesitas más de lo que ya tienes. ¿Alguna vez te han besado durante horas?

—No.

—Entonces, ¿para qué quieres más?

Me quedé callada. Había revelado el patrón de insatisfacción que siempre he sentido. Con su lengua mágica continuó besándome.

—¿Tienes hambre? —me susurró, antes de dejar un último beso y caminar a la cocina.

Me quedé sobre la cama, sintiendo una galaxia de placer suave, sin oleajes, sostenida en la quietud. Por primera vez percibí mi mente en calma, mis emociones templadas y mi cuerpo ligero, relajado, colmado de vitalidad. Experimenté mi energía sexual en su forma más sutil. No sé cuánto tiempo pasó hasta que un aroma a albahaca con un toque picante me despertó. Seguí el olor y lo encontré sirviéndome pasta al *pomodoro* en una delicada vajilla japonesa.

Durante la cena descubrí que era un erudito con más cultura de la que imaginé, superando mis prejuicios por su profesión. Habló con pasión de Tolstói, Ken Wilber, Joseph Campbell, Camus y tantos otros. Nos anocheció sin darnos cuenta. Dormimos abrazados, en unión con el todo, creando un lazo con la sabiduría que la tierra y el cosmos nos habían entregado.

Al amanecer, tomamos café como una pareja con décadas de convivencia. Me leyó un libro en voz alta y me emocionó escuchar sus reflexiones. Recordé mi club de lectura adolescente, aquel que me decepcionó cuando mis compañeras no supieron hablar de mitología o cosmología griega y egipcia. Con él sí podía, y entendía mis teorías. Me enamoré de su mente, de su capacidad para conversar y hacerme pensar.

—Vamos, hoy es el atardecer más hermoso de la semana —dijo, sorprendido al ver la hora.

Subimos a su Buick rumbo al parque. Pensé en todos los músicos que encontraron inspiración allí: Led Zeppelin, Paul McCartney, U2… tanta sabiduría en sus rocas, tanta inteligencia cósmica en su conexión con las estrellas. Él, a su vez, era un hombre galáctico con sabiduría terrenal.

En Ryan Mountain, el sol de agosto nos hacía sudar. Subimos en silencio, respirando al ritmo del desierto.

—Sigue tu propio ritmo, yo te espero en la cima —me dijo cuando mis pasos se hicieron lentos.

Mientras lo veía desaparecer, el miedo a la soledad me recordó mi historia... y sentí que era hora de soltarla. Cada paso consciente liberaba de mi memoria celular la sensación de no merecer compañía.

Cuando llegué a la cima, los tonos naranjas, rosas y morados del valle de Coachella me abrazaron. Esa montaña ya me había mostrado antes la divinidad; esta vez, su silencio reveló lo que desconocía de mí misma. Me tomó de la mano, y su presencia hizo distinto el trayecto. Ningún hombre me había hablado de esa manera.

El viento movía su cabello mientras colocaba una manta en el suelo. Se desnudó con naturalidad, y yo lo seguí.

—Eres hermosa, un reflejo del sol y el brillo de la luna —dijo, mirándome a los ojos.

Su rostro cambiaba: lo vi niño, abuelo, guerrero, águila. En su alma percibí nobleza, bondad, amor. Lloré mientras absorbía todo lo que veía, toda su complejidad y sus vidas acumuladas. Montada sobre él, respiramos al unísono, saboreando nuestra existencia.

—¿Cómo puedes sublimar el deseo? —le pregunté después, en el coche.

—El deseo es energía que podemos transformar en algo más. Hacer el amor no siempre implica sexo. Es un intercambio sagrado que requiere compromiso y discernimiento. Contigo puedo llegar a niveles de éxtasis sutiles y profundos —respondió con calma.

Su masculinidad integraba fuerza y delicadeza. Me hizo entender nuevas formas de amar, sin obsesión ni necesidad, en un espacio donde *ser amor* era suficiente.

Cuando la energía acumulada nos arrastró, me llevó a su futón en la terraza. Me montó con deseo primario; incluso ahí, sin desnudarnos del todo, me dio un placer inigualable. Nuestros cuerpos se movieron con fluidez total hasta alcanzar un orgasmo que se expandió como el Big Bang. Una luz brillante cruzó mi entrecejo, otra roja contrajo mi pelvis; luces y sensaciones disolvieron mi identidad. El silencio absoluto del universo nos envolvió.

Nos abrazamos y las primeras estrellas fueron testigos de nuestro sexo cósmico.

—Sigue brillando como las estrellas —me susurró—. Permite que el amor llegue a ti, no lo busques ni lo inventes. Recibe lo que esté destinado para ti.

Salí de su casa con gratitud, tan ligera como cuando llegué. Toqué mi anillo y volví a la biblioteca.

* * *

Urania me esperaba, su capa abierta reflejaba la luna.

—Quiero mostrarte algo. Mira estos libros: son testigos de cómo la energía del cosmos participa en la experiencia humana. En India y Tíbet, el tantrismo enseña que la unión de opuestos —masculino y femenino, luz y oscuridad— lleva a la iluminación espiritual. El amor es un camino hacia lo divino.

"En la tradición tántrica hindú, el *maithuna* se refiere a la unión sexual ritualizada entre un hombre y una mujer. Se creía que esta unión podía proporcionar una conexión con la divinidad y alcanzar la iluminación espiritual. En la antigua Roma practicaban el *coitus reservatus,* que requería una "unión espiritual" o "unión del alma"; es un ritual, en el cual la unión sexual se consideraba un acto espiritual y se creía que la energía sexual podía ser canalizada para propiciar la conexión con la divinidad y alcanzar la iluminación espiritual. En

Grecia tenían el ritual *hieros gamos*, un "matrimonio o unión sagrada", en el que se unía un dios con un mortal; en esa conexión con la divinidad se alcanzaba la iluminación espiritual. Solía realizarse en un lugar sagrado, un hombre y una mujer copulaban con el objetivo de propiciar la fertilidad y la prosperidad. En algunas tradiciones esotéricas, la magia sexual se enfocaba en la utilización de la energía sexual para alcanzar objetivos espirituales o materiales. Se creía que la energía sexual podía ser canalizada para propiciar la salud, la riqueza y la sabiduría.

"Los humanos enterraron estos saberes y distorsionaron la sexualidad perdiendo sus cualidades sanadoras, transformadoras y mágicas. La voz patriarcal aún somete la sexualidad como un acto sagrado. Por esto, se experimenta un sexo primitivo y no evolutivo. Ven, Aurora, mira.

Me acerqué al telescopio y viendo a Venus me perdí hasta llegar a otro lugar.

* * *

Quería hacerle el amor en ese lugar sagrado, contenidos por la tierra, bendecidos por el aire, con el fuego alimentando nuestra pasión y el agua llevándonos al placer.

—¿Te gustaría compartir conmigo este momento?

—Sí, aunque no sé hacer un ritual.

—Tranquilo, te puedo guiar. Es importante que nos conectemos en presencia y que nos sintonicemos. Siéntate frente a mí, vamos a respirar juntos. En cada respiración percibe cómo te sientes, cómo está tu cuerpo, tus emociones; procura mantener la mente en calma y observar la actividad. Inhala y permite que tu cuerpo se relaje, que la mente se aquiete. No hay nada que hacer, no hay estrategias ni maniobras. Aquí nada está bien o mal, no hay expectativas ni metas.

"Abre los ojos. Regresa tu atención a ti mismo. Me subiré en ti y abrazaré tu cadera con mis piernas. Esta postura se llama *yab yum*. ¿Estás cómodo?

—Sí.

—Ahora solo respira conmigo.

Nos abrazamos, conectando nuestros corazones, nuestros vientres se tocaban. La respiración comenzó a danzar por nuestros cuerpos guiada por una intuición sincronizada; dejamos que la energía nos llevara sin esfuerzo. Cuando noté que estaba listo, le pregunté en un susurro:

—¿Estás listo para entrar en mí?

—Sí, muy listo.

Lo abracé profundamente, llevándolo al centro de mi universo. Nuestros cuerpos se movieron con delicadeza, como si flotáramos sobre una ola. Lo sentí tan erecto que un orgasmo me sacudió, lanzando mi corazón hacia el suyo como una flecha de Cupido. La luz emergió en mi vulva, subió hasta mi corazón y circuló hacia el suyo, creando un puente sutil. Nos convertimos en una onda microcósmica que, al reconocerse en unidad, se expandió al macrocosmos. Por un instante, al soltar nuestros cuerpos, exploramos un destello cósmico y nos quedamos quietos en la nada. Fue un instante que pareció durar minutos, minutos que parecieron eternidades, recordándonos que somos eternos. Di un silbido.

* * *

—Me confunde esta memoria… ¿Es otra vida o una proyección de mi mente?

Urania se acercó a mí con una estrella en la mano.

—Tú eres la única que puede ver con claridad lo que fue esta historia. El despertar muchas veces parece un sueño, una familiaridad de algo ya vivido que solo estás recordando. Cuestionas tu poder porque sigues demasiado identificada con lo que hay que sanar. Pero para sanar, también hay que ver con claridad tu fuerza. No dudes de ella, ni de lo que eres capaz de hacer. Ven de nuevo a ver a Venus.

Al ver a Venus recordé que muchas veces he guiado la energía sexual a través de mi poder intuitivo. En esta misión estoy recordando muchos dones que viven en mí, incluyendo los de otras vidas.

—Veo que Venus te está regresando tus memorias —dijo Urania—. Venus es un planeta muy importante para nosotras porque representa la feminidad, la energía receptiva y la conexión con la intuición, la creatividad y la inspiración. Es el planeta del amor y las relaciones, del misterio de la alquimia entre los seres humanos. Nos invita a reflexionar sobre los valores y principios con los que amamos. Ya tendrás tiempo de iniciarte en sus enseñanzas.

Urania tocó mi mano y desperté viendo el cielo estrellado y me dejé seducir por la galaxia para escribir en mi diario mientras mi amiga aún descansaba.

21 de mayo

A veces le doy demasiada importancia a mis inquietudes y gasto más energía de la necesaria en mis deseos. Al aferrarme a la idea de que *soy como soy*, me resulta imposible vislumbrar otras formas de vivir el amor, más allá de lo convencional. Primero, necesito valentía para pensar diferente y mantener mi centro, incluso cuando los deseos son más fuertes que el amor hacia mí misma. Después, es esencial explorar relaciones casuales, aventureras o mágicas sin caer en patrones tóxicos. Puede ser enriquecedor, en ciertos contextos, examinar nuevas maneras de sentir el amor y el deseo, pero debo ser cuidadosa para que mis necesidades carnales no me desvíen de lo que realmente necesito.

¿Cómo puedo mantenerme honesta, auténtica y poderosa sin perderme en los confines de lo que representa el hombre? Es curioso: siempre he pensado en lo que un hombre puede darme, pero hoy, por primera vez, me pregunto qué ofrezco yo a un hombre y qué puedo aportar en una relación. ¿Cuáles son mis recursos internos? ¿Qué es lo que verdaderamente me hace ser Aurora?

Las aventuras sin expectativas me han abierto puertas para descubrir mucho más de mí misma: aceptar mis cualidades, logros y aprendizajes, y observar con ecuanimidad si surge alguna herida. Fluir en una relación es delicioso; sin etiquetas ni contratos, puedo contenerme, amarme y sostenerme. Pero también hay un placer distinto en la estructura que brinda una relación construida, porque da seguridad para ser más auténtica y muestra hasta dónde somos capaces de entregarnos.

¿Cuáles son las bases de mis historias y de mis distintas necesidades? Observo cómo cambian según la naturaleza de la conexión con el hombre. La certidumbre me relaja y me permite abrirme a una intimidad más profunda, pero la incertidumbre también tiene su encanto. El mundo me ha enseñado que la incertidumbre es negativa, que estar en la zona del *no saber* es perder el poder. Creo que esta idea viene de la ciencia, que pretende medirlo todo, pero el amor y el corazón no se rigen por métricas. Albert Einstein lo decía bien: "Lo único constante es el cambio". Si lo constante es el cambio, ¿por qué no querría abrirme a esa dinámica en las relaciones? Es difícil soltar el control y confiar.

Al seguir las enseñanzas tradicionales, una relación sin obligaciones solía empujarme a exigir demasiado, y esta dinámica me dejaba insatisfecha. Reconozco que soy una golosa del amor y, al tenerlo, una avara.

Ser rebelde desde pequeña me dio la ilusión de ser libre y valiente para saltar a lo desconocido, pero en realidad era un escapismo, otra manera de protegerme. El miedo a lo incierto me llevó a fantasear con mil escenarios posibles. Tengo un plan A, B, C, D... y muchas veces llego hasta el Z. Esa falta de confianza en la vida no me enorgullece. El misterio es un territorio fascinante, pero para habitarlo necesito soltar la obsesión por controlarlo todo. Me da poder decir: "No sé, no entiendo, no tengo idea", y a la vez me aterra estar en el lugar del aprendizaje.

La idea patriarcal de *saber siempre qué hacer, cómo actuar y qué decir* está demasiado anclada en mis tejidos de feminidad. Mi mujer interior necesita descansar, liberarse de la planeación obsesiva y ser más intuitiva. Quiero desprenderme de la necesidad de controlar mi vida, que me aleja tanto de mi destino como de mi capacidad de escuchar mi voz superior y la guía divina.

Me entristece ver cómo la humanidad, en su individualismo extremo, ha distorsionado la aventura de la vida en puro egoísmo: una exigencia de libertad que no permite relaciones auténticas, ni siquiera casuales, con amabilidad y consideración. La belleza de las relaciones inciertas es que son ensayos para la relación que deseo construir en el futuro. Son prácticas de distintos acuerdos que fluyen como corrientes de energía. Romper con lo establecido, con el *statu quo*, con las necesidades y deseos heredados de las narrativas que nos programaron, nos invita a crear vínculos bajo nuestros propios términos, no los dictados por la sociedad. Y en un siguiente nivel de aspiración, a estar en un vínculo bajo los términos de las almas y el destino.

Sé que, aunque las circunstancias sean distintas, quiero estar abierta a la aventura. Pero también reconozco que mis necesidades emocionales, mis deseos, anhelos, heridas y traumas permanecen en mí. Por eso es crucial, incluso en lo casual, que haya consideración por mi tiempo, espacio y corazón, porque ahí también puedo sanar. Para aventurarme, necesito sentirme segura y bien. Tengo límites claros y me retiro de cualquier relación en cuanto estos son cruzados. Y aprendo a decir que no a lo casual en el momento que me siento lista para una pareja estable.

17

AURORA

A la orilla de un lago muy al norte del planeta, me senté frente al fuego a leer mi diario. Mientras lo hacía, mis emociones se mantenían en ecuanimidad y podía leer mi historia sin juzgarme o identificarme con ella. Esto me llevó a entender que mi misión había sido completada. Aunque algo en lo más profundo de mi ser sabía que aún estaba a la espera de una revelación. Fue en el espacio onírico donde se me indicó que aquí en Noruega vería la luz que siempre había soñado contemplar, la luz que le daría fin a esta etapa de mi vida.

Desde niña me fascinaba mirar cómo los colores se desplegaban en el cielo durante los amaneceres y atardeceres: el lienzo celeste pintado con tonos rosas, naranjas, rojos, blancos, grises, azules y morados en formas únicas y armoniosas. Los celajes me conectaban con mi divinidad y me recordaban mi existencia y participación en el planeta. Sin embargo, en la profundidad de la noche, a pesar de las estrellas, los planetas, los satélites y la luna, mis ojos reclamaban algo más. Por eso viajé hasta el círculo polar ártico, con la corazonada de que las auroras boreales me transformarían para siempre. Aquella noche mi sueño fue profundo, visité mi mundo interno y al ver las visiones se reveló el amor.

* * *

—Bienvenida al Museo del Libre Albedrío, un lugar al que solo acceden las mujeres que han completado su misión —me recibió Mele con efusividad.

Entré en una sala donde solo había una mesa de exhibición. En ella descansaban cuatro libros.

—Mira de cerca, Aurora. Estos libros cambian según cómo piensan y actúan los humanos. El destino ya está escrito, pero lo que cambia es el recorrido, la manera en que cada uno llega a él. Cuando toman decisiones correctas que los llevan a cumplir su misión, el andar es más fluido. Esto solo es posible si deciden desde su ser auténtico. Es curioso cómo muchos se concentran en llegar a las metas o cumplir su destino sin importarles el recorrido. La inspiración llega a ti en el camino, las experiencias de vida son tu propósito.

"¿Recuerdas el anillo que te entregué al inicio? Ahora te será útil; es la llave para abrir los libros. Acércate a ellos.

El primero era una edición sencilla, con ilustraciones del sol y planetas, como si fuera un manual de astrología. Toqué mi anillo y las páginas comenzaron a pasar rápidamente hasta detenerse en la penúltima. De un modo extraño, a pesar de la velocidad, pude registrar todas las imágenes y textos. Ante mí desfilaron distintos ciclos: el del día y la noche y las cuatro estaciones. Prácticas de alquimia, rituales elementales y escritos sobre las casas, signos y astros que impactan en el ser humano y el planeta. Las hojas revelaban la vida de una mujer desde su nacimiento hasta la muerte, orugas-crisálidas-mariposas-polvo de flores. Y entonces apareció el mío: me vi nacer, crecer… y de pronto se detuvo.

—Como tu misión, tu ciclo aún no termina. Es necesario cerrar lo que empezaste con nosotras; solo así podrás alcanzar la armonía y la comprensión total de lo que has sanado. Ahora vuelve a mirar el libro.

Me incliné de nuevo y contemplé dos historias proyectadas en simultáneo: en una, un bosque que, tras una etapa árida, florecía gracias a semillas que se convertían en árboles donde convivían animales interdependientes, todos sujetos al ritmo de las estaciones. En la otra, la vida de un ser humano profundamente ligada al bosque: la energía fluía hasta que, de pronto, algo cambió. Mientras el bosque era talado, la vida de la persona se interrumpía con una relación conflictiva y caótica; la luz que unía ambas historias comenzó a oscurecerse y a fragmentarse. Finalmente, solo quedó oscuridad en ambos lados.

—Cuando no se cierran los ciclos —explicó Mele—, cuando al talar el bosque no se toman medidas para que vuelva la vida, o cuando una relación termina sin un verdadero desenlace, se crean nudos energéticos. Esos nudos generan una energía residual que puede afectar la energía de la otra persona. Las relaciones que terminan de una manera abrupta o sin resolución impiden separarse con claridad y mantienen a las personas atrapadas en la duda y la confusión. El dolor, la ira y el miedo provocan caos emocional que requiere de más trabajo para deshacer los nudos.

"Entre las páginas surgió un parpadeo iluminado; las imágenes reaparecieron, pero de forma intermitente, acompañadas de lamentos y llantos: el bosque moría lentamente y la pareja se separaba en medio de dramas y gritos. Entre ambos apareció un listón sucio y viejo que, aunque cada uno intentaba rehacer su vida, seguía uniendo sus energías y los lastimaba. Mira la alternativa —continuó Mele—. La misma pareja comenzó a distanciarse poco a poco; el listón que los unía se afinaba, hasta que, en un último encuentro, se veían conversando, abrazándose y deshaciendo juntos los nudos, antes de seguir cada uno su propio camino.

—Las parejas que se separan conscientemente sufren menos. La codependencia y el apego excesivo generan estos nudos.

"La separación no tiene por qué ser dramática. Puede ser un acuerdo consciente. Así como celebran matrimonios y expresan votos de compromiso, los humanos podrían recuperar las ceremonias de disolución de votos que existían en la antigüedad.

—Mele, ahora lo comprendo. También me he dado cuenta de que tenía votos de disolución pendientes con mis parejas pasadas, pero no podía verlos con claridad porque necesitaba un proceso de purificación y consciencia.

—Exacto, Aurora. Eso es fundamental para cerrar los ciclos. El desenlace sucede al hacer trabajo interno, al mantener distancia con la pareja con la que han terminado. La causa de la falta de armonía en el universo se debe a la incorrecta disolución de los votos. Los votos que las personas se dan en el sí no se honran en las separaciones, haciendo que la crueldad surja de la herida de la ruptura. Los votos de disolución no son parte de la educación de los seres humanos, esto ha causado caos en el mundo.

"Sigamos: debes desenlazar el ciclo de tu misión. Lleva contigo tu diario y pluma para ir registrando los detalles relevantes durante el cierre.

Mágicamente sentí el peso en mi hombro. Llevaba una bolsa de tela y dentro mi diario. En la última página escribí: "Punto final a quien era y fui con ellos". En ese momento escuché unos pasos en la sala, Aedea se acercaba a nosotras.

—Aurora, te dejo con mi hermana, con quien verás el segundo tomo.

—Ven, Aurora, asómate y conversemos.

El segundo libro, que parecía muy antiguo, se activó al tocar mi anillo y comenzó a proyectar historias. En la primera, en un círculo de piedra druida estaban un hombre y una mujer mirándose a los ojos, no lo hacían como enemigos, sino como dos opuestos en armonía. La mirada denotaba una aceptación de las diferencias y las fortalezas que son las que disuelven las distorsiones. Una mujer sabia estaba frente a ellos recitando los códigos de amor.

En la segunda, una mujer sentada bajo un árbol miraba a lo lejos a sus hijos. Con la mirada de aceptación de su aspecto masculino, el amor en ella detonaba la fuerza de su corazón y el fluir de su energía primordial. La feminidad aceptaba la masculinidad.

—Aurora, ¿qué entiendes de estas imágenes?

—Son relaciones que reflejan el amor en la aceptación. El amor se cultiva.

—Mírate en ese espejo de la esquina.

Apareció un espejo de cuerpo completo. Mi reflejo desapareció y quedó solo mi silueta, teñida de luz: de un lado, rosa; del otro, azul. Los tonos comenzaron a mezclarse, formando un violeta que brillaba más intensamente que los colores por separado. Sentí un equilibrio profundo, desconocido para mí hasta ese momento.

—El género femenino florece al sanar su propia masculinidad y al aceptar la del hombre. Tú misión es crear la armonía y el equilibrio y puedes construir relaciones de pareja, y con tus hijos varones, orientadas al amor. Cuando hay un amor profundo, se trasciende incluso la necesidad del otro.

"El amor es algo que se cultiva y crece. El problema en la actualidad es que la idea del amor que tenemos es drama. El amor es fácil. La pareja actual suele comportarse fascinada por lo nuevo; la química y la dopamina generan un filtro que los aleja de la realidad. Cuando surge un problema, buscan la disrupción en las consecuencias o en los comportamientos externos. Suponen que la situación es el problema, sin mirar hacia dentro ni reconocer la desconexión que existe entre ellos en distintos niveles. En este modelo no encuentran resolución a lo que llaman *problemas*, porque en realidad no hay nada que resolver: son los deseos y las distintas necesidades los que provocan conflictos, alimentando batallas de ego, ideas fijas o una falta de entendimiento. Una pareja que no logra resolver una diferencia derivada del deseo personal termina bloqueando su propio proceso alquímico y evolutivo.

Aedea se acercó a mí y me ofreció una infusión de flores del bosque.

—El collar que te di al inicio te permitió escribir tu misión con honestidad emocional y transparencia; estas son cualidades necesarias para entablar códigos de unión con una pareja. Mira la ceremonia que te proyecta el libro; ahí serás testigo de los votos.

Frente a nosotras apareció una ceremonia de unión entre una mujer y un hombre, ambos llevan capas de distintos tonos del color tierra y forman un círculo con su comunidad, en un bosque con árboles de figuras extrañas.

Una mujer con mirada sabia comenzó a expresar los códigos de amor:

—El amor que comparto contigo procura la intimidad que nos llevará a vernos totalmente. Aceptemos los espacios en los que revelemos aprendizajes y acuerdos. Acordemos tener la disposición para transformar nuestras ideas, creencias y sombras para crear en conjunto un circuito energético armónico. ¿Estás dispuesto a asumir estos códigos?

—Sí, estoy dispuesto.

—Procuremos la generosidad de tiempo, dedicación y esfuerzo. Solo así alcanzaremos la plenitud que nos permita autorrealizarnos y crear una visión de vida en conjunto. ¿Aceptas este voto?

—Sí, lo acepto.

—Fomentemos la inteligencia para que florezca; así podremos abrir nuestras mentes y escuchar sin juzgar. Observaremos ambas perspectivas y cuestionaremos las interferencias y distorsiones que se acerquen a nosotros. Acompañémonos sanando nuestras heridas con paciencia y compasión. Juntos comprenderemos los deseos y necesidades con consciencia. ¿Compartes esta visión?

—Me veo contigo y sostengo la frecuencia de nuestro amor.

—Juntos seamos creadores de un entorno seguro que facilite la presencia divina para que nuestra unión cocree una realidad luminosa. Nuestra prioridad es nuestra esencia y espiritualidad.

—Participo contigo en este código.

—Seamos exploradores de aventuras que nos permitan evolucionar y descubrir el mundo con una perspectiva más amplia. Estemos abiertos a lo desconocido y a las sorpresas.

Entre rezos y sonidos armónicos, se tomaron de las manos, se besaron y luego desaparecieron en la oscuridad del bosque, convirtiéndose en una sola sombra.

Escuché un chasquido de dedos y me quedé sola, intentando asimilar todo lo que acababa de presenciar. Cerca de mí voló un colibrí y, contra toda expectativa, logré verlo quieto por un instante. Su plumaje morado me transmitió una profunda paz y, sin saber cómo, recibí un mensaje: "Consciencia devocional. Silencio. Escucha. Claridad expresiva". Caminamos juntos hasta llegar a un estanque con nenúfares; el ave se posó en uno que comenzó a crecer. Caminé sobre el agua hasta alcanzar la flor, y al sentarme en ella, se transfiguró en una barca en forma de corazón que me condujo a un salón ovalado donde las nueve musas danzaban, tocaban música y bebían té.

Clío me vio y me acercó el libro azul.

—Aurora, no has terminado de consultar los libros. Te dejo este: contiene las cuatro prácticas para evolucionar tu relación de pareja. Utiliza tu silbato para ir cambiando la frecuencia del amor.

Como si fuera una radio, comencé a sintonizar una transmisión proveniente del libro:

—"Fascinarse por la pareja te lleva al punto de la familiaridad, en el cual nos asomamos al mundo interno del otro, que es un privilegio que debemos honrar. En este intercambio descubrimos las bellezas, riquezas, lugares y sensaciones que antes buscabas en el mundo externo".

Soplé el silbato y la voz cambió:

—"Intimar es un proceso que permite acceder a los mundos internos, contemplar los atributos del alma y sus cualidades. Esa riqueza interna despierta el asombro, fortalece el lazo de permanencia y sostiene el compromiso".

Soplé de nuevo:

—"La consciencia devocional abre el corazón a la existencia del otro; de ella surge la transformación. Solo así se puede ser amable, ético e íntegro. Requiere mirarse uno mismo y evaluar: ¿me acerco o me alejo del amor? ¿Me mueve el amor o el miedo, la ira o la compasión?".

Un breve ruido blanco dio paso al silencio. Urania lo aprovechó para desplegar un mapa que señalaba a Venus.

—El silencio es la segunda práctica. Solo con la mente y las emociones en calma podemos escuchar las vibraciones del universo y las que emanan del otro. El silencio nos permite escuchar el mundo interno de nuestro amado y observar lo que está sucediendo. Es clave para conversar y resolver conflictos en pareja.

Polimnia se sentó a mi izquierda, quedando yo entre las dos musas, y sentí una extraña sensación.

—Tranquila, Aurora. Lo que percibes es nuestra energía depurando tu mundo interno. Es lo mismo que sucede con la pareja correcta: las diferencias y obstáculos se convierten en oro, no en rupturas. No hacen falta soluciones forzadas a los problemas. Ambos deben sintonizarse y ser creativos gracias a la escucha profunda.

"Hay distintos desenlaces posibles en la vida en pareja —continuó—. No todo es ruptura: también hay límites, delicadeza y un trato amable. Solo dos personas purificadas pueden lograrlo. Esto se parece a lo que la ciencia llama *entrelazamiento cuántico*: cuando algo le sucede a una partícula afecta instantáneamente a otra. En las parejas con conexión profunda emerge ese mismo comportamiento.

"Ahora bien, este fenómeno no significa perder el campo electromagnético individual. Es fundamental mantenerlo y distinguir qué emociones y pensamientos son propios y cuáles son de la pareja; qué comportamientos nos acercan o alejan de nuestra esencia y cuándo necesitamos espacio. Si llevamos esto al entrelazamiento emocional y psicológico entre la pareja, los sentimientos, pensamientos y comportamientos de la otra persona lo afectan incluso si están separados. Se puede entablar una comunicación instantánea, la telepatía. Esta es la comunicación del futuro: alejarnos de la exigencia y simplemente practicar la escucha del otro.

Cali me tomó de la mano y me llevó a un ventanal desde donde vimos mariposas revoloteando sobre rosas.

—Aprende a escuchar la naturaleza.

El vidrio desapareció y caminé descalza sobre la tierra. A través de las plantas de mis pies escuché la frecuencia de la tierra. Comprendí cuánto había evolucionado: ahora podía oír, recibir y comprender las enseñanzas desde las raíces. Solo en este estado era posible relacionarme de forma auténtica. Al acariciar las hojas, ellas me susurraron: "En la práctica diaria de la escucha sucede la conexión divina".

Euterpe me llamó:

—Aurora, ven. Tengo el siguiente libro.

Me entregó un tomo con tapas de madera que, al abrirlo con mi anillo, comenzó a cantar: "Vivir juntos sí, pero en espiritualidad y convivencia de las almas. Canalizar la frecuencia del amor en la galaxia permite amar y ser amados. Refinen sus impulsos y deseos carnales. Sean genuinos. Restablezcan el amor en colectivo, la frecuencia primordial de la tierra, la fuerza del corazón. Es necesario desaparecer las distracciones".

—Esa es la melodía de la evolución —dijo Euterpe.

Talía tomó también el libro.

—Este es el libro de la visión. La visión no se crea: se te entrega. Es un sentir. Es sostenible cuando ambos pueden verse en su divinidad.

"Has visto en paralelo la vida de un bosque y la de una pareja —continuó—. Si no se cuidan, ambos se destruyen. La visión evita distorsionar la realidad y te permite comprender que no eres solo lo que proyectas hacia fuera. Solo con visión se puede cocrear en armonía y equilibrio.

Mel se acercó y se quitó la máscara, revelando un hermoso rostro de piel de porcelana y profundos ojos azules.

—La visión también requiere quitarnos las máscaras. Solo así podemos ser auténticas y mostrar nuestra esencia femenina. Hoy debemos decidir: ¿queremos ser simplemente mujeres o mujeres divinas? Las cualidades divinas de la espiritualidad encarnada no ceden ante la destrucción del espíritu ni a las voces arcaicas. Estamos recuperando la voz de la sabiduría y la sanación a través de la pureza de la consciencia.

—La ciencia es la forma masculina de probar la realidad —añadió Mel—. Lo femenino no se pone en duda: se siente y se percibe. El amor no se cuestiona; es una frecuencia en la que podemos ser, transformar, sanar y evolucionar. La visión es incuestionable.

Terpsícore me tomó de la mano y comenzó a girar conmigo al compás de la música.

—Recuerda, Aurora: al ser la mujer elegida, representas la voz colectiva de todas aquellas que han vivido historias como las tuyas. Tú eres cada mujer y cada mujer es tú. Al sanar tu corazón, sanan los suyos. Al evolucionar en el amor, ellas también evolucionan.

Escuché al libro de madera abrirse y comenzar a recitar una historia:

—Hace mucho tiempo, un colectivo de mujeres que había aceptado su divinidad comenzó a plantar por todo el mundo semillas espirituales del amor; su labor permitió el crecimiento de bosques y selvas, pero también el de parejas, familias y comunidades. Sin embargo, se fue olvidando el origen de estas uniones. Las mujeres divinas fueron silenciadas; los hombres se sintieron en libertad de dominar a la naturaleza y se perdió el balance. Solo la elegida, capaz de aceptar la visión para distinguir la verdad y expresarse desde lo divino, podrá restablecerlo.

—El amor se siente cómodo y a tu medida —dijo Erato, envolviéndome con una manta de seda morada—. Al comenzar tu misión, tu interés era entender por qué no habías tenido una pareja estable y por qué habías elegido hombres en su mayoría tóxicos u oscuros. Pasaste por una confusión mental que te impedía ver lo necesario para sanar. Los aprendizajes estaban ahí, pero no los veías, porque voces y sistemas externos te nublaban la vista como un hechizo. Solo al desmantelar todo aquello que te alejaba de ti misma y la voz patriarcal que te sometía, pudiste empezar a ver con claridad, y esa claridad te llevó a cumplir tu misión.

"Sanar tu corazón fue un viaje de transformación. Estás creando semillas de cambio que puedes plantar y nutrir día a día al convertirte en una mujer practicante del amor. En el momento adecuado, se te revelarán las visiones del futuro que el destino quiere darte a conocer. Verás con nitidez a la pareja que necesitas para vivir un amor en evolución. En tu último aliento sabrás si esa historia fue, en verdad, la que el destino les pedía construir. Por ahora simplemente confía en la guía y en la visión.

—Hermanas, es tiempo de pasar al círculo del desenlace —dijo Mena, asomándose para interrumpir a Erato.

Las musas la siguieron enfiladas, en orden de edad. Yo fui tras ellas, emocionada. La sala era circular, blanca y con un piso suave.

—Está hecho de polvo de perlas —me susurró Cali.

En el centro del círculo había un símbolo del infinito pintado en tinta morada.

—Aurora, entra al símbolo —dijo Clío; hizo unos gestos con las manos como si deshiciera un tejido de hilos casi imperceptibles—. Nosotras aceptamos ser fuente de inspiración cuando sentimos la devoción de la petición y el beneficio de la creación, tanto para el individuo como para el planeta. La inspiración tiene una cualidad distinta del deseo, la necesidad o incluso del destino. Es una chispa que activa la frecuencia de la creación. Los seres que han sido inspirados por las musas nos entregan una ofrenda en reciprocidad. Pero tú, Aurora, ya eres fuente de inspiración. Por eso, queremos iniciarte para ser la musa del amor.

—¿Musa del amor?

—Sí. Tu servicio al planeta es el inspirar a otros a seguir la frecuencia del amor. No será sencillo. Como no eres una diosa, deberás entrenarte arduamente para mantener la visión clara. Otras mujeres antes que tú han completado su misión y han cumplido con su propósito. Gracias a ellas surgieron movimientos por la igualdad, los derechos humanos, el arte y el cuidado de la Tierra.

"Si decides ser musa, los portales de los sueños se abrirán para que seas iniciada en tu siguiente misión. En el mundo onírico serás fuente de inspiración para otros y otras. Ser musa es un compromiso eterno: tu cuerpo es mortal, pero tu consciencia y misión son inmortales.

—¿Qué pasa si decido no ser musa?

—Eres libre, Aurora —dijo Clío mientras me abrazaba—. Las musas trabajamos a nivel colectivo; ese es nuestro poder. Al aceptar ser una mujer iniciada en su camino de transformación y haber sanado tu corazón roto, podrás inspirar, con tu ejemplo, a otras mujeres a creer que el amor ya es parte de ellas y que se puede sanar y vivir en plenitud y paz.

"Tu simple decisión de vivir en amor —o crear desde su frecuencia— puede impactar a otros y otras, incluso sin que las personas sean conscientes de ello.

—¿Y si mi decisión es negativa? ¿Ya no podré verlas?

—El portal se cierra para los seres humanos. El acceso a nuestra inspiración será solo a través de tus rezos y peticiones. Aunque no puedas vernos o escucharnos, tus palabras de devoción, si nacen desde la autenticidad, invocarán nuestra energía. Has sido afortunada. Muy pocas mujeres han llegado hasta aquí. Para nosotras ha sido un honor. Eres una luz muy especial, Aurora.

—Hermanas, es tiempo de cerrar el ciclo —dijo Mena, tomando de las manos a Aedea y Mele—. Nosotras tres te dejamos en manos del resto de nuestras hermanas. Si decides convertirte en nuestra musa terrenal, nos reencontraremos. Te dejamos activo el pensamiento, la memoria y la ejecución para que tu misión en el planeta continúe su curso correcto.

Sentí cómo una energía me envolvía desde la coronilla de la cabeza hasta los pies. Un ligero cosquilleo me recorrió el cuerpo. Las tres musas desaparecieron.

—En este momento vamos a darte un regalo para que recuerdes todos los atributos de las musas que ya viven en ti —dijo Clío. Colocó un polvo de rosas en su palma y lo sopló. El aroma llegó directo a mi corazón.

—Polvo de rosas para el corazón.

De Urania recibí la estrella cósmica de la inteligencia.

Polimnia me obsequió una vasija con agua sagrada para purificarme continuamente.

Cali me lanzó una moneda de aguamarina para brindarme elocuencia divina en mis palabras.

Erato me dio un pendiente que contenía una pequeña llama de fuego para invocar la sensualidad y el deseo.

Euterpe me regaló la escucha de la frecuencia, que vi en colores tornasol, y el fuego de la pasión, que surgió de sus exhalaciones.

Talía me ofreció la alegría como medicina.

Mel me entregó una cápsula que contenía una lágrima: la pureza emocional.

Finalmente, Terpsícore me bañó en un polvo dorado, símbolo de la belleza del movimiento.

—Aurora, ¿quieres recitar el voto de la disolución?

—Sí, Clío.

Cerré los ojos y, en devoción total, recité mi voto.

> *Las hojas de bambú de mi libreta de cuero curtido son testigos de la tinta morada que plasma las vocales de mi alma, las consonantes de mi personalidad, las comas de mis experiencias y los puntos de mis aprendizajes. Al desnudarme me quité los ropajes que esconden mi vulnerabilidad y exponen mi piel, que tiene escrita mis secretos. A través de mis poros sudo la oscuridad que opaca mi brillo. En el núcleo de mis células recibo el oxígeno de la verdad que me libera del pasado. En la paz de mi corazón respiro la consciencia de la vista que va más allá del horizonte. En mi mente, la calma me da la pausa para escucharme.*
>
> *En este espacio sagrado recuerdo cómo ser y sentir en la presencia de la libertad divina. Puedo descansar del caos al permanecer en mi centro procurando la consciencia. Los espacios de la presencia me presentan la autenticidad que me permite verme en mis diferencias e imperfecciones que me hacen ser única. Desde ahí intercambio la necesidad por la gratitud frente a mis riquezas internas y brillo. En la solidez de la madurez acepto quien soy y la realidad, sé cuándo hacer y ser. Mis sensaciones distinguen con facilidad las conversaciones del engaño y las voces genuinas me dan la guía hacia el camino de mi destino. La belleza me hace un llamado para asumir mis miedos y las dinámicas para sostener el ego, disolviéndolos en el éter. La gracia me muestra el poder de mi vulnera-*

bilidad que descansa al ser abrazada con empatía y compasión. Mis sentidos llaman a mi propio placer y mi deseo despierta a mis sueños. Mis ojos pueden ver la visión de mí misma que enaltece mi ser. La divinidad del ser humano emerge desde la consciencia, que sostiene las cualidades divinas que se mueven por el arroyo de los pensamientos. Rezo por mi cuerpo para que sea el receptor del amor infinito que libera su dolor y abre sus caparazones lentamente para recordar que es la fuente misma de él.

Mi ser despierta sano y vibrante. En el amor me encuentro y soy, simplemente, Aurora.

* * *

Al abrir los ojos me sentí renovada. Frente a mi cabaña, me senté en una banca de madera. A la espera de que la luz se revelara, mi corazón latía con la fuerza de la esperanza de ser tocada por el cielo a través de la vista. El silencio del agua congelada, el viento frío y la contemplación de las estrellas en el firmamento enaltecieron mi existencia. En la espera, el deseo se disolvió como polvo de estrellas, y la afonía me cautivó. En la oscuridad del cosmos respiré el punto de encuentro entre el cielo y la tierra, unidos para dar vida a la luz.

Primero vino una pausa que afiló mis sentidos y suavizó mi corazón; luego apareció una estela de luz verde líquida, emergiendo tímidamente. Contuve la respiración para asimilar lo que tenía ante mí y, al exhalar, el aire frío se mezcló con la impresión majestuosa del cielo. Era una belleza alucinante, una danza de iluminación cósmica donde las formas cambiaban y surgían luces rojizas y rosas que pintaban paisajes sin patrones, creando figuras jamás vistas. La imagen se desvaneció y, en la quietud, aguardé su regreso.

La diosa boreal volvió a aparecer, moviendo su estela con gracia y formando la trascendencia de lo abstracto.

Era tan cambiante que me perdí en el dinamismo de su aurora: dibujaba explosiones divinas llenas de gracia, disolviéndose en destellos que encendían la esperanza en el corazón humano.

Las estrellas fueron testigos de ese relato orgásmico amplificado y del encuentro amoroso donde me uní a ella, la aurora boreal, en el éxtasis del amor cósmico. Habité un espacio ilimitado, reconocí la belleza en su esplendor y el poder femenino de la diosa, porque al fin estaba lista para verla y conectarme con su majestuosidad. Escuché su voz:

—Aurora, eres la expresión del divino femenino, la musa que se permite ser vista y finalmente se revela ante los ojos de aquellos que están listos para verla.

"No solo compartimos el nombre, también compartimos la misión. Ahora tú eres la musa del amor.

Al ser tocada por la diosa boreal, sentí la plenitud de la unión entre la divinidad y mi cuerpo, y me perdí en un espacio verde. Mientras caminaba sobre la aurora polar, vi desde lejos el lago, las tierras, la montaña y mi cabaña. Brinqué entre tonos verdes y morados hasta encontrar a un hombre envuelto en una capa verde; al descubrir su mirada, lo reconocí. Allí estaba él, sin rostro aún, pero era el hombre con quien compartiría mi destino llegado el momento; era promesa y presencia a la vez:

—¡Eres tú!

—Aurora, finalmente puedo verte, comprenderte y amarte sin reservas. Mi voto hacia ti es mi devoción.

Sonreí, y él tomó mis manos, besándolas con delicadeza.

—¿Ahora qué?

—Aurora, la diosa boreal nos mostrará el camino del amor. Bajo su luz y su guía divina aprenderemos a amarnos, recorriendo su senda.

La visión se disolvió en el momento en que las luces dejaron el cielo. El frío me recordó que era humana, que sentía, percibía y existía. El hambre me confirmó que tengo deseos, sueños y ambiciones. La sed me invitó a tomar, recibir y anhelar. Y las lágrimas me mostraron mi profundo agradecimiento por haber recibido esa visión.

Regresé conmovida y busqué calentar mi cuerpo frente a la chimenea, envuelta en una cobija de lana y en un estado de profunda gratitud y amor. Lo que pude percibir en ese momento fue la consciencia de la luz de Aurora boreal: soy una extensión de ella, la mujer divina. La fortaleza de mi guerrera, la sabiduría de mi maestra, la magia de mi alquimista y la fuente de inspiración.

Soy la musa del amor, la frecuencia del amor.

En el amor, simplemente confío: el hombre destinado a caminar conmigo llegará cuando sea el momento. Aurora, la diosa boreal, me mostró que es a ella a quien debo seguir, siempre acompañada por aquel cuya esencia ya he reconocido en el amor.

Llamando a las musas…

¡LA MUSA TE ESPERA EN SU PORTAL!

www.musadelamor.com

Tu viaje no termina en este libro, continúa tu camino de amor y sana tu corazón con las meditaciones y cursos en línea. Recibe un 10% de descuento en los cursos "Los códigos femeninos" y "Sana corazón" con el CÓDIGO: LAMUSA2025

Visita: www.karinavelasco.com

Inspiraciones de la vida diaria con Karina:

 @karivelasco

 karina velasco tips

 karinavelascotv

 El podcast de karina velasco

Esta obra se terminó de imprimir
en el mes de octubre de 2025,
en los talleres de Impresora Tauro, S.A. de C.V.
Ciudad de México.